U0947021

刘剑 著

# 在文本与虚无之上

## 现代性视野中的当代文化批评

上海人民出版社

目 录

# 第一章 理论之争

并非所有的新锐文化思想家和马克思主义的观点的关系都是这般令人忧虑。但要说新兴文化理论中的大部分诞生于和马克思主义的极富创意的对话，看来也是公正的。这种对话始于试图在马克思主义周围找到出路，而又不完全放弃它。它的结果分毫不差。在法国，不同基调的对话再现了马克思主义、人道主义和存在主义之间先前的和解。其中心人物是受人尊敬的萨特。萨特曾有名言：马克思主义代表着二十世纪在一个方面的最终境界，你可以置若罔闻，但无法逾越。

——特里·伊格尔顿：《理论之后》

文化批评家的角色在于精确地揭示“现实性”和“合理性”之间的差异，暴露事物的实然存在和应然存在之间两相对立的隔阂。……除了关注历史现实的诸多失败之外，文化批评还包含某个潜在的乌托邦维度或解放维度。它相信，通过义无反顾地关注现代的诸多缺憾，它将获得导向某个更融洽、更和谐的未来的前提条件。

——理查德·沃林：《文化批评的观念》

# 对“人”的发现和疏离

## ——巴赫金《拉伯雷研究》狂欢话语的意义与局限

巴赫金《拉伯雷研究》中的狂欢话语无疑有着重要的意义。不管是狂欢节的生活实践，还是狂欢化的文学体裁，或者是狂欢式的广场语言，都深深植根于人类本性，从一种生活经验到一种文学源流，再到一种狂欢化的世界感受，“狂欢”的母题贯穿于并自由游走于社会文本和文学文本之间，这使得巴赫金的狂欢话语背后始终洋溢着一种人文关怀。通过对这一母题的阐发，他在不同文本之间找到了人类精神的某些本质方面。“官方节日违反了人类节庆性的真正本性”〔1〕，而民间文化狂欢节的世界感受才是文艺复兴文学的深层基础，在这里“人仿佛为了新型的、纯粹的人类关系而再生。暂时不再相互疏远。人回归到了自身，并在人们之中感觉到自己是人”〔2〕。几个世纪以来，“官方”在不断地变化着统治的面孔，而“民间”作为弱势话语却保持了相对的连贯性。因此，巴赫金力求在文化

〔1〕 巴赫金：《拉伯雷研究》，《巴赫金全集》第六卷，河北教育出版社1998年版，第11页。
〔2〕 同上，第12页。

历史的长河中发现人类中一直被忽视的一群,以及人性中一直被压抑的一面,在民间话语的追溯、发掘与释放中,更丰富、深刻、全面地去理解人性。可以说,巴赫金以他自己独特的方法实现了对“人”的意义的崭新发现。

《拉伯雷研究》最重要的贡献之一便是“狂欢”这个关键词的提出,自上世纪八十年代以来对巴氏文本狂欢化的阐释以及由此引出的对中国本土文化现象的狂欢化关注,也一直不绝于缕,甚至越来越热。“狂欢”似乎已经成为理解后现代平民时代多元差异共存和自由嬉戏精神的密码。不管是余华的小说,周星驰的电影还是赵本山的小品,人们似乎都可以从“狂欢”中汲取不懈的灵感之源。然而,笔者认为“狂欢”诗学在东西方各种语境中的挪用难免有“为我所用、各取所需”的成分在,狂欢话语本身也不可避免地拖着时代的阴郁身影,带有与生俱来的局限性。在此我试图通过梳理巴赫金狂欢话语在中国引起的主要争论,进一步还原巴氏写作的具体语境,理解狂欢精神的不同侧面,走近他本人独特的写作方式,追寻“狂欢”所在的具体话语位置以及它的影响,并从人文主义的视角对其进行再解读,在承认狂欢话语意义的同时,把主要侧重点放在分析它的局限。

## 一、狂欢:神话抑或创见?

国内对巴赫金狂欢化理论最尖锐的质疑来自 2004 年阎真的一篇文章《想象催生的神话》,作者认为:“巴赫金的狂欢理论具有浪漫主义特质,严重地扭曲了狂欢节真实的文化内涵,极大地夸张了狂欢节的文学意义,与狂欢节真实的文化功能之间有着巨大的鸿沟,在本质上是一个想象催生的理论神话。”〔1〕阎真的批评受到巴赫金研究专家夏忠宪的质疑,她认

〔1〕 阎真:《想象催生的神话——巴赫金狂欢理论质疑》,《文学评论》2004 年第 3 期。

为该文对巴赫金缺乏深入的研读，对狂欢理论的理解有明显的疏漏。巴赫金不仅没有“扭曲狂欢节真实的文化内涵”，而且“通过狂欢论复现了被人们淡忘了的人类文化发展阶段的生动景象，恢复了几乎湮没无闻的狂欢文化的原有风貌，揭示了由颠倒、亵渎、逆向、贬低、嘲弄、戏仿这类语言构成的民间狂欢文化的深刻内涵。巴赫金的狂欢理论是深深植根于民间文化的创见，绝非想象催生的神话，其多方面的意义是被众多学者的研究所证实的”〔1〕。在夏忠宪看来，巴赫金之所以有选择的放大狂欢节，是因为在他的意识深处，有官方/民间的节日之分，而阎真引用的布克哈特、杜兰特等人书写的恰恰都是官方的历史。巴赫金发掘的正是源远流长、现实存在而又不为官方书写所重视的民间精神，它植根于隐而不显的民间文化传统。阎真不把它看成对官方文化(基督教文化)的对抗而看成互补，恰是因为僵化地理解了“对抗”的含义，只把“揭竿而起”看成对抗，而不重视弱者抵抗的策略和艺术。阎真和布克哈特、杜兰特一样站在精英文化的立场，这样的理论视角使他们无法做到像巴赫金那样有洞见“两种生活”的可能，发现民间文化的力量，挖掘“对话”和“狂欢”的世界观意义。狂欢理论不仅是西方，而且是整个人类精神文化巨大经验。“狂欢理论的令人信服和正确性，在论拉伯雷的书出版后人文科学所获得许多资料中都得到了证实”〔2〕。夏忠宪的回应引起了阎真继续探讨的热情，他又写了《文化史的虚构——巴赫金“狂欢”理论的七大缺失》〔3〕进一步提出质疑，他以历史的尊严和客观性的名义证明对“意义”的发现不能是任意的“过度阐释”，尽管他尊重巴赫金的挑战封闭性、反抗独白的价值观的学术姿态，认同巴赫金的理论在当时语境中是“片面的深刻”的，但是他认为这个“狂欢化”理论一回到严谨的学术视野，在历史和逻辑的双重检验之下，

〔1〕 夏忠宪：《深深植根于民间文化的创见》，《文学评论》2005 年第 3 期。

〔2〕 参阅《对话·狂欢·时空体》杂志 1996 年第 4 期，1997 年第 1—4 期。

〔3〕 阎真：《文化史的虚构——巴赫金“狂欢”理论的七大缺失》，《文艺研究》2006 年第 12 期。

马上会现出缺乏实证论据的尴尬。

通过上述论争可以看出二人的理论出发点有民间/精英的倾向不同，他们对巴赫金阐释有事实/价值，历史/文化（意义）的侧重点不同。很显见的事实是，学术不是纯粹的想象，但是人文学科的学术又必须不能缺乏灵感和想象，否则就会变成事实材料的爬梳和堆积。巴赫金无疑用的是“六经注我”的方式来研究拉伯雷的《巨人传》，一粒放纵、嬉戏的火烛经他的放大在这里燃起了一片自由、解放的火光。然而精神产品本应是精神灌注的产物，说文学作品的某种阐释“不正确”“失实”是很笨伯的做法。但是巴赫金对拉伯雷的阐释有没有“过度阐释”之嫌呢？我觉得也是有的，这里“片面的深刻”和“深刻得片面”恰可以相辅相成。

很有意思的是，赵勇写于 2002 年发表在《外国文学研究》上的一篇文章《民间话语的开掘与放大——论巴赫金的狂欢化理论》，一看题目便知正是阎真和夏忠宪二位争执不下观点的一个合题：他对狂欢理论的把握既能看到其可贵之处，也不一味赞扬。首先，此文的前半部分说明了赵勇的阅读感受和夏忠宪很相似，正是对民间话语的发掘让巴赫金的拉伯雷阐释闪着精神的光芒，此文后半部分也等于能够理解阎真的质疑，并间接构成对话，因为在这里民间话语是“放大”的，开掘有开掘之功，放大也有放大之漏。赵勇从时间、空间、躯体、和话语四个要素进入狂欢世界的理解，并以此为基础，发掘了笑与狂欢的意义和价值。同时指出，“如此这般操作之后，民间话语的意义和力量也就在一种过度阐释中被人为地放大了，这在很大程度上显得既不真实也不可信。事实上，民间既是生产智慧话语、爽朗笑声的地方，也是盛产狡黠、油滑、世故的所在。更何况，‘统治阶级的思想在每一时代都是占统治地位的思想’，这意味着民间话语很大程度上已然经过了官方话语的渗透、整合与重新编码，绝对清洁的民间精神实际上并不存在，绝对纯正的民间话语也纯属子虚乌有。巴赫金没有看到这一点，他只是一味地追求着狂欢的酒神效果，制造着民间的万能神话。实在说来，这样一种乌托邦冲动既显得珍贵可爱，却也显得虚迷可疑。作为后来的审视者，我们必须看到一个理想主义者的致命弱点。”〔1〕文中认为，狂欢化的乌托邦色彩正是巴赫金面对的压抑现实的反面投射。俄罗斯知识分子的人文关怀和与苏联意识形态的对话诉求是巴赫金放大“狂欢话语”的主要原因。也就是说，该文强调的“语境压力”与“压力下的扭曲与放大”正是阎真为成就自己的论证绕道不提的那一面，而正是因为承认这一面，赵勇认为对狂欢话语的刻意“放大”应给予“语境化”的同情和理解。

以上三篇关于狂欢化讨论的文章中，虽然侧重点不同，但是对于巴赫金的狂欢化理论是人文精神的曲折表达和“语境”压力的潜在体现这一点上，还是能够达成基本共识的。在有着同样语境压力的中国知识界，人们很容易把巴赫金理解成一个“理想主义者”，不仅夏忠宪先生和赵勇先生有这样的感受，唐宏峰的一篇文章《后现代语境下的狂欢》也认为“狂欢化本质在于一种民间性，其精神实质是巴赫金充满理想化色彩的人文主义精神”〔2〕。并认为这正是他和周星驰喜剧后现代语境下的狂欢精神气质截然不同之所在。但是我觉得，巴赫金孜孜不倦地提到“民间性”和“狂欢化”，发掘他们的意义，一方面确实是内心理想的召唤和对压抑的逆向表达，另外也有（起码在表面上）与当时的主流意识形态话语顺向同构的一面。

在我看来，巴赫金是以赛亚·伯林所说的狐狸型哲人，而不是一个刺猬型的哲人。他善于同各种主张的人们打交道，且从不正面谈及自己的信念。他身上最可贵的是一种高屋建瓴、兼收并蓄的思想家智慧，而不是

---

〔1〕 赵勇：《民间话语的开掘与放大——巴赫金的狂欢化理论》，《外国文学研究》2002年第4期。

〔2〕 唐宏峰：《后现代语境下的狂欢——论周星驰喜剧的狂欢化色彩》，《文化研究》第四辑，中央编译出版社2003年版。

像阿赫玛托娃、别尔嘉耶夫、索尔仁尼琴那样为真理而献身的知识分子精神,尽管在宗教哲学的观点上他或许和这些人很接近。巴赫金宁愿看重桑丘·潘沙那样唯物主义、灵活快乐的大腹丰收魔鬼,也不愿意赞扬堂吉诃德那样严肃枯燥的理想主义者。在他看来生活是一个交流的窗口,到处充满了惊奇,过度执着、高调的理想主义往往源于对生活本身的误解和偏执。而他欣赏的怪诞现实主义的一个主要特点就是降格,"即把一切高级的、精神的、理想的、抽象的东西转移到不可分割的物质—肉体层面、大地和身体的层面"〔1〕。通常人们认为拉伯雷和加尔文共同奠基了现代法语民族文学,巴赫金是拉伯雷的深刻同情者,他一定不愿意在死后被人读成加尔文。巴赫金能熟练运用新康德主义、马克思主义甚至斯大林式的各种术语表达自己非常个人化的理论主张,但是"巴赫金实际上又不曾置身于俄国知识分子为真理而战斗的神圣传统之中,这多少是由于他对官方集团的不动声色、逆来顺受的态度决定的,但主要原因还是他根本反对单一真理的主张。"〔2〕

列奥·施特劳斯(Leo Strauss)曾经说过哲人是最高的智者,有双重教诲留给人间,一面是显白的教诲,一面是隐微的教诲。巴赫金以其暧昧多义的文本、以其文本存在的有争议的方式,向我们显示的也是这样一个双面雅奴斯式的人物。我以为,他既在"隐微的教诲"意义上是一个理想主义者,《拉伯雷研究》本身构成和铁板一块的意识形态的潜在对话;同时他又是一个在"显白教诲"意义上的现实主义者,为了能获发表和或多或少改变生活现实,巴赫金也有对官方意识形态的绕道的迎合。也就是说,《拉伯雷研究》所体现的核心价值观虽有超越时代的一面,其具体研究却不可避免打上了历史的烙印,因而是有局限性的。

〔1〕 巴赫金:《拉伯雷研究》,《巴赫金全集》第六卷,河北教育出版社1998年版,第24页。

〔2〕 克拉克·霍奎斯特:《米哈伊尔·巴赫金》,语冰译,中国人民大学出版社2000年版,第9页。

## 二、民间:对“人”的发现与疏离

首先,狂欢精神的发现和民间话语密切相连,为什么巴赫金要孜孜不倦地去发现民间?难道真的像当今的大众文化拥护者认为的那样,巴赫金预见到了后民主和大众文化时代的到来,因而才在《陀思妥耶夫斯基的诗学问题》《拉伯雷研究》中提前吹起了预言的号角?

在第一章对拉伯雷研究现状进行梳理总结时,巴赫金提到了自己的专著有可能填补的时代空白,迄今为止,“没有一本论拉伯雷的专著;没有一个人全面尝试根据苏联文艺学的现状和任务,尤其是根据现实主义和民间创作的历史和理论问题重新审视拉伯雷的遗产。”〔1〕这使我们从侧面看到巴赫金的理论视角不是横空出世,而是与当时的时代主流有着密切的关系。那么当时苏联文艺学研究的主流气候又是怎样的呢?

美国人克拉克等人写的巴赫金的传记,间接提供了一些当时苏联文艺学界的背景材料,也为我的“绕道迎合”的观点提供了一定的根据。“三十年代末,他想写一篇研究拉伯雷的论文以便重新回到知识界的主流生活里。”〔2〕由此可见,在那个时代,对于发表作品一直很艰难的巴赫金来说,这是他沉寂多年之后面对官方出版媒体第一次正式有建设性的尝试。并且,在其论文发表之前,“民间”的声音已经被主流媒体放大。“该论文就是提交给高尔基世界文学研究所的,并且高尔基还是官方社会主义、现实主义的奠基人。1934 年,高尔基将高康大和庞大固埃引为‘口头民间文学’影响书面文学的例子,他希望这种影响能在社会主义现实主义那里得

〔1〕 巴赫金:《拉伯雷研究》,《巴赫金全集》第六卷,河北教育出版社 1998 年版,第 159 页。

〔2〕 克拉克·霍奎斯特:《米哈伊尔·巴赫金》,语冰译,中国人民大学出版社 2000 年版,第 2 页。

到更多的表现,而且,他发现高康大和庞大固埃具体体现了这种民间传统,在这里,低等阶层‘获得勇气,嘲弄他们的主人’。”[1]讽刺体裁作为阶级翻转过程中“人民性”的表现也被大力提倡。“就在高尔基提倡民间性的同时,前教育人民委员卢那察尔斯基建立了一个讽刺体裁研究委员会,他自己还打算写一本题为《笑的社会作用》的书。1931 年 1 月,他在科学院讲了允许‘自由戏弄’的古老狂欢节制度对于讽刺文学史的重要意义。这篇讲话直到 1935 年才发表,刊于主要的理论刊物《文学批评》上。巴赫金那时大概读过此文,这可以说明‘狂欢节’一词为何出现在他自己的著作里。”[2]由此可见,“民间口头文学”“讽刺体”“笑文化”这些术语在二十世纪三十年代的苏联学术界遍地开花有着非常现实的土壤,巴赫金要想在他的时代生存,并以写作的方式生存,必须敏锐地捕捉这些风中的讯息。当然,每一个时代有他的生存不得已的理由,对此我们不必苛责,但也不必刻意盲视。那是一个意味着更多敏感话语和更严肃现实的时代。巴赫金每一次为了发表作品都要在之前数次按照检察机关的需要修改作品[3]。

目前中西方很多巴氏研究专家对巴赫金的阐释,习惯把巴赫金塑造成一个智慧的先知,超越了冷战时代资产阶级正统意识形态和无产阶级意识形态之争,提出了对多样性、偶发性、差异性这些后现代价值的关注,并因其“对话”的世界观,“复调”的小说美学,“狂欢化”的对未来时代精神的把握,使人们对巴赫金的崇拜仰之弥高,因而对他的阐释剥离了他生存的具体语境。他的俄罗斯传记著者作家孔金夫妇在《巴赫金传》里,把生前的朋友捧成了反体制的英雄,因而也进一步引起人们对巴赫金理论的写作缘起存在着很大的误读,也就是说欠缺布迪厄意义上的“生成性”研究。人们一般只重视其精神成果产生的总体负面条件,没有反映出他思

〔1〕〔2〕 克拉克·霍奎斯特:《米哈伊尔·巴赫金》,语冰译,中国人民大学出版社 2000 年版,第 404 页。

〔3〕 同上,第 9 页。

想学术里承担的具体现实压力。而巴赫金本人认为,任何“创造性的理解都不排斥自身,不排斥自身在时间中所占的位置,不摈弃自己的文化,也不忘记任何东西。理解者针对他想创造性加以理解的东西而保持外位性”〔1〕,所谓的“外位性”,也就是基于“他者”的理解,基于“对话”的理解。用布迪厄的术语就是难免不是从我的“占位”出发基于“对话”对“他者”的理解。巴赫金不是超人,我们对他的理解也要借助这种“外位性”把他放到他所处时代宏大的文化潮流中去加以审视。

首先,巴赫金的民间文化研究,其无处不在的人民性,拖出了他身后那个时代阴郁的影子。阐释拉伯雷用“市民”还是“人民”,言语效果截然不同。人民是乌托邦理想的载体,在这里只是模糊而又暧昧不清的一群。巴赫金依照他那个时代的主流话语贬低任何私人性的东西,把自私地经营自己家庭的私人的事业看成是不齿的事情,把所有的物质因素和丑角真理看成不是私人一自私的,“而是具有全民的性质”〔2〕。“无论是劳动,还是食物,都是集体性的,全社会都参加的”〔3〕。巴赫金用极富煽情色彩的语言在按照他那个时代的真理制造着“人民不朽”的神话。然而,很明显的一个事实是,《巨人传》着力刻画的是巨人们的世界观,这些巨人是人文主义的巨人。拉伯雷的主人公是高康大,庞大固埃,约翰修士和巴奴日,而不是广场上的人群。《巨人传》着力传达的是正在上升中的市民阶级的理想,而这一点被巴赫金用“人民性”“广场的力量”“自由的旋风”等轻易置换掉了。我们还记得巴赫金说过,真正有意义的作品必须能够活在长久时间里,不依赖于过度相关性的语境,没有那些民间传说、俗话、寓言的知识背景,拉伯雷的作品应该仍然是有意义的。人们对拉伯雷的

---

〔1〕巴赫金:《答〈新世界〉编辑部问》,《巴赫金全集》第四卷,河北教育出版社 1998 年版,第 370 页。

〔2〕巴赫金:《拉伯雷研究》,《巴赫金全集》第六卷,河北教育出版社 1998 年版,第 303 页。

〔3〕同上,第 325 页。

一般顺向理解是昆德拉式的——有趣的人和好玩的小说，人们对拉伯雷的一般逆向理解基本是伏尔泰式的——渊博的人和恶作剧的小说。起码大多数人很难有巴赫金这样极端语境下的极端的想象力。这就使巴赫金及其同道大力阐发的“民间”在当时难免有附和主流“人民意识形态”的嫌疑，有让“民间”刻意为我所用的成分在。它混淆了“人民”和“市民”在西欧历史上不同时期所起的作用和二者之间的身份转化。在雷蒙·阿隆看来，自由不是单数的，而是多数的，“人民”由一个个具体的人组成。在《论自由》里，他提到，托克维尔重视每一个人的政治自由及其实现的具体形式，而马克思则认为资产阶级的自由是虚假的，他更看重人的经济自由和实际自由，并认为这二者密不可分，只有实现经济的极大富足才能实现个体的真正自由。无疑，《拉伯雷研究》的狂欢话语在其对“人民性”的强调中，以“大腹丰收魔鬼”这样虚拟的经济自由想象置换掉了每个人政治自由得以实现的基本条件——个体主体性。自由的实现在这里有赖于想象的狂欢而不是理性的程序。“人民”成为一个单一全称主体，对“人民”群像的着力塑造恰恰忽略了每一个具体的个人的要求。而连马克思都曾经说过，每个人的自由正是一切人自由得以实现的必要条件。

其次，“狂欢化”是作者的世界感受，同是也充满了乌托邦色彩。“他们是全民性的，因为取之不尽日益增长的丰富的物质生活源泉是他们存在的基础。他们的含义是多层次的，而且同生活、死亡、复兴。更新的概念有机地融合在一起。他们同自由、清新的真理保持有机的联系，因为他们同智慧的语言密不可分。最后，他们充满了通向美好未来的快乐。在他们行进的路上，一切都在变化，一切都在更新。”〔1〕巴赫金用狂欢话语处处为我们生动地描绘了一个过于美好的图景，它的病灶在于把社会的非常态存在状态当成常态来发掘、放大和讴歌。节日是一个特殊的时间，

〔1〕 巴赫金：《拉伯雷研究》，《巴赫金全集》第六卷，河北教育出版社1998年版，第350页。

广场是一个特殊的空间，“狂欢节”本身有末日意象，正因为不是常态，所以狂欢。巴赫金在这里发掘的是死亡与复活，毁灭与创新，秩序与反秩序之间相反相成的特点，它关注的是民间的精神力量在这样的空间和时间中的释放。他阐释文本的方式包含着人类学的重重隐喻，比如大地和躯体的关系等等。无疑，这些阐释需要丰富的想象力。然而，我们如果逸出这个绑定的想象系统，如果我们不能把桑丘看成大腹丰收魔鬼，不把肉体看成面包，把血看成葡萄酒，把战场上七零八落的“人肉的盛宴”看成厨房里的盛宴和丰收庆典上的盛宴，不把钟楼的影子看成男根的象征，不能想象地狱就是肉体下部，不能想象地球深处和人体深处的同义关联等等，那么进入拉伯雷的世界似乎就成了一件困难的事情。对学术的认同有学者“心证”和“亲证”两种主要方式，在“亲证”已经不可得的情况下，怎样得到别人在观念上的认同即“心证”呢？

为了寻求阐释的合理性，巴赫金对拉伯雷的研究追溯了民间文体的源流，追溯到了遥远的古希腊古罗马，他更多是在各种民间传说的文本之间游弋，而在一定程度上忽略了对中世纪狂欢节出处与实际存在制度的分析。因此他似乎淡忘了一个事实：中世纪的狂欢节本质上是基督教节日，与教会的关系并非紧张，而是很和谐。正如他自己所说，狂欢节只是作为一个出气孔，作为统治者可以默许的民间感性的一个正常发泄渠道，狂欢节和大斋节过后，马上就是正常的生活。如果仅据实证材料，中世纪狂欢节在节日的规模上似乎也与巴氏所言相去甚远。〔1〕很难证明它“提供了有别于官方的第二种生活”。俄罗斯中世纪研究专家古列维奇在上世纪九十年代后期，这样谈到巴赫金的狂欢化理论：“总之，在近三十年的研究与思考之后，现在我倾向于把民间狂欢文化观念认定为特殊的科学神话。”〔2〕也就是说他的阐释过度依赖于他自己建构起来的其可靠性尚未得到学界普遍

---

〔1〕 参见布克哈特《意大利文艺复兴时期的文化》，商务印书馆 1996 年版。

〔2〕 古列维奇：《巴赫金的〈现实主义历史上的拉伯雷〉学位论文答辩 50 周年答编辑部问》，《对话·狂欢·时空体》1996 年第 4 期，第 14 页。

认同的民间形象观念系统，而一旦绕开那些民俗学的原始观念，他的阐释马上就成为一种超离文本的“过度阐释”。他取道回到“原始”和人的“集体无意识”来阐释人的本质自由，绕得不可谓不远。而这种带有乌托邦色彩的自由和解放，归根结底脱离现实可能性的土壤，只是一种激进的诉求。

第三，巴赫金意义上的人文主义和伽达默尔的人文主义有本质的不同。对话、游戏、节日这样的术语让我们看到巴赫金和伽达默尔的哲学人类学研究有相通之处。巴赫金无疑受到了现象学的影响，然而虽然各自所用的术语类似，但是他的理论出发点和伽达默尔截然不同。对这一点，他自己也很有理论的自觉。“有意思的是，近年来在西方哲学里，而且恰恰是在哲学人类学里，也出现了这样一些尝试：揭示人类的独特节日化处事态度（节日意向）、世界的特殊节日方面，并利用他去克服消极的存在主义观念。然而，哲学人类学及其现象学方法是同真正的历史观和社会观相违背的，因而是不可能解决这个任务的；此外，它的研究目标还是资本主义时代残缺的节日。”〔1〕在这里他所提倡的“真正的历史观和社会观”以及他所贬抑的“资本主义的残缺节日”显然扎根于他的时代话语。巴赫金认为，哲学人类学研究的主要缺陷在于没有很好地区分民间的（狂欢化）的节日和官方的节日，无视节日的诙谐方面，节日的全民性和乌托邦性。没有超越资本主义时代的人民意识，因而只能算是描绘了一个“残缺的节日”。而我们很容易想到的是，把生活的每一天当节日来过，强调外在敌人时时刻刻的存在，在这样一种情绪中鼓舞起全民的参与意识，建设理想主义新生活，相信大同盛世的必然到来，使全民生活充满同质化、非理性和乌托邦色彩，正是巴赫金所生活的时代精神。

所以，伽达默尔是一位保守的人文主义者，试图通过“对话”塑造一种

〔1〕 巴赫金：《拉伯雷研究》，《巴赫金全集》第六卷，河北教育出版社1998年版，第321页。

（包含所有不同阶级所有人的）人类精神和世界意识，伽达默尔试图回归的传统是资产阶级正统意识形态的主流传统。巴赫金的“对话”和“狂欢”却有更明显的官方和民间二元对立的阶级区分痕迹。虽然抽离语境来看，巴赫金笔下的“官方”具体所指从中世纪的教会政权到之后几个世纪确立起来的资产阶级正统意识形态，再到二十世纪初刚刚登上历史舞台的苏维埃无产阶级政权，是游移的，没有确定的所指；但是一回到他的语境，读者还是马上能够读出他的“官方”隐含着更多批评资产阶级主流意识形态的意味。

最后，巴赫金和拉伯雷也具有相似的时代感受，即都认为自己生活在一个急剧变化的、新旧交替的时代。“血战，切割、焚烧、死亡、杀戮、殴打、诅咒、辱骂，充满了这个欢乐的时代，这个时代在进行毁灭的同时又生育着，它不让任何旧事物得以永存，并不停地产生着新的年轻的事物。”〔1〕拉伯雷的作品在法国大革命中被青睐，也许不是一件偶然的事情。法国大革命强烈的乌托邦色彩、破坏冲动和其“人民意识形态”造成的“多数人的暴政”，早已成为人所共知的历史创伤记忆。拉伯雷所处时代、法国大革命以及俄国十月革命后的时代，虽时间上相隔遥远但在精神氛围上却有好多东西一脉相承。还有，巴赫金青年时代就熟知先锋派诗人、艺术家的小组，那些超现实主义者和未来主义者对他世界观的影响也不能不考虑进去。苏维埃正统的马克思主义者视现代主义为资产阶级“颓废”产生的温床，而马克思主义和现代主义者却在反对资本主义和反思启蒙现代性这一点上能够结成神圣同盟。这两种看上去风马牛不相及的“主义”有许多共同点诸如激进的批判性、浪漫的工人阶级形象以及对永恒变动的渴望等等。就像巴赫金一生都在批判形式主义者而自身理论却从形式主义那里受益匪浅一样，虽然他从早年起就一直对先锋派理论不以为然，意

---

〔1〕 巴赫金：《拉伯雷研究》，《巴赫金全集》第六卷，河北教育出版社1998年版，第241页。

识上却不自觉地受到先锋派如马雅可夫斯基等人早期左翼激进思想的影响。

总之,不管是当时代主流的主义在巴赫金的思想上确实留下了烙印,还是现实压力使他的个人话语对官方话语产生“条件放射”式的回应,我们都能从巴赫金式的狂热的人文主义版本中辨认出某种类似东正教的乌托邦色彩。或许可以这样说,巴赫金式的人文主义是以过去的人、未来的人、集体的“人”的名义,对现实的人、经验的人、个体的“人”的漠视和疏离。

## 三、狂欢的淡出:规训还是文明?

狂欢话语是对压抑的人性以及一个饱受压抑的民间传统的积极发现。民间性、广场语言、污言秽语,大吃大喝,这种颠覆也是弱者的抵抗术,这种反抗没有自觉的阶级意识,它是弱者生存方式的一部分,是被激发出的生命本能,像阳光雨水春风中千万条柳枝肆意的舞蹈,这是一种自然而然的原始的力量,丰沛而又酣畅淋漓。它无疑是一种解放,同时也被看做伤风败俗。它体现着生命的本真,呼唤着狂风暴雨,是激进的、自由的、感性的。对于一本正经的生活它是一种释放,是出气孔,“上帝不需要我们虚伪”〔1〕。人们需要放纵的一刻,在那一刻里人们尽情狂欢,忘我的嬉戏。这是民间排山倒海的力量,但是是力量的宣泄,而不是力量的积聚。如果民间力量如地火一样积聚运行会带来革命,而狂欢的效果却是一种“快乐疗法”。狂欢是特定时间(节日)和空间(广场)中戏仿的快乐一生。那些秋天的节日,具有酒神的色彩,庆祝着古老的丰收。经过狂欢的

〔1〕 巴赫金:《拉伯雷研究》,《巴赫金全集》第六卷,河北教育出版社1998年版,第88页。

仪式，官方意识形态会变得更安全，因为放纵和反常是为了重新回归秩序和正常，这里有一个奇妙的吊诡逻辑存在。

由于巴赫金更关注的是历史、生活中、各种语境中运用的语言本身，所以在《拉伯雷研究》中他以极大地耐心追溯了拉伯雷以前民间话语的存在状态，证明这条喧哗的小河从没有干涸过，有历代人民意识的滋润和融汇，它一直隐而不显的是人民生活的另一面，是和官方主流意识对立的民间的潜意识。“潜意识”的这一面和他们在官方生活中表现出来的“意识”的另一面共存，并且对前者不构成直接的二元对立的讽刺，而是变革/更新、创生/死亡，二者辩证统一，动态向前，虽然有潜在批判，却洋溢着一种欢乐精神，在消极批判的同时积极地建构。他从人类学的意义上理解狂欢节中的人。狂欢是一种世界感受，是一种自由精神，有压抑才有放纵。在狂欢的世界感受中，用马克思主义的术语来说，人更深地占有了世界的本质、自我的本质。巴赫金用“陌生化”的形式延长了我们对民间狂欢节和拉伯雷作品细节的体验过程，他的表达是慢镜头的、特写的，放大的；他的叙事节奏是拉长的，给人的感觉也是无以复加、繁复冗长的。巴赫金这样说的时候，他的前面一定屹立着时代官方话语的铁壁高墙，他在狂欢中表达了他所处时代的压抑，在快乐放松中透露了戴着面具的他精神深处的忧郁。

同时，狂欢话语也有他自己的局限。首先，虽然巴赫金主张“对话”，但是巴赫金阐释拉伯雷的方式是典型的“独白”型的意义灌注方式。他的目光投向往古，投向来今，但他忽略了当下的人群由一个个具体个人构成。他把《巨人传》这样的人文主义、个人主义的世俗文本演绎成热情洋溢的集体主义民间话语，其间充满了末世的救赎色彩和乌托邦精神。是“人在说话”，还是“话在说人”？巴赫金的研究路数是后结构主义者的选择，在他那里，“文体”占据了传统社会历史批评中作者的位置。文体里蕴含着独立的精神。然而，文体活了，古老的人复活了，未来的人出现了，当下的人却死去了。他在解读中使“集体”的人民变成一种精神的“利维坦”。拉伯雷曾经据以彰显文艺复兴“巨人”时代的单个个人不存在了，集体的人面目模糊，把他们汇聚在一起的是肉山酒海、身体的放纵和感性的疯狂。巴赫金像某一个原始社会的巫师，在诉说着这一切有超脱字面意义的深奥意义，并且说人们在狂欢中和一种神秘主义的生命根须相连，狂欢节原本从属于基督教的复活仪式，他却能一个跟头翻过中世纪回到生命的初始，让人民精神接天通地、感天动地。他的丑角地形学，他的对肉体隐喻的自然生物学和地理学分析，很容易让人联想起初民时代原始神话里盘古的“垂死化身”。难怪安·阿·日丹诺夫在1946年以后，批评“对民间形式的偶像化，谴责那些使苏联人民和苏联现实显得‘原始’的作品。”[1]巴赫金的《拉伯雷研究》也因此再度噤声，又一次遭遇官方意识形态加之于他的滑铁卢。

其次，拉伯雷作品本身对道德的冒犯和诙谐的笑本身具有的负面作用也没有得到应有的关注。人们能理解巴赫金、昆德拉对拉伯雷的欣赏，更能理解伏尔泰、雨果、维谢洛夫斯基等人对拉伯雷同样充满洞见的批评和质疑。“溅起泥泞”的“顽皮的小孩”是一个充满善意的批评。柏格森认为笑的原理在于对于人的机械性的模仿。“喜剧性是一个人相似于物的那一方面，它是人类事件中经由某种特定的僵硬状，模仿某种纯粹单一的机械性、某种惯性，某种无生命运动的那一方面。它因而是表现了某种个别的或集体的不完善性，需要马上加以校正，笑即为此种校正。”[2]柏格森认为生命永不重复自身，当一个人像机械物一样做呆板运动时便引发了笑，同理法律或规则过于僵硬也会引发笑声。笑是一种理智活动，被笑

---

〔1〕 克拉克·霍奎斯特：《米哈伊尔·巴赫金》，语冰译，中国人民大学出版社2000年版，第418页。

〔2〕 柏格森：《笑：论喜剧性的意义》，转引自朱立元《当代西方文艺理论》，华东师范大学出版社1998年版，第77页。

的人总是处于对自身及其周围环境不自知、受蒙蔽的情况下,就像别人手里的牵线木偶,因而笑是一种通过羞辱人暗含力求矫正人的行为。被笑的人不是由于不道德,而是由于不合社会。柏格森从“笑人者/被笑者”双重角度来探讨笑的发生机制和可能存在的负面作用,与巴赫金的笑理论既有不谋而合之处又在总的方向上背道而驰。对比两者我们发现,巴赫金在发掘笑文化积极意义时,基本上是把“被嘲笑者”虚化了。被巴奴日无辜嘲笑、恶意羞辱的“巴黎贵妇人”成为官方僵硬道德和宗教势力的代表,可怜的老人塔波古不过是为了维护自己一件袈裟的出借权就受到残酷惩治,也是因为他代表了不肯生育和死亡的顽固的老年,是新生事物的敌人。把被嘲笑者不当作“人”看待而彻底虚化,使他们成为某种象征而“物化”变成理所当然的受嘲笑对象,这是巴赫金的民间文化理论得以确立的前提。然而以嘲笑人为生的巴奴日终于有一天也会遇到“巴奴日式”的忧愁,他担心由于婚姻问题而最终成为“戴绿帽子”的被嘲笑者。这个例子充分说明了即使是在文艺复兴时期,民间喜剧里所有的人都不愿意做被动的被嘲笑者一方。文艺复兴站在古代和现代的门口,对人的看法应该是尽力向前看的。现代价值观的核心是把每个人都当做具体的、现实的、独立的人来看待,在法律面前人人平等,互相尊重;除遵循法律外每个人都有自己的意志自由,每个人都有选择自己生活方式的权利。巴奴日们沿着民间某些原始意象做出一副反官方反教会的面孔就可以尽情满足自己的戏谑冲动滥用冒犯他人的权利,我想这是启蒙思想家诸如伏尔泰等人无法从心底真正欣赏拉伯雷的主要原因。具有深厚人道主义精神的雨果能够看到“诙谐从一开始就有否定的、贬低的、毁灭的因素”[1]确实是对诙谐文化的负面影响充满洞见的认识。

笔者认为,“民间”不仅是充满变革精神和丰沛生命力的,同时也是藏

〔1〕 巴赫金:《拉伯雷研究》,《巴赫金全集》第六卷,河北教育出版社1998年版,第146页。

污纳垢和充满破坏力的。中世纪以来，“民间”汹涌的生命之流没有彻底颠覆秩序而是被整合于秩序之中，“狂欢节”精神最终融于游戏和节日，并且在以后的社会生活中越来越边缘化，很好地说明了感性彻底解放之乌托邦可欲而不可求。“狂欢”精神不会在人们的常态生活中被无限放大，这样一个历史过程不仅是一个米歇尔·福柯所言的正统意识形态对民间“身体”的“规训化”的过程，同时也是社会理论家诺伯特·埃利亚斯所言人们将原始野性逐步内化为自我控制的“文明化”过程。

（原载《贵州社会科学》2011年第5期）

# 强制阐释论与西方文论话语

## ——与“强制阐释”相关的三组概念辨析

近一年多来，随着张江先生“强制阐释论”的提出，相关的讨论已渐次展开并逐步走向深入。我们认为，从某种意义上看，张江先生对当代西方文论的批评与西方古典人文主义批评的价值指向是殊途同归的。概而言之，古典人文主义批评秉持文化保守主义观点，承认作者权力，提倡文本细读，重视文学趣味。像F.R.利维斯、莱昂纳尔·特里林、乔治·卢卡奇、艾伦·布卢姆、哈罗德·布鲁姆和乔治·斯坦纳等人，无论他们的国籍、学术出身和政治立场有多么不同，其文学批评观却非常接近。即他们都从古典人文主义的立场反对各种先锋理论和激进诠释，主张回归文本细读。这与张江先生提出的以文本为核心的“本体阐释”〔1〕不谋而合。与此同时，我们也认为，“强制阐释论”在全面反思当代西方文论的时候，也吸取了西方阐释学中“过度诠释”“阐释有效性”“反对阐释”等理论成

〔1〕 张江、毛莉：《当代文论重建路径：由“强制阐释”到“本体阐释”——访中国社会科学院副院长张江教授》，中国社会科学在线，2014年6月16日。

果。作者曾坦承强制阐释论与阐释学之间的内在关联："从 1964 年桑塔格提出'反对阐释'，到 1967 年赫施提出的'解释的有效性'，再到 1990 年艾柯提出'过度阐释'，西方的理论家业已开始反思文学阐释中存在的种种问题，'强制阐释'是这个理论链条上的一个新节点，是在对过去理论资源的总结基础上的一个推进。"[1]鉴于这种话语关联，本文拟从三组概念的辨析出发，试图清理"强制阐释论"与西方相近阐释理论之间的联系与区别，以期在比较分析中对该理论有更深入的理解。

## 一、强制阐释与过度诠释

种种迹象表明，"强制阐释"论深受艾柯"过度诠释"说的影响。艾柯(Umberto Eco)认为，过度诠释(over-interpretation)是对诠释限度的无限突破和对诠释者权力的无限夸大。解构主义者在诠释过程中滥用了"无限衍义"(unlimited semiosis)这一观念，因此他将某些解构式诠释打入"武断的诠释"之另册[2]。从字面意义上看，"武断的诠释"和"强制阐释"的提法比较接近，两者都意味着阐释者在主观上是侵犯文本、任意闯入文本的。武断/强制地在文本中植入"先在理念"(主观预设)产生的解读后果，就是"过度诠释"。从语义色彩上说，"强制"的感情色彩比"武断"要更强烈一些，因为"武断"阐释有可能因个性鲁莽而起，而"强制"则明显是来自强硬的主体意志。相比较而言，"强制阐释"论针对的批评对象是西方文论整体，主要是在理论的层面，高屋建瓴地指出当代西方文论存在的总体缺陷；而"过度阐释"只是一个基于后果的描述，其表达也更温和一些。

〔1〕 李明彦：《反思与重构："强制阐释论"理论研讨会综述》，《文艺争鸣》2015 年第 8 期。
〔2〕 艾柯等：《诠释与过度诠释》，王宇根译，生活·读书·新知三联书店 1997 年版，第17 页。

“过度”有可能是无心或无知造成,只是阐释结果不被很多人接受而已。同时,“过度诠释”也主要是在文本操作的层面,希望依此判定某些文本阐释是无效的。尽管存在着如此细微差别,但二者的相通之处却很明显。

首先,他们都强调“文本权力”。艾柯认为开放性阅读必须从文本出发,因此它会受到文本的制约。诠释者应该研究“文本权力”和“读者权力”之间的辩证关系。读者的积极作用就在于对文本意图进行推测。文本不只是文字物质形式放在那里的文本本身,而是在阐释循环过程中按其合法性逐渐确立起来的一个客体。在他看来,“不确立边界,就不可能存在城邦”。哈罗德·布鲁姆的误读理论只是证明了文学阐释并不存在唯一正确的解释,而并不能证明一味任意阐释是没有限度的。“我接受文本可以有许多不同的诠释这样的观点,但我反对那种认为文本可以具有你想要它具有的任何意义的观点。”〔1〕他认为在清醒而合理的解释和妄想狂式的解释之间,还是有着巨大的区别的。我们必须尊重作品文本,而不是生活中的作者本人。为强调“文本权力”,艾柯提出“作品意图”(intension auctoris)这个概念,“作品意图”既不同于“意图谬误”中的先于文本的作者意图,也不同于“感受谬误”中读者的自由发挥,而是内在于文本本身的结构之中。“作品意图”可以通过作品的连贯性整体加以检验。艾柯的“作品意图”是动态的,就像接受美学中文本的“召唤结构”。

张江先生指出:“强制阐释是指,背离文本话语,消解文学指征,以前在立场和模式,对文本和文学作符合论者主观意图和结论的阐释。”〔2〕接下来,在重建本土阐释话语的“本体阐释”部分,张江指出“本体阐释”应该以文本的自在性为阐释依据,以文本为出发和落脚点。但与新批评狭隘的“文本中心主义”的文本观不同,他强调“文本阐释是文学理论建构的核

〔1〕 艾柯等:《诠释与过度诠释》,王宇根译,生活·读书·新知三联书店 1997 年版,第172页。

〔2〕 张江:《强制阐释论》,《文学评论》2014 年第 6 期。

心,但不是全部;在文本细读中归纳概括出的结论,需要有本源阐释和效应阐释的丰富和修正”[1]。他认为文学阐释是有边界的,这个边界围绕文本的原生话语展开,但也不排斥次生话语和再生话语,这就使得他的文本阐释观更富有某种弹性了。

其次,他们都重视“经验作者”。艾柯认为自己作为《玫瑰之名》的“经验作者”(the Empirical Author),在阐释这部作品时是享有某种特权的。他的“在场”无疑为更好的理解作品的创造过程(比如理解文本是由哪些偶然的选择构成、是由哪些无意识驱动等等)和文本的隐含策略提供了帮助。他认为作者所代表的“前文本的意图”(pre-textual intension)确实不能成为阐释有效性的标准,但是“经验作者”确实对其作品的“合法阐释”有更多的发言权。张江也认为,文学创作是作家独立的主观精神活动,作者的思想和情感支配着文本。“对一个文本展开批评的首要一点,也必须是对文本存在的本体认知。其二,作者意欲表达什么,其表达是否与文本的呈现一致。其三,文本的实际效应是什么,读者的理解和反映是否与作品表现及作者意图一致。这是正确认识、评价文本的最基本准则。”[2]在这里,“作品表现”和“作者意图”同时起作用,因此不至于陷入“新批评”所言“意图谬误”的泥淖,“作品表现”近似艾柯所说的“作品意图”,它和“作者意图”共同规定了文本的“标准读者”。

第三,他们都谈到“诠释”文本与“使用”文本不同。张江认为,场外理论的挪用、转用和借用,都是一种对文本的“利用”,而非从文本出发的“理解”。文本的文学阐释是有边界的,文本的自在含义有限,不能对文本的有限意义作无限阐释。“把批评者的意图无端强加给文本,对文本作自在含义以外的非文学阐释,超越文学阐释的边界。以文本为原点,使用或利

[1] 张江、毛莉:《当代文论重建路径:由“强制阐释”到“本体阐释”——访中国社会科学院副院长张江教授》,中国社会科学在线,2014 年 6 月 16 日。

[2] 张江:《强制阐释论》,《文学评论》2014 年第 6 期。

用文本作挥发式言论，不是文学和文本的阐释，可定义为‘再生阐释’，再生阐释的话语是‘再生话语’。‘再生话语’可以产生强大的社会影响和号召力。但再生话语已非文学话语。”〔1〕

艾柯也主张在“诠释文本”和“使用文本”之间做出区分。他认为理查德·罗蒂对《玫瑰之名》的阅读就有断章取义之嫌，“因为他关心的只是小说的某个方面，而有意忽视了其他的方面。他出于自己哲学观点的需要——或，如他自己所示，出于其自身修辞策略的需要——部分地‘使用’了我的小说。他仅仅关注的是我小说解构性的一面（即反阐释的一面）。”〔2〕美国文学理论家乔纳森·卡勒也认为，只去问文本的“使用”，不关心文本意义形成的诸多“问题”，是成问题的。尽管他不完全同意艾柯所说的“作品意图”之类的概念，担心这些概念会阻碍意义的敞开从而变成“意义专制”的绳索。在他看来，意义确实必须受制于“语境”，而这个“语境”却是无法事先确定的〔3〕；并且随着时间的发展，语境自身会变得越来越开放。但是卡勒仍然希望文本意义理论“问题”得到重视。对“文本的运作机制以及诠释问题”应该保持应有的好奇心，并进行不倦地探索。

伽达默尔对“诠释”和“使用”的论述则同样具有启发性，他认为我们说“使用”一个文本与“使用”一把锤子是不同的。在精神科学里，应该承认应用是一切理解的一个不可或缺的组成要素，比如在法律条文、神学布道条文里文本被用于某个具体使用时刻，已经先在地包含了理解。“理解在这里总已经是一种应用”〔4〕。因此，他反对将“理解”文本和“使用”文

---

〔1〕 张江、毛莉：《当代文论重建路径：由“强制阐释”到“本体阐释”——访中国社会科学院副院长张江教授》，中国社会科学在线，2014年6月16日。

〔2〕 艾柯等：《诠释与过度诠释》，王宇根译，生活·读书·新知三联书店1997年版，第173页。

〔3〕 乔纳森·卡勒：《文学理论》，李平译，辽宁教育出版社1998年版，第71页。

〔4〕 伽达默尔：《真理与方法》（上），洪汉鼎译，上海译文出版社1999年版，第314页。

本做二元对立的区分。

第四，他们都存在理论只能证伪的问题。“强制阐释”论面临的现实困难是：“谁”可以断定“别人的”阐释是“强制阐释”？读者的趣味各有偏好，价值观和“先见”又往往不同。有人喜欢黑格尔的体大思精，包罗万象，有人喜欢克尔凯郭尔的游戏笔墨、碎片反讽；有人认为追求确定的意义是坐享其成，有人认为一味追新逐异是走火入魔；有人最害怕出现意义的独裁者，有人最担心阐释的无政府状态。也就是说，在面对具体文本时，判定“强制阐释”这个标准很难把握，也很难操作。张江先生在《强制阐释论》中所举的例子尽管都很典型，但也并非所有例子会被所有人认定是“强制阐释”。

比如海德格尔关于农妇鞋的解读。那双鞋到底是农妇鞋还是梵高自己的鞋，在诠释中有时并不被看重，阐释的“准确性”和阐释的“启发性”是两个不同的价值，二者不可兼得时，有人甚至还会选择后者。人们更愿意从这种对“物”的凝视、对天命的聆听中，展开大地与世界的冲突，感受人与自然的冥合，诗与思的交融，并且推而广之用这种现象学的方式解读现代生活中各种日常物件。本土批评家汪民安对手机等物件、对宋庄艺术家生活方式充满想象力的解读，就是一个很好的例证。当然也可以用海德格尔这种方式解读中国古代诗歌。既然诗的本意是以有限的语言，表达不可言说之奥秘，我们便可以经由海德格尔对“诗与思”的思考，体悟我们民族特有的生存方式。例如《诗经·豳风·七月》中那个饱经风霜的老农，聆听着四时的节奏，感受着天道不变、四季如期。以“天行健，君子当自强不息”的进取精神，一年到头日日辛劳，周而复始，安守着与土地的友情，接受着生活微薄的馈赠，没有怨艾，没有反抗，这是对自身命运另一种“恭顺的聆听”。张祥龙先生曾经著述分析海德格尔思想与中国天道之间的关系，所以这种对《七月》的现象学解读，可能也就只能算“多元”解读中的“一元”，而海德格尔的对梵高鞋的“强制阐释”，无太大危害，有时还被看作有意义的“误读”。

艾柯的“过度诠释”论也曾面临相似的困境。他自己坦言，并不强调有某种固定的理论，可以帮助人们界定“过度诠释”。但是他认为自己的提议是“类波普尔式”可以证伪的，他的题中应有之意足以使人认识到，并非任何阐释都是可行的。因为存在着文化意义系统，也存在着文本的内在运行机制，对于解读者来说，“要理解文本的运行机制意味着去断定为了得到一个连贯的诠释，他的众多特征中哪些是相关的，哪些是不相关、不能支持连贯性解读的。”〔1〕这使诠释的可接受性存在着不同的等级。再者，因为“过度诠释”是一个事后效果判断，而非一个主观价值判定，所以艾柯试图求助于某种“文化达尔文主义”的策略，把“历史”选择看作是一个大浪淘沙的过程。尽管群体的共识形成，是一个需要不断得到修正的长期过程，但是经过了时间淘汰，某些解释自能脱颖而出，获得比其他解释更大的读者群认同。

## 二、本体阐释与本体论阐释学

如果说“强制阐释”是“破”，破除对西方理论话语轻信盲从的迷障，那么“本体阐释”就是“立”，意在重建中国本土的阐释话语。可以说，“强制阐释”对艾柯的“过度诠释”基本上采取了向心的借鉴方式，而“本体阐释”对伽达默尔(Gadamer，Hans-Georg)的“本体论阐释学”则采取了完全离心的借鉴方式。毋宁说“本体阐释”的理论旨归更接近赫施对伽达默尔的批评。

---

〔1〕 艾柯等：《诠释与过度诠释》，王宇根译，生活·读书·新知三联书店 1997 年版，第 182 页。

首先,二者所强调的“本体”含义不同。“本体阐释”中的“本体”强调的是“文学本体”,是把文学文本看成阐释过程中第一性的东西;而“本体论阐释学”意义上的“本体”,是“人与神”共在的“世界”,是“生存本体”。相对于传统的方法论阐释学,本体论阐释学的阐释焦点发生了位移,由过去重视通过阐释(这种方法)追究作者原意,到通过阐释(这种本体存在方式)加入对世界的理解。“本体论阐释学”的焦点是理解活动和理解事件本身。它把每一次理解都看成是和人的存在有关,认为理解活动中发生的真理,不是指科学真理的主客观相符,而是“意义的发生和持存的方式”。因此真理在艺术经验中发生的样式是涌现,是绽开,永远在过程之中。有别于狄尔泰等人将“共通的人性”看作解释的前提,伽达默尔强调了“传统”,也就是我们(作者和读者)共同处身的世界本身,在这样的存在中,“我”总是带着“先见”而来,总是与他人“共在”,因而意义总是“共享”和“交谈”。“传统”在这里不是封闭的,而是向未来开放。

其次,二者理论侧重点不同。“本体阐释”强调阐释的相对确定性和有效性。张江指出文学阐释不能超越文本的自在性边界和作者的有限主观意图,作无限发挥。这和赫施的主张很是相近——重视文本含义和作者原意。赫施在批评伽达默尔时曾经谈到,文本有“意思”和“意义”之别,作者“意思”相对确定,而文本“意义”有待于后来者的补充理解。这样,“意思”和“意义”便虚实结合,既有实体部分,也有相对的开放性。“本体阐释”重视理论的先在完整性,比如综合内部研究和外部研究,三个阐释圈层之间是辐射与反射的关系,并且分层综合考虑了文本、作者、社会语境、读者理解等在阐释过程中“变”和“不变”的因素,解释的有效性有赖于和文本意图、作者“意思”的重合程度。

而“本体论阐释学”强调阐释的有限性和历史性,重视具体阐释展开过程中的“问答—对话”逻辑。在伽达默尔看来,“我”并不能完全把我“植入”别人的体验,完成狄尔泰意义上的“移情”,“我”总是被抛入历史,带着

"先入之见"。"理解"的意义总是来自"我"对文本的意义期待与文本的"召唤结构"之间形成的"视域融合"。在这里,"文本"不是一个纯客体,而是一个准主体,它用自己的存在向我们提问,并回答我们提出的问题。"问答逻辑"使他把理解过程看作读者与文本之间的平等对话。理解一个文本,就是要恰如其分、如其所问地重构文本提出的问题,并去文本中进一步寻求答案。我们并不能任意地自说自话,而是受文本"期待视域"的限制。我们边阅读边提问,而文本一面被阅读,一面对我们的问题进行回答或者修正。因此,我们不妨把伽达默尔的"问答逻辑"看作一种试探逻辑,同时它也是"视域融合"具体展开的动态过程。

第三,二者理论形态不同。"本体阐释"是一个同心圆的阐释结构,文学文本是核心阐释的主要内容,本源阐释和效应阐释都是围绕这个核心阐释辐射生发的,分别属于第二圈层和第三圈层,一圈一圈向周围扩散开去,文本的原生话语作为阐释核心是相对确实的,而外围越来越虚化,以便在历史进程中保持阐释的开放性;"本体论阐释学"则重视阐释发生过程,读者加入对意义的理解更像是跳进一条流动的河流,你只能汇入河流而无法穷尽这条河流的模样。阐释的意义不是追求回到最初,而是加入流变的历史。伽达默尔认为,"理解不只是一种复制的行为,而始终是一种创造性的行为。"[1]意义不是先于阅读、先于读者理解的"自在之物",而是在阅读过程中的"生成物"。理解是一场"效果历史"事件,总是与文本的接受史不可分离。

第四,二者阐释路向不同。"本体阐释"更倾向于是一种"恢复性"阐释,重视回到作者原意,这和赫施对伽达默尔的批评意趣相通;而"本体论阐释学"更倾向于"生发性"阐释,关心个体如何加入历史的合唱,在理解过程中产生新意。在伽达默尔看来,方法论解释学所代表的独断型阐释

---

〔1〕 伽达默尔:《真理与方法》(上),洪汉鼎译,上海译文出版社 1999 年版,第 383 页。

是一种本质主义的思维方式,认为文本的意义是客观的、固定的,它就是作者的意图,“理解”所做的就是把确定无疑的真理用于个别案例;而本体论解释学所代表的探究型阐释则是一种历史主义的思维方式,认为作品的意义是构成物,是在历史的长久时间里不断建构、沉淀、累积而形成的,探讨字句在全文中传达的具体意义,会随具体时代具体人而有所不同。伽达默尔认为,“这不是打开任意解释的大门,而是揭示一直在发生的事情。”〔1〕应该看到,作为一种“恢复性”阐释,“强制阐释论”关心意义的相对确定性确有其道理,尤其是在文学教学和文化公共传承中,这种意义的相对确定性就显得尤为重要;而伽达默尔的“生发性阐释”,则更适合描述私人读者每一次个体阅读的展开过程。

## 三、反思阐释与反对阐释

在其精神气质上,张江先生对“强制阐释”的反思和苏珊·桑塔格(Susan Sontag)的“反对阐释”论也有很多相通之处。首先,他们都在一定程度上表现了对西方主流理论话语的反感。张江反思当代各种西方文论主流话语对文学文本的“强制阐释”,桑塔格也曾经在六十年代反对精神分析、马克思主义等非文学理论任意阉割文学文本,他们都表现出对当代理论话语过剩、过于强势的不满。张江希望找到文学阐释的边界,捍卫文学的审美自主性和独立性;而桑塔格则希望恢复艺术中的“新感受力”,捍卫艺术的自主性。在这里,艺术不仅包括诗歌、小说等文学样式,也包括绘画、电影等新艺术样式。

其次,他们都代表了一种从边缘出发、抵抗中心的声音。桑塔格抵抗

〔1〕 伽达默尔:《真理与方法》(上),洪汉鼎译,上海译文出版社 1999 年版,第 485 页。

的是以莱昂纳尔·特里林(Lionel Trilling, 1905—1975)夫妇为首的纽约高雅文化圈,她要用大众文化和艺术的新感性抵抗平庸保守的中产阶级趣味,向主流文化圈挑战;她是流浪的街头艺人、为中产阶级所不齿的波西米亚生活方式、贫穷而富有激情的艺术的代言人;她以"反对阐释"的声音宣告同主流社会高级文化的格格不入。张江也表达了在全球化语境中的弱势民族对西方主流话语的批判和反思,以"强制阐释"论质疑西方权威理论的合理性,希望国内同道在引进西方话语时充分考虑文化差异、伦理差异和语言差异,试图重建具有独创性和本土特色的文学理论话语。

但二者也存在明显的不同之处。首先,理论的出发点不同。张江在申明西方文论"强制阐释"的整体缺陷之后,提出了"本体阐释"的一系列主张,他的反思路径是从理性到理性的。他并非不要批评的理性,而是力求对借鉴西方文论有更理性的批判和认识。而桑塔格则认为,正是因为艺术批评中理性过剩,才导致了"阐释是智力对艺术的报复"[1],她期待一种像罗兰·巴尔特(Roland Barthes, 1915—1980)等人那样的贴近艺术文本的感性批评。因此,她"反对阐释"的出发点是希望从理性回到批评的感性,或曰新感性。

其次,话语风格不同。张江的"强制阐释"论希望回到中国文化主体论,他多次引用马克思、恩格斯的理论话语,希望重建具有社会主义现实主义特色的当代中国文论。同时,他也响应大数据时代的召唤,呼吁建立一种文本统计学。这种整全缜密的理论风格,以及最后的理论归宿,都指向了科学理性主义。从《人民日报》"观象"专栏题目可知[2],张江致力于弘扬一种主流的、健康的、正能量的批评。在追求秩序、和谐,旨在提升文化这一点上,可以说他与桑塔格的潜在论争对手、具有古典现实主义美学

---

〔1〕 苏珊·桑塔格:《反对阐释》,程巍译,上海译文出版社2003年版,第9页。

〔2〕 许徐:《"强制"之后,如何"阐释"——〈人民日报·文学观象〉之观象》,《文艺争鸣》2015年第6期。

倾向的特里林遥相呼应。而桑塔格却主张破除智力“过度诠释”之弊,让批评回到艺术、回到生命,回到审美和感觉,为新感性(马尔库塞)的解放鸣锣开道,其主导精神是唯美—浪漫主义的。她的写作风格灵动多变,善于呈现断片式思想,不求精深,但求灼见。她号召对各种新艺术和大众文化进行“形式”研究,反对经由文本的“内容”分析导向陈腐的中产阶级道德说教。在马尔库塞(Herbert Marcuse, 1898—1979)和桑塔格身上,充分体现了美国六十年代的“反文化”精神。其理论话语风格具有先锋性和艺术性。

通过以上辨析,我们发现张江先生的“强制阐释论”与他所反思的西方文论存在着千丝万缕的联系。这至少说明,在“反对阐释”“过度诠释”“阐释有效性”等方面,张江先生与西方文论中的阐释学家拥有着同一个话语谱系。在今天这样一个全球化的时代里,各民族的文化乃至文论已处于“共享”状态,这也意味着西方文论已在很大程度上融入我们的血肉之中,成为我们理论肌体或思想机器的有机组成部分。但另一方面,我们又必须发出自己的声音,建构出属于我们自己的文论话语,这又意味着我们必须扬长避短,而不能跟在西方文论家后面亦步亦趋。如何解决这一矛盾,很可能是摆在中国文论界的一项长期任务,在此期间,甚至会引发全球化与地方化或本土化之间的抵牾或冲突。冲突不可怕,因为冲突之处是疼痛之处,也是反思之处;是理论创新的起点,也是建构中国当代文论话语的生长点。

(本文作者刘剑、赵勇,原载《文艺争鸣》2015 年第 10 期)

# 古典与浪漫

## ——莱辛与文克尔曼美学思想辨析

### 一、引言

“古今之争”是西方自现代性发生以来的一个经典的哲学、美学话题，“古今之争”的提出说明人们意识到“古”与“今”的区别，也就是说“现代”要求进行自我确证。那么，这个过程是从何时开始、从何处说起的呢？哈贝马斯(Jürgen Habermas)认为，“现代首先是在审美批判领域力求确证自身的”〔1〕。在基督教时代，人类自身是没有历史的，有的只是圣经中的历史。1 500 年前后新大陆的发现、文艺复兴和宗教改革构成了现代与中世纪之间的分水岭。当新的时代到来之际，人们还没有发展出一种自觉的时间意识。十七世纪以前，希腊和罗马被认为可以跟法国和英国进行平行的比较，维吉尔和荷马被人们当作同代人来讨论，时代之间的鸿沟很少为人们所意识到。因此，当人们一旦有了自觉的时间意识，古代的还是

〔1〕 哈贝马斯:《现代性的哲学话语》，曹卫东译，译林出版社 2003 年版，第 23 页。

现代的问题，如果按照歌德(Johann Wolfgang von Goethe)的说法是“古典的还是浪漫的”，如果按照席勒(Johann Christoph Friedrich von Schiller)的说法就是“素朴的还是感伤的”，便成为哲学、美学领域尤其是德国古典美学始终走不出的迷思。对理性与主体性的重新认知与反思也可以看作康德、黑格尔对这一问题作出的另一面回答。

莱辛(Gotthold Ephraim Lessing，1729—1781)对于他的时代，在很多方面都是一个开风气之先的人物。莱辛美学思想的大背景是十八世纪著名的“古今之争”，这场论争启始于法国，在德国的回响就是高特舍特派新古典主义与瑞士派(主要代表人物为波特默和布莱丁格)的论争，一般认为后者观点倾向于后来的浪漫主义。莱辛早年就读的莱比锡大学曾是这场论争的中心，莱辛的美学思想无疑深受这种氛围的影响。那么，在这场论争中，莱辛是一个什么样的立场呢？这场论争大致可看作美学领域大陆理性派与经验个性派的一次较量，涉及具体问题，仍然盘根错节，并不可以用谁保守与谁进步一言以蔽之。莱辛的观点我们一般认为他是站在瑞士派一边的，然而这只是我们的看法。他本人并不完全认同任何一方，而且对双方都有不满。就《汉堡剧评》来说，无疑是针对高特舍特派新古典主义而发；就《拉奥孔》而言，枪口又主要转向了瑞士派，因此他曾称这场论争是“蛙鼠之争”。尽管如此，我们仍可发现，他的美学同这两派都不无渊源。考证莱辛政治哲学和神学思想及其美学思想的关系，可见莱辛思想中既有赞同普遍性、内在论、理性主义的一面，也有赞同特殊性、超验论、非理性主义的一面。这两者构成的矛盾与张力恰成为莱辛对启蒙思想自身的超越之处。以下我们主要通过对《拉奥孔》的文本解读分析他和文克尔曼的潜在对话，进入莱辛美学思想的幽深之处。

## 二、诗与画的界限

《拉奥孔》的写作主要源于对当时浮泛的“诗画一致”说的不满。在西方，从希腊诗人西摩尼德到贺拉斯，都认为“画是一种无声的诗，诗是一种有声的画”，[1]到十七至十八世纪，这句话更被奉为经典，斯宾斯、凯洛斯等人都持这种观点。尤其是当时的瑞士苏黎世派，受英国自然风景画和瑞士山水诗的影响，更对此倍加推崇，“它在诗里导致追求描绘的狂热，在画里导致追求寓意的狂热。”[2]文克尔曼(Johan Joachin Winckelmann, 1717—1768)早年就是瑞士派的一个门徒，在一篇早期作品中曾提到“绘画可以和诗有同样宽广的界限，因此画家可以追随诗人，正如音乐家可以追随诗人一样”[3]。从字面上看，拉奥孔的副标题“论诗与画的界限”可能就是对此而发的。

首先，莱辛在展开论述之前，并没有完全否认这两门艺术的相通之处。他在开篇前言中指出，“诗与画在效果上有这种完全的类似”[4]。他指出自己不是作为一个有着精微感觉的艺术爱好者和一个探究快感根源内在本质的哲学家，而是从一个艺术批评家的角度，为诗与画划定各自的势力范围，并揭示其各自特殊的艺术规律，这就使他的立论非常坚实。他认为古人在二者之间开辟的小径是恰当的，错的是现代人因为盲目自信，将小径拓成通衢，认为二者之间可以不受任何限制，自由来往。而事实上，“他们在题材和摹仿方式上都有区别”[5]。

谈到诗画一致，我们似乎更有发言权。中国人是因善于直觉、笼统、

〔1〕〔2〕 莱辛:《拉奥孔》,朱光潜译,人民文学出版社 1984 年版,第 3 页。
〔3〕 鲍桑葵:《美学史》,张今译,商务印书馆 1997 年版,第 287 页。
〔4〕〔5〕 莱辛:《拉奥孔》,朱光潜译,人民文学出版社 1984 年版,第 1 页。

含混地把握事物而令庞德(Ezra Pound)、海德格尔、德里达羡慕不已的民族。山水诗、写意画千百年来的繁荣不是莱辛所能想见的。但有一点必须廓清，莱辛用“诗”和“画”的概念分别对应的主要是“叙事诗”和“雕塑艺术”，而不是中国古典语境中的“山水诗”和“写意画”。其实，即使谈我们古典美学“意境”论中的“诗中有画，画中有诗”，大抵也没人会否认，这个论述的具体所指主要是在“艺术欣赏”的层面，是鉴赏者面对艺术品感受到的艺术效果，它的大意可以理解为：看着王维的一幅画，可以想象出一首诗；品读王维的一首诗，都能在想象中构建一幅这样的画。譬如，“荆溪白石出，天寒红叶稀，山路元无雨，空翠湿人衣”[1]，昭示给我们的主要是主体在鉴赏时的所体味到的“灵境”与“意蕴”。而莱辛提请我们注意的是：过分强调诗与画无界限说，会给“艺术创作”带来切实的困难。他往下主要的是从“艺术创作”的角度着眼，廓清画和诗的界限。他认为，二者在题材、媒介、摹仿方式(构思、表达)和接受感官心理、艺术理想等方面都有所不同。同时，他的观点相当具有包容性，他认为二者并不是完全楚河汉界、泾渭分明的。画可以通过物体去暗示动作情节，如美狄亚的雕塑可以用定格一个面部表情描摹出心中的激情，暗示那一刻的表情是包孕万千的；诗也可以通过动作情节去描绘物体，如诗人荷马描绘阿克琉斯的盾，让这盾非常生动地出现在我们眼前。他承认诗与画中这种特殊的“通感”效果，《拉奥孔》是一部未完的著作，在莱辛的笔记手稿中，他屡次回到画可用人为的符号，而诗也可以把人为的符号提升为自然的符号，足见续篇他可能更多地侧重诗与画的联系。

然而，与文克尔曼和瑞士派以感性方式进入艺术创作和鉴赏不同，《拉奥孔》的论述有着“惊人的清晰严谨的思维”[2]，这使他的美学有了现

---

〔1〕 王维：《王右丞集笺注》，赵殿成注，上海古籍出版社1984年版，第66页。

〔2〕 韦勒克：《近代文学批评史》(第一卷)，杨岂深、杨乃伍译，上海译文出版社1987年版，第202页。

代科学美学的先声。他使美学作为一门科学更加系统化、精密化,坚实地屹立在理性的基础上,而不只凭印象和感觉空泛而谈。他第一次就不同艺术门类的规律进行了如此深入细致的探索,以至于我们对此问题的好多论点至今仍站在他的立论基础上。无疑,“诗中有画,而不全是画;画中有诗,而不全是诗”〔1〕,指出这一点,在当时、现在乃至以后都是非常重要的。他的美学,若不是因为那显然深厚的人道关怀和幽默生动的论述风格,单就结论而言,我们简直就可以辨认出现代形式美学的影子,开某种精密美学的先河。谈到时间上的先后承续属于诗人的领域,而空间则属于画家的领域时,他写道:“在画家的作品里,如果两个不同的时刻是紧接着的,就无妨把他们看成一个顷刻;在诗人的作品里,如果描绘空间中几个部分和属性的几个形容词先后承续得快,很紧凑,我们也就觉得一霎时就把他们全都听进来了。”〔2〕类似这样的分析,已经有了现代叙事学中关于文本速度、叙事时间、文本时间的精密划分;他多次提到“画可用人为的符号”而“诗也可以把人为的符号提升为自然的符号”〔3〕,又直追符号学的某些观点;他侧重从语义学的角度探讨《拉奥孔》的哭声产生的心理效果等等,这种强调常常会使人联想到形式主义者著名的“文学性”与“陌生化”的理论。

值得注意的是,除了缜密的思维,莱辛的行文具有一种“直率坦白的人格力量”〔4〕。这种风格使他的论证娓娓而谈,充满了丰富生动的实例,形象的比喻,尖锐而鲜明的对比,信手拈来,自然如话。尽管在我们不自觉地跟着他看清“雾中山水”以后,猛然发觉他的一些结论,在今天看来,是很可笑的。比如他对山水诗的完全不抱同情,他对叙事动作的分析也

〔1〕 莱辛:《拉奥孔》,朱光潜译,人民文学出版社 1984 年版,第 74 页。

〔2〕 同上,第 100 页。

〔3〕 同上,第 185 页。

〔4〕 韦勒克:《近代文学批评史》(第一卷),杨岂深、杨乃伍译,上海译文出版社 1987 年版,第 202 页。

过于分节了,以致客观唯物到有些机械的程度。无疑,他的批评,那种喋喋不休的对“规则”的强调,在启蒙时代的“天才”们看来,是在做“匠人”的工作,而“天才”则完全可以不受此束缚。不过莱辛好像在多数情况下,把他的“理想的读者”定为普通人,谈到“天才”与“批评”的关系,他认为大多数人不是“天才”,而“批评”带给普通人的是接近“天才”的东西。批评是拐杖,拐杖虽然不能帮助长跑运动员,但对于他来说是必须的,他常常自比自己是跛子,“别人讽刺拐杖,是开导不了他的”〔1〕。

一种有关艺术应该分门别类的科学理性的探讨,用的却是充满人文精神的生动的论述方式,这之间构成的巨大张力,就是莱辛《拉奥孔》文本迷人之所在。应该说,莱辛以他敏锐的观察、清晰的逻辑,如此精到地为我们指出诗与画的区别是有其开创意义的。站在古典美学与启蒙现代美学的入口,他对“诗与画的界限”的强调更体现了他新古典主义的美学趣味,那就是亚里士多德反复强调的美学“规则”与“法度”。从审美趣味来说,他扎根于自己的时代而并没有质的超越。这与瑞士派已经渐渐露出的“浪漫主义”倾向大相径庭。应该说,在这一点上,文克尔曼对瑞士派的同情,以及瑞士派所代表的审美趣味,更提示了一个通向未来的方向。然而,从分析方法上看,他超越了他那个时代浪漫的伤感思潮,给感性狂奔的野马带上理性的笼头。他用缜密的思维、清晰的论述,重新考虑文学的特性,以及语言艺术的独立自足之处。他的思考昭示着后来的现代美学与古典理性美学之间千丝万缕的联系,不是断裂,而是延续。

## 三、美与真的冲突

“拉奥孔”命名起源于莱辛与文克尔曼对《拉奥孔》雕像美感由来见解

---

〔1〕 莱辛:《汉堡剧评》,张黎译,上海译文出版社2002年版,第101页。

的不同。首先,他们都承认,雕像有一种静穆的美。分歧在于,莱辛对文克尔曼提供的形成美感的理由甚为不满。文克尔曼认为,拉奥孔之所以没有像在维吉尔诗中那样哀号,而是“无论在姿势上还是表情上,它们都显出一种高贵的单纯和静穆的伟大”〔1〕,是因为希腊人在一切激情下仍表现出一种伟大而沉静的心灵,这样,对于他来说,美感就主要来源于一种“高贵灵魂”的表现。而莱辛认为,在希腊人的价值观里,英雄不高贵隐忍到像一位斯多葛派(the Stoics)哲学家,同样无损于他们的伟大。英雄也有软弱之时却并没妨碍他最终履行职责,走向光荣,如阿克琉斯(Achilles)虽然有过软弱动摇但最终帮希腊人攻下特洛伊城。因为“荷马的英雄们总是忠于一般人性的。在行动上他们是超凡的人,在情感上他们是真正的人”〔2〕。“他的哀怨是人的哀怨,他的行为却是英雄的行为,二者结合在一起,才形成一个有人气的英雄。有人气的英雄既不软弱,也不倔强;但是在服从自然要求时显得软弱,在服从原则和职责的要求时就显得倔强。这种人是智慧所能造就的最高产品,也是艺术所能模仿的最高对象。”〔3〕

由此我们可以看出,在对人的理想上,莱辛和文克尔曼有所不同。作为一个新柏拉图主义者,文克尔曼倾向于认同一种高贵、隐忍、静穆、同现实妥协的古典理想,而莱辛则更认同有声有色、敢爱敢恨,有个性、有勇气,用行动改造现实的人。莱辛认为,一个英雄他首先必须是一个真正的人。圣徒式的伟大令人羡慕,而“羡慕”对观众而言,比起那种基于人性深处对同类相怜的“共鸣”,只是一种轻微的情感。无疑就这一点而言,莱辛代表了一个更向前的方向,他开启了后来的启蒙运动对人性和个性的更富于包容性的理解——不以抽象的人性压抑每个人的具体的个性。所以

〔1〕 莱辛:《拉奥孔》,朱光潜译,人民文学出版社 1984 年版,第 5 页。

〔2〕 同上,第 8 页。

〔3〕 同上,第 30 页。

歌德说:“我们必须回到青年时代,才能体会到《拉奥孔》对我们的影响。这部著作把我们从一种幽暗的静观境界拖出来,拖到爽朗自由的思想境界。”[1]

既然表现出痛苦并不妨碍希腊英雄形象的完整,那么拉奥孔表情相对平和的原因,就只能到别处去寻找,莱辛的回答是:“在古希腊人来看,美是艺术家的最高法律。”[2]“凡是为造型艺术所能追求的其他东西,如果和美不相容,就须让路给美;如果和美相容,也至少须服从美。”[3]在这里,莱辛显然更多地强调了美——美的法则。他试图向我们证明,古代艺术家在进行创作时,优先想到的是形式美的法则。应当承认,他的证明仍然是有力的。他举了好多例子说明希腊人对美的看重,以及当美与真发生冲突时,希腊人的取舍。譬如奥林匹克仿真像的限制,绝大多数雕像面部表情柔和,尽力冲淡激情;在他那篇优美的论文《古代人怎样描写死亡》中,他指出,古希腊人从不用骷髅形象来描写死亡,像近代人所做的那样,而是让睡神同死神在一起,把他们看成孪生兄弟。死亡的人的雕像倚在一柄倒置的火把旁,或被插上双翅,这无疑又是对他的论点的一个很好的佐证。

在这里,我们似乎触到了理论的暗礁。美是什么? 真是什么? 美与真的关系是什么? 用鲍姆嘉登(A.G.Baumgarten, 1714—1762)的话,“美是那感受到的完善”,也即“当表现于理性认识中时被称为真理的那种属性在感觉中的表现”[4]。这似乎同黑格尔的“美是理念的感性显现”[5]遥相呼应。就这种理解而言,美与真本质是一体的,美是真的感性表现,很难截然分开。在叙事诗里,体现具有典型性的个性特征既是最高度的

---

〔1〕 歌德:《诗与真》,团结出版社 2004 年版,第 170 页。
〔2〕 莱辛:《拉奥孔》,朱光潜译,人民文学出版社 1984 年版,第 11 页。
〔3〕 同上,第 14 页。
〔4〕 鲍桑葵:《美学史》,张今译,商务印书馆 1997 年版,第 242 页。
〔5〕 同上,第 433 页。

“真”,我们也认为是“美”,这是莱辛在他的“市民剧”理论中大力倡导的。然而,这原则如果放在如雕塑这样的造型艺术里,却有了操作上的困难。因此,莱辛走了亚里士多德的老路,认为艺术的本质在于模仿自然,并且把“真”直接看成了“自然”。当然,不是谢林意义上的神秘的自然,也不是黑格尔的体现客观精神的自然,而是一种对自然更为朴素的理解,更接近于我们所说的“自然而然”的自然。他更多地把“真”理解为表情的真实,没有能天才地预见到身后是一个讲究“魔性精神”与“生气灌注”的时代。尽管,他也并没有只把造型艺术美看作我们的老朋友“多样性统一”的原则(尽管鲍桑葵倾向于这么看他)。他谈到,艺术要描述“包孕万千的顷刻”,而不能直写激情顶点,显然是为了给想象留出驰骋的空间。真正的美不会仅限于几何美,这是他没有明言但我们能从《拉奥孔》里看到的观点。只是谈到一种创作时,将作者领会到的意蕴风神,不自觉地融合在对明畅、和谐、宛如建筑层次般匀称的形式塑造里,把美和真的实现看作融为一体的过程,这一点对他好像的确有些困难。

不过,公平地说,这种困难是可以理解的。在他的时代,感觉精微一如文克尔曼,也还不能欣赏荷兰画派。当歌德说“古人的最高原则是意蕴,而成功的艺术处理的最高成就就是美”[1]时,与其说解决了这一冲突,不如说默认了这一冲突。此外,有一点莱辛也是有道理的,就是具体操作的问题。谈到具体运用一种艺术媒介表达某种精神性的东西,创作一种诗的情况和完成一座雕像的情况会很不同。正如莱辛所言,前者构思难,表达相对容易,而后者构思容易,表达要更难一些。而且,对于这种意蕴、风神、个性的表达,在古希腊人那里,在多大程度上是一种自觉的追求呢?还是一个自然而然融合于美的过程?这似乎不能以近人的回答为准绳。

不管怎样,《拉奥孔》无声。无论在顺从个性发出声彻长空的哀号,还

〔1〕 鲍桑葵:《美学史》,张今译,商务印书馆1997年版,第296页。

是在以圣徒的坚忍独自担当着人类的苦难；无论这表情是出于精神表现的需要还是基于形式美的要求，它都面对世人，静默无声。在一定意义上，它就像姚斯(Hans Robert Jauss, 1921—　)的“乐谱”，无从得知哪根琴弦会拨动后代鉴赏者的心灵。在这里，不管从温克而曼的角度看到古人的静穆理想精神，还是从莱辛的角度看到古人的崇高美学法则，可能在一定程度上都是一种赫施意义上的“会解”(signif icance)。

## 四、同与不同的原因

为什么在文克尔曼看到诗与画相同之处，莱辛会看到不同；在文克尔曼看到理想的地方，莱辛却看到法则呢？我以为，首先由于两个人站的立场不同。一个艺术家，一个诗人，他们都倾向于为自己钟爱的艺术说话，把自己的艺术领域的势力范围扩展到无限大，而相对贬低对方；其次，还由于两人气质倾向性不同，正如冯友兰所说：“从假设概念出发的哲学家就偏爱有区别的”[1]。莱辛是一位哲学家，偏爱数学，所以在艺术中倾向于偏爱先天理式的抽象的美，而文克尔曼是一位新柏拉图主义者，倾向于一种禁欲的精神和直觉的领悟方式；同是回到古典，莱辛受亚里士多德影响较深，所以他要为艺术立法，他的理论重点在于古典美的法则；文克尔曼受柏拉图影响，更重视“表现”一种精神或神韵，倾向于向彼岸寻求艺术的理想。莱辛的立足点在创作规律的探讨，而文克尔曼的理论立足点在鉴赏领域。无疑，鉴赏离不开真正的感觉，而创作需要理性的指引。艺术需要有通向无限的精神高度，所以要有形而上的超越追求。同时，艺术也需要脚踏实地、形而下的工作。莱辛所强调的批评理性和文克尔曼所强调的艺术感受

〔1〕 参见冯友兰：《中国哲学简史》，北京大学出版社 1996 年版。

力,作为莱辛理论基础的古典美的形式法则和作为文克尔曼理论基础的古典精神美的理想,在这里并非势不两立,恰可以通过沟通和对话,相辅相成。

## 五、在“古今之争”中的地位

莱辛与文克尔曼站在古典与近代的门口,他们的美学,尽管观点不尽相同,都在各自不同的领域体现了真正的回到古典与面向现代的精神,在美学史上起到了承前启后的作用。

一方面,他们以回到真正的古典的精神,复兴了新古典主义。他们摈弃了新古典主义的清规戒律和一些矫揉造作的东西,代之以对古希腊艺术法则和古希腊艺术精神的真正的理解和探讨。莱辛在叙事文学的领域重视“人”的价值,他解放了“人”的个性,但并不会使个性过度张扬到费希特(Johann Gottlieb Fichte, 1762—1814)的地步。他始终关注的是普通人,而不是浪漫主义式的天才人物——这些“天才”在浪漫派的笔下,在遥远的中古,古老而又迷人的东方帝国,寂静幽暗的夜里,独自啜饮着生命的苦酒,感受着自我与自然的神秘统一。文克尔曼发现了表现的价值,重在表现古典“美”的理想,却倾向于表现一种和浪漫主义的过度激情截然相反的理想——高贵的单纯和静穆的伟大,而这样的古典美的艺术理想,正是为艺术、政治上成熟后的歌德和席勒,所倾心向往的人生与艺术的完美境界。另一方面,他们的理论又都展开了一个面向未来的维度。文克尔曼对感觉与表现的重视,开启了十九世纪轰轰烈烈的浪漫主义运动的先声;莱辛建立在人性基础上的个性与共鸣理论,及其对再现(摹仿)的强调,导引了他身后通向巴尔扎克、托马斯·曼、托尔斯泰的现实主义的滚滚潮流。

(本文原题为《“古今之争”中的莱辛及其〈拉奥孔〉》,原载《集美大学学报》2009 年第 4 期)

# 在左右之间:一种及物的文化批评

## ——读《法兰克福学派内外:知识分子与大众文化》

法兰克福学派的理论一直以批判的深刻和救赎的热情见长,不仅在现代与后现代哲学转折之间,该理论承前启后、始终富有辩证张力;从全球化时代“新左派”与“自由主义”之争的视角来看,它也是一种清醒面对现实的文化批评。自该学派二十世纪七十年代末登陆中国,研究论文和专著一直不绝如缕,但是真正结合中国当下现实,既有坚实的学理基础,又有思辨深度和批判锋芒的原创之作并不太多。《法兰克福学派内外:知识分子与大众文化》(北京大学出版社 2016 年版)主要涉及法兰克福学派相关学术前沿话题,包括在当下中国文化历史语境中,知识分子身份定位和对待大众文化的态度等,是作者赵勇先生沉潜十年、打磨十年,围绕同一相关论域进行思考发表的论文结集而成。早在十多年前,作者在《整合与颠覆:大众文化的辩证法——法兰克福学派的大众文化》一书中,就曾颠覆了国内法兰克福学派研究只重视批判性话语的单一范式,从而把“整合”和“颠覆”看成是大众文化的辩证法[1];而该书则是对发展了的语境

[1] 赵勇:《整合与颠覆:大众文化的辩证法——法兰克福学派的大众文化理论》,北京大学出版社 2005 年版,第 7 页。

进行重新勘测、对一直关注的学术领域进行深入“再思考”的成果，它和之前的姊妹作一样，是研究法兰克福学派绕不过去的作品。

按照理查德·沃林(Richard Wolin)的理解，“文化批评家的角色则在于精确地揭示‘现实性’和‘合理性’之间的差异，暴露事物的实然存在和应然存在两相对立的隔阂。除了关注历史现实的诸多失败之外，文化批评还包涵某个潜在的乌托邦或解放维度。它相信，通过义无反顾地关注现代的诸多缺憾，它将获得导向某个更融洽、更和谐的未来的前提条件”[1]。就此而言，批判理论可以说成功地实践了一种文化批评的功能。该书的一个突出之处，就是发扬法兰克福学派的批判精神，提倡并践行一种及物的文化批评。“及物”在这里是个比喻的用法，意味着“理论”在多大程度上和“现实”发生联系。“及物性”包括两个层面，一是当年法兰克福理论产生同各位作者所处资本主义社会现实的关系；二是如今我们引用法兰克福学派理论与当下中国现实之间的关系。作者直面了这些饱受争议的问题，自觉进入到法兰克福学派理论当年产生的现实语境以及该理论引入中国本土三十多年来的历史背景中，正视全球资本主义发生的变化以及国内新左派与自由主义的思想交锋，相对平和、公允地对待双方辩友的论点，并根据自己的实地解读，找到批判理论产生的个中症结以及它与当下中国社会现代化进程的契合点。

## 一、形左实右：批判理论与当代资本主义现实

首先，法兰克福学派作为西方马克思主义者，一直被贴上“新左派”的标识。正如佩里·安德森(Perry Anderson)所言：“西方马克思主义是第

[1] 理查德·沃林：《文化批评的观念》，张国清译，商务印书馆2007年版，第2页。

一次世界大战后欧洲资本主义先进地区无产阶级革命失败的产物,它是在社会主义理论和工人阶级实践之间愈益分离的情况下发展起来的。"[1]从世界无产阶级革命开始落潮,到1933年纳粹在欧洲兴起,研究所被迫迁移美国,他们的工作重点已经从指导革命实践变为研究社会哲学。以佩里·安德森为代表许多西方"新左派"对于这种研究重点的"内转"和理论姿态的"后撤"有所诟病,认为他们自动脱离了实践,背离了马克思主义的精髓——关于费尔巴哈的第11条提纲"哲学家们只是用不同的方式解释世界,问题在于改变世界"[2],因而相比第一代马克思主义理论家的著述,似乎弱化了批判的锋芒。作者在《关键词:法兰克福学派》一文中间接回应了这种批评。首先从客观条件来说,研究所多数成员之所以放弃了"革命"的提法,正是对变化了的现实进行理性调适的产物。"法兰克福学派所面对的现实处境是,工人阶级早已刀枪入库,马放南山,服服帖帖当起了资本主义社会的顺民"[3]。二十世纪四十年代之后,随着对斯大林主义的认识更加清醒,对无产阶级革命主体的极度失望,法兰克福学派开始放弃马克思主义的激进立场。正如洛文塔尔所言"我们并没有抛弃实践,恰恰相反,是实践抛弃了我们"[4]。

其次,这种理论旨趣的转向也有主观原因。研究所多数成员出身有产阶级犹太家庭,受过良好的教育,他们的思想气质更接近"在脑子里闹革命"的学者、教授,也就是卡尔·曼海姆(Karl Mannheim)所言的"自由漂浮的知识分子",而非工人运动的领导者、社会活动家。他们把自己定位为世界的边缘人,作为自由知识分子,很长一段时间研究所经费来源疏

〔1〕 佩里·安德森:《西方马克思主义探讨》,高铦、文贯中、魏章玲译,人民出版社1981年版,第1页。

〔2〕《马克思恩格斯选集》第一卷,人民出版社1995年版,第57页。

〔3〕 赵勇:《法兰克福学派内外:知识分子与大众文化》,北京大学出版社2016年版,第25—26页。

〔4〕 马丁·杰伊:《法兰克福学派史》,单世联译,广东人民出版社1996年版,第21页。

离于各国政府的财政支持,这基本保证了他们的研究有一个相对独立的政治立场。他们希望继续马克思主义的批判精神,在哲学层面进行现代性反思,在社会层面清理工具理性,对当代资本主义社会存在的问题进行诊断,揭示自由资本主义和法西斯主义之间的必然联系,防止现代人在文化工业时代继续迷失。在研究所同仁看来,这样的"批判理论"本身已经蕴含着"解放的旨趣"(enmancipatory interest),同时是一种"革命的理论"(revolutionary theory)和"实践的哲学"(philosophy of praxis)。

此外,谈到批判和现实的关系,法兰克福学派的文化批评并非是简单的"政治介入"。较之正统的马克思主义前辈,他们之中大多数理论家拒绝把文化现象还原为阶级利益的意识形态工具。用阿多诺的说法"批评的任务并非去寻找承受文化现象的利益集团,而是去辨认总体的社会趋向,这一趋向乃是表现在这些现象中并通过它来实现自己的最大利益。文化批评应成为社会的观相术"〔1〕。作者曾经谈及著名的"阿本之争",认为他们除了在美学观念上有现代主义和先锋派思想的不同旨趣外,其根本分歧主要就在于"阿多诺想把本雅明从布莱希特那里夺过来,进而消除布莱希特对本雅明的影响"〔2〕,受到布莱希特影响的本雅明曾经希望用马克思主义的"艺术政治化"去抵抗法西斯主义的"政治审美化",而阿多诺则坚持艺术的独立性,反对在社会集团和文化现象之间寻找特殊的对应关系,尤其反感为"艺术政治化"寻找特殊的依靠阶级。

当然即便是本雅明看似党派味道很浓的"艺术政治化"主张,也与毛泽东《在延安文艺座谈会上的讲话》有着本质的区别。本雅明把作家看成"生产者"(producer);而毛泽东则把作家定义为"文艺工作者"(worker),从而不知不觉地祛除了笼罩在知识分子头上的神秘光晕。在本雅明那

---

〔1〕 马丁·杰伊:《法兰克福学派史》,单世联译,广东人民出版社1996年版,第179页。

〔2〕 赵勇:《整合与颠覆:大众文化的辩证法——法兰克福学派的大众文化理论》,北京大学出版社2005年版,第168页。

里，“革命的首要问题”是“物”，是艺术生产力的解放；而在毛泽东这里却是“人”，是要区分敌我。本雅明的设计可称为“知识分子化大众”，而毛泽东的基本思路是“知识分子大众化”。在知识分子与大众有效互动的二元格局中，施动者和受动者正好调换了位置〔1〕。所以本雅明和阿多诺这些新左派马克思主义者，实际上很多时候是“形左实右”〔2〕的。他们可以在政治立场上背叛他们出身的资产阶级家庭，但是抹不去那个家庭投射在他们身上的精英趣味；他们期待成为葛兰西(Gramsci Antonio)意义上的“有机知识分子”，然而却不断摇摆于激进与保守之间，走不出传统知识分子充满浪漫怀旧文人气息的“自由漂浮”宿命。

## 二、新左派 VS 自由主义：文化工业理论与当下中国现实

由此可见，法兰克福学派诸位理论家对于大众文化、知识分子身份定位、以及文化批评的态度是相当复杂的。其理论引介到中国，随着语境的不同，也在不同历史时期引起不同的反响。本书中作者回顾了近三十年来批判理论所引起的学术关注和重点争论，从九十年代初学界对文化工业理论的争相引介；到九十年代中后期伴随着知识分子群体“新左派”与“自由主义”的分化，以徐贲“走出阿多诺模式”为代表的对文化工业理论的反思〔3〕；再到新世纪以来的伯明翰学派文化研究、约翰·菲斯克(John Fiske)的快感政治等一系列后现代理论，逐渐取代法兰克福学派成为大众

〔1〕 赵勇：《法兰克福学派内外：知识分子与大众文化》，北京大学出版社 2016 年版，第 293—300 页。

〔2〕 赵勇：《整合与颠覆：大众文化的辩证法——法兰克福学派的大众文化理论》，北京大学出版社 2005 年版，第 137 页。

〔3〕 赵勇：《法兰克福学派内外：知识分子与大众文化》，北京大学出版社 2016 年版，第 217 页。

文化研究的主要理论资源。

在自由主义知识分子的视野中，文化工业理论的弊端主要有以下三点：首先，反现代化潮流。倾向自由主义的学者质疑以阿多诺为代表的批判理论家对现代性的恐惧，他们援引哈贝马斯对批判理论的扬弃与反思，认为批判理论从未认真公正地对待过资本主义民主。像许多后现代哲学一样，批判理论通过"反思现代性"而误入"反现代性"的陷阱，其实质是一种"隐蔽的神学"。其次，理论与现实错位。他们认为法西斯主义的"洗脑术"和后工业社会文化工业对大众的整合并不可同日而语；批判理论家带着源自纳粹德国的精神创伤分析美国的大众文化，将两者之间建立起简单类比关系，其实并不适合。第三，文化浪漫主义。这些学者大多出身历史学、哲学、法学、社会学或者政治学、经济学等非文学学科，他们认为法兰克福学派提倡的现代主义和先锋艺术带有精英主义的文化趣味，其救赎美学充满浪漫主义的乌托邦色彩，不管是马尔库塞的"新感性"解放还是阿多诺的否定辩证法以及本雅明在破碎世界中的流浪体验，都带有怀旧文人的前现代乡愁。而该理论之所以在中国本土得到大力推崇，是因为其保守的文化趣味、自恋的精英意识、失落的精神状态和理想主义的救世情怀，恰恰能引起九十年代之后在市场经济大潮中逐渐被冲击到社会边缘的中国传统文人的共鸣。

面对这样犀利的批评，作者在《法兰克福学派的中国之旅》(2003)、《批判精神的沉沦》(2005)、《未结硕果的思想之花》(2008)，以及《关键词：大众文化》(2011)、《法兰克福学派的理论旅行》(2012)等文中，进行了一系列深度思考和间接回应。此间作者正视法兰克福学派在中国本土终成未结硕果之花的现实，并分析了其理论风光不再的内外因素。首先是市场经济的外部大环境。八十年代末思想启蒙戛然而止，而九十年代之后主张"告别革命"，提倡"发展才是硬道理"，在这种情况下，"反潮流"的法兰克福学派"激进"话语逐渐失去了魅力。还有一个外部原因就是国家政策对文化产业的提倡,电视、电影、网络剧、动漫、电子游戏、流行音乐这些昔日作为“第三产业”的大众文化,在“全球化”时代变成了许多发展中国家的“绿色 GDP”和“朝阳产业”,比如电子游戏多年以前曾经被视为“毒瘾”人人喊打,而今已经开启了 VR 和电子竞技时代,还登堂入室进入了高校专业设置。“文化产业”和“文化工业”的提法恰如一枚硬币的两面,在国家产业政策和市场资本逻辑的联合推动下,“文化产业”方兴未艾,再提“文化工业”自然变得不合时宜。

当然,该书并没有顺从这样的外部潮流而看轻批判理论。相反从 2000 年初到现在,经由对这一问题持久关注,作者不乏敏锐地发现,恰恰是在这样的时代,文化工业理论同中国的现实之间不再存在八十年代所谓的“错位”问题。因为正是九十年代以来市场经济的深入发展,使得为法兰克福学派批判过的“工具理性”和“技术理性”成为中国现代化进程中较为强劲的内在逻辑。当“启蒙辩证法”逐渐让位给“欲望辩证法”[1],当下的大众文化产品,在国家主义意识形态中夹杂着市场逻辑,捎带着中产阶级的新贵梦想,融汇了中国传统文化的阴谋智慧,以阿多诺所言“标准化”“伪个性化”的方式批量生产出来,在各种家庭剧场、电影院以及大众选秀的综艺舞台、网络直播平台、微博、微信自媒体公众号中大行其道。是时代的发展让理论追上了现实,我们无意中又走进了阿多诺的埋伏圈。当终见本土大众文化开花结果以致开始腐烂病像百出时,法兰克福学派当年的盛世危言便不再危言耸听。正像西方左、右翼文化保守主义者如尼尔·波兹曼(Neil Postman)、F.R.利维斯或者阿多诺所提醒的那样,人们不再担心像《一九八四》中描述的那样因为受到禁锢而失去自由,却也无法保证不会因为在《美丽新世界》中“娱乐至死”而忘却自由。

---

〔1〕 赵勇:《法兰克福学派内外:知识分子与大众文化》,北京大学出版社 2016 年版,第 186 页。

虽然这是一本看似纯理论层面的学术书,但是它跨越十几年的写作,这中间隔着十多年变化了的本土现实,既汇聚了十多年文化批评话语的激变、争鸣和杂语喧哗,也暗示了其自我阉割、万马齐喑的潜流和悲哀。无论从批判精神还是思考逻辑、话语风格,该书都深得法兰克福学派诸位思想家精髓,可以说借由对法兰克福学派理论的理解,面对本土文化现实,身体力行实践了一种辩证的,及物的文化批评。作者不以政治立场的意气之争画线,始终以沉着扎实的态度深入研究对象的内部,不仅以数据资料说话,而且以见微知著地解读,结合当代中国社会发展和文化政治,让我们看到批判话语提供给我们的理论资源还远未穷尽。法兰克福学派对实践可能性的悲观并没有导致其理论立场的妥协,相反他们依然拒绝赞美现状,继续痛苦地否定和严肃地批判,矢志做资本主义社会的"牛虻"。正如本雅明所说"只因没有希望,希望才给予我们"〔1〕,诚然,每一种理论都有自身的盲点和局限,理论不能改造世界,但是却能改变那些改造世界的男男女女。为了能想象一个更好的世界,我们确实需要"理论"在我们面前打开一扇扇窗户;而将理论还原到其生成的历史语境中去,释放其魅力,指出其缺憾,并和现实构成一种丰富的对话关系,该书对法兰克福学派的探讨提供了一个很好的范例。

(原载《中国图书评论》2017 年第 5 期)

〔1〕 马丁·杰伊:《法兰克福学派史》,单世联译,广东人民出版社 1996 年版,第 7 页。

# 盲视与洞见

## ——《荀子·非十二子》今读

荀子的《非十二子》在荀子思想以及在整个先秦学术思想发展中占有重要的位置，因此也给后人留下了无限的阐释空间。然而尽管研究荀学的论文和专著如汗牛充栋，但是专门对《非十二子》进行文本细读的文章却寥寥无几。本文拟借鉴福柯(Michel Foucault)知识考古学的方法，首先回到荀子写作《非十二子》的历史现场，找到荀子立论的历史和现实压力；其次进入文本抓住“症候”解读荀子之所以“非十二子”的深层原因，辨析十二子与荀子本人思想的主要分歧，借以揭示荀子在驳论的过程中有意无意遮蔽的一些问题。最后由知识分子和权力的关系入手，进一步审视《非十二子》的立论在当时话语场中的定位以及其历史效果。

### 一、一统天下与学术合流

荀子思想对中国古代政制影响深远，谭嗣同先生说过“两千年之学，荀学也”。他是儒法转关的关键人物,兼修儒法而又非儒非法。这造成了他虽影响深远,但是身份却一直很尴尬。儒家嫌他不够纯正,法家嫌他不够彻底。他认为治国要义不全依赖君主道德,也不全仰仗治术和强力,而是需要综合协调达成两者的有机结合。就对儒学的影响来说,一方面他发展了孔子的“礼”,在“道名分”“统礼义”“一制度”“法后王”等现实主义的层面为儒学找到可供操作的理论基础,使之去迂阔而直接服务于国家社会,是儒家思想的集大成者;另一方面他在滤掉了儒学道德理想主义色彩的同时,也部分失去了儒家知识分子站在世俗权力之外、替天地生民立言的批判精神,开“性恶论”与“尊君”之说,因而被唐宋后儒看作是儒学的逆流。就其学术影响而言,一方面他是先秦学术的批判者和综合者,批评百家并集百家众长,独立新说;另一方面他的论述专断,语气狭隘酷烈,有思想专制和学术禁锢之嫌。他的不容异己,有别于孟子的以辩论争上下,往往暗含诉诸于政治权力剪灭他说之义,实开秦始皇“焚书坑儒”、汉武帝“罢黜百家”之先河。

按照法国十九世纪实证主义文学批评家泰纳(Hippolyte Adolphe Taine, 1828—1893)在《英国文学史引言》中谈到的时代、种族、环境对人的终生影响理论,荀子思想的横空出世绝非偶然。荀子生于战国末期,国大君威正呈上升之势;赵国属三晋之地,离秦国较近,三晋之学本有异于邹鲁之风。荀子一生游历遍布赵、齐、燕、秦、楚等中国各地,比之于孔、孟,其视野更为开阔。荀子对百家的批评散在《非十二子》《解蔽》《不苟》《非相》《儒效》等篇目中,其中以《非十二子》《解蔽》为最集中。《非十二子》既体现了荀子对各家思想的批判,同时也昭示了他自身理性综合的方向;从《非十二子》文本本身,我们可以看到先秦学术思想从诸子百家的相互批判争鸣逐步走向汇通、杂糅与综合,同时也不难嗅到这样的时代气息:未来学术的存在生态将更多有赖于国家权力的影响,将会经由“道术为天下裂”的合分运动之后,由民间再度回归官方,向着和合与大一统的方向靠拢。

《非十二子》中体现的“一是非”“统礼义”的思想,是荀子政治思想的一个重要组成部分,荀子认为治国的精义在于“礼”,这个“礼”不单单是婚丧嫁娶外在礼仪形式,而是内在于国家运行的一套礼义制度,有成文法典和国家精神之义。“礼别异,乐趋同”,礼的重要作用在于区分君臣父子等名位身份,全民应该按照一套礼义来行事,国君因为位高权重,所以应该具有最高权威,通过实施“礼”养民教民。在非十二子之后,他写道:“今夫仁人也,将何务哉?上则法舜、禹之制,下则法仲尼、子弓之义,以务息十二子之说。如是则天下之害除,仁人之事毕,圣王之迹著矣。”[1]其“统四海”“一是非”之心溢于言表。他批判百家异说,就是要“一天下”“齐言行”,使“通达之属,莫不从服”。从思维模式到制度建构,都要由是否贯穿“礼”的精神作为衡量其合法性的标准。在这里,思想统一与制度专制之间,也只有一步之遥。

## 二、诸子批判的盲视与洞见

荀子两两一组,逐一批判十二子,其立论既一语到位显示出了真知洞见,同时也有很多盲视之处,遮蔽了自身理论的好多问题。

### (一)它嚣、魏牟

荀子指责他们“纵情性,安恣睢,禽兽行,不足以合文通治”。也就是放纵性情、不知礼义而不合古今治道。它嚣、魏牟是道家人物,《汉书·艺文志》里收入魏公子牟四篇,按照荀子的描绘,这一派的理论主张尤近庄

〔1〕 参见王先谦:《荀子集解》,中华书局 1988 年版。

学。他们是道家里的狷者,主张精神的无限自由,政治上与统治者消极不合作,治法上有无政府主义的倾向,生活方式上放浪形骸而独与天地精神往来。荀子对他们的指责是从荀学本身的价值观念出发的,荀学囿于自己所戴的理性主义的有色眼镜看不到这一学派对生命本真的追求。像西方的帕斯卡尔、尼采、海德格尔等人一样,这一派的人恰恰可以归入“诗人哲学家”之列,他们寻求的是“人在大地上诗意地栖居”方式。因此如果做换位思考我们就会发现,被荀子言词苛责的弊端恰恰也正是他们学说的独放异彩之处。

“纵情性,安恣睢”追求一己之利和个体舒适,是因为“为我贵生”,重视个体的利益和权利,享受生命的过程本身,而生命本体的意义和价值在他们那里胜过浮世强名,他们是先秦最早的“为我主义”者。中国哲学大多是讲“群”的安放,讲“群”处的智慧,儒家也关注普通人,但是他们的学说可以称作是“民本”,而非真正意义上的“人本”。作为对儒家学说有益的补充,道家学说最早确立了单个人个体存在的意义和价值。“不足以合文通治”也就是不知礼义之道,究其原因在于他们看到对礼义的呼唤诚然一方面指向人间秩序的复归,然而另一方面对礼义的提倡自身便包含了扼杀人性因而虚伪僵硬的一面。道家的此一脉和卢梭(Jean-Jacques Rousseau)持大致相同的自然主义的观点,认为文明智慧除了带来技术的进步,也带来人性的狡诈和堕落。“大道废,有仁义;智慧出,有大伪;六亲不合,有孝慈;国家昏乱,有忠臣”[1]。“禽兽行”这一判词一方面是荀子对不合礼义之士另类生活选择的一种过激之辞;另一方面,也暗示了这一学派会有由“心”的自我放逐走向“身”的自甘堕落的危险。徐复观先生认为,老庄的道家由“器”上升到“道”的层面,是中国虚无主义的上升。“把自身的精神,由现实社会中上升到作为万物根源的‘道’那里去,以把握无

[1] 张忆译注:《老子》第十八章,中国书店1998年版,第35页。

是非、忘生死的整全世界,这即是庄子所说的‘独与天地精神相往来’的世界”〔1〕。而魏晋玄学时代好多竹林名士的放浪形骸之行譬如服药、饮酒、裸行等,则是由价值的虚无导向身体放纵的表征,是中国虚无主义的下坠。由此看来,荀子对他们的批评也有“前”瞻之效,并不尽是空穴来风。

### (二)陈仲、史鳍

荀子批判陈仲、史鳍“忍情性,綦谿利跂,苟以分异人为高,不足以合大众,明大分。”也就是过于抑制性情,违背了人的常态,因此不能“合大众,明大分”。如果跳出荀子的指责纵观来看,这一派所彰显的正是荀子所不能理解的另类人生。他们恰如早期道家中的隐者,和那些狷者不同在于一个是“纵情性”,一个是“忍情性”;一个率性而为,追求感性的解放;一个将欲求降到最低,自隐无名。对于这些隐者来说“相濡以沫,不如相忘于江湖”,既然浊世混乱,“盗钩者诛,盗国者为诸侯”,便不如远离尘世的喧嚣。同是对现实采取不合作的态度,它嚣、魏牟的生活方式外放、张扬,而陈仲、史鳍一辈则显得内敛沉静。老子极言于体道之间居柔守弱、谦卑处下,为天下溪,为天下谷,由这些人的生活方式也可见一斑。他们正是退到一般人的社交圈子之外,跳出红尘因而才能看破红尘。一方面因为他们置身事外,所以具备了观察世事的冷眼;另一方面他们也因这样的姿态和位置获得了超高于人的视角,“苟求分异,不同于人,以为高行”。荀子认为,他们苟求分异,故不足以合大众;苟立小节,故不足以明大分。而这里的“大分”指的当然也不离忠孝之大义。在荀子眼中,这些人是在把“自隐无名”当做一种行为艺术来标榜,而放弃了在社会人群中的责任担当。这样看来他们的理论出发点和荀子就有明显不同:荀子的学说带有庙堂色彩,是在为有国者分忧;而这些隐者,却是最早逸出中国古代社

〔1〕 徐复观:《中国的虚无主义》,1961年6月19日、20日《华侨日报》。

会秩序规定性之外的世外高人。此后两千多年，无论是生平世还是据乱世，都有人追随此派，“举世而誉之而不加劝，举世而非之而不加沮，定乎内外之分，辩乎荣辱之境”〔1〕。主张不需要通过别人的确证，在内心确立自己存在的价值。

### （三）墨翟、宋钘

荀子认为他们“不知一天下，建国家之权称，上功用，大俭约，而僈差等，曾不足以容辨异，悬君臣”。按照郭沫若区分，宋钘、尹文一派发展了老子“道”的本体论观念，调和儒墨，“救攻寝兵，与墨子的非攻接近；情欲寡浅，食无求饱，与节用接近”。所以在这里荀子把墨子和宋钘并提，批判的是墨学的主要主张。荀子对墨学很熟悉，他的理智主义的思考方式就受墨学重方法论和思辨的影响。但这不妨碍他对墨学的批评也很激烈。墨学和荀学的主要分歧在于：墨学的立场是平民的，而荀学继承孔学，其立场仍然是贵族的。比如墨学的节用之说理论出发点是因为看到天下黎民贫困，主张贵族巨室应该约束自己的生活支出。他的言说对象是特有所指的，而荀子在《富国》篇里却颠倒了这个因果顺序，批判说“墨子之节用也，则使天下贫”〔2〕。他的言外之意是越俭省越不能刺激欲望，越不能激励生产因而也就越贫困。由此可见荀子并不反对“节流”，但是更主张“开源”。荀子在经济思想上和管子有相通之处，这从后世看来是一个进步的观点，本无可厚非。

关键是墨子提倡节俭而非乐非礼，其善良的愿望也可悯可嘉。他主要从小民的角度出发，认为“礼乐”制度必然导致一些繁文缛节，从而在表面上满足和扩张统治者的虚荣和欲望，于百姓来说有百害而无一益。同

---

〔1〕 陈鼓应：《庄子·逍遥游》，《庄子今注今译》，中华书局1985年版。
〔2〕 韦政通：《中国思想史》，上海书店出版社2003年版，第193页。

样是这些繁文缛节，在荀子看来却是建立国家的权称所必不可少的。所以在《解蔽》篇里，他指责墨子“蔽于用而不知文”。另外，我们也应看到，荀子指责墨家“僈差等”，主要分歧在于墨学主张的“兼爱”也和儒学的“仁爱”在爱的方式上有所不同。儒家的爱是有差等的，由父母、妻子、兄弟兼及邻人、乡人、国人、天下人，这样推己及人像个同心圆一样一圈一圈扩散开去；而墨子的“兼爱”带有泛爱一切人的意味，并没有这些远近层次之分。并且这种“兼爱”带有功利主义的色彩，是为了“交相利”而主张“兼相爱”。在荀子看来，“兼爱”的主张不但是对人性的拔高，有实践上的困难，而且与治国的要义“礼”相乖离，对于他来说制止人与人之间的纷争、养民教民主要靠“礼”，而不在空疏、不切实际的“兼爱”。而施行“礼”的主要手段就是“别”，也就是区分贵贱、长幼、轻重等等，社会结构像一个金字塔一样由上到下井然有序，君君臣臣父父子子，让每个人按照自己的位置分得属于自己的一份。如果人人按照“礼”的原则安其分，则争乱不生。相反“兼爱”一切人就不能“容辨异，悬君臣”，也就不能很好地发挥“礼”区分社会地位、理顺君臣关系的作用，因此他认为这样的主张是社会祸乱之源。

### （四）慎到、田骈

荀子认为这二子“尚法而无法，下修（不循）（依王念孙注）而好作，上则取听于上，下则取从于俗，终日言成文典，反紃察之，则偶然无所归宿”，所以同样“不可以经国定分”。慎到和田骈是标志由道家向法家思想转关的重要人物，属于黄老道家。以慎子为例，韦政通先生认为其思想是“以道为体，以法为用”。荀子对慎子思想的这一特色了然于心，所以在《解蔽》篇里他说“慎子蔽于法而不知贤。……由法谓之，道尽数矣”。这是把慎子当法家来批评；在《天论》里，他又说：“慎子有见于后，无见于先……有后而无先，则群众无门。”这是把他当做道家来批评。在本文里，则是一个综合的批评。“取听于上”，不废法家尊君之义；“取从于俗”则兼容于道家和光同尘,随波逐流。“上则取听于上,下则取从于俗”,在儒家看来就是上下和稀泥,就是乡愿,没有原则。荀子讥笑他们终日言成文法典,却没有一定的原则和标准,故法度不立,不可以经国定分。而如果我们跳出儒家的立场看慎子的思想,在上下之间能弄权使事,游刃有余,也许正可以看做一种妥协的艺术,政治的智慧。这里我觉得也可以借用冯友兰先生那个关于中西方哲学特点的比喻,说儒家的学问像山,道家的学问像水。山是道德的,水是知性的。山厚重不迁,水随势变化。受道家影响的法家把道家圆融的生活智慧用于治国的层面,除了用法而不任法外,也有生养万物,顺从自然,和厚宽容之意。荀子认为他们“尚法而无法”,尚法而不懂法的真正精神,慎子却很可能认为,法的精神在于“道”,“道”作为一种贯穿天地人的超越性精神和法则,可以经由一定的转化与“君”“一”成为一体,这样神秘的“道”就转化为神秘的君主权威,于是有弄权于股掌之上、神龙见首不见尾的功效,这正是道法转关的一个暗门。而荀子则认为,法的精神在“礼”,他说“下修(不循)而好作”,意思是他们不遵循前贤的礼义而好自作主张另搞一套。而在他看来,不隆礼,就无法经国定分。

### (五) 惠施、邓析

荀子认为其二人“不法先王,不是礼仪,而好治怪说,玩琦辞,甚察而不惠(急)(依王念孙注),辩而无用,多事而寡功,不可以为治纲纪”。这里我们可以看到儒者对名辩的态度和名家对名辩态度的不同。儒者如荀子虽然也是理智主义的立场,但是儒者的正名、循名责实等等都是从社会秩序的角度出发的、他们更注重名实相符的社会功用。而名者之辨却显示出纯粹思辨的兴趣,像辩者 21 事中的好多命题如飞矢不动等,在西方哲学的源头如芝诺悖论里也有。从赫拉克利特(万物流变;实是相对的)和巴门尼德(实体不动:名是永恒的)的时代到经院哲学的唯名论者和唯实论者,西方哲学对思辨和逻辑的兴趣有增无减。当代德里达(Jacques

Derrida, 1930—2004)等人谈到的著名“延异”和“不在场”的理论,也可以看做是古老“飞矢不动”思维革命的现代翻版。

然而荀子却认为名者之辩“好治怪说,玩琦辞甚察而不惠(急)(依王念孙注),辩而无用”,只是在逞口舌之快,这个观点实际上是非常狭隘的。他的视角还是受了儒家立场的遮蔽因而显示出局限性。名家的思想在源头上与儒家的“循名而责实”有异曲同工之处,但它的最终落脚点不重在社会伦理秩序,而另敞开一面探究语言的逻辑以及语言和现实的关系,其理论精华好多后来被道家所吸收。仔细考究名家探讨的问题,实际上很多都是哲学的根本问题。名家自己也不认为他们的学问只能用于争辩和讼事,而是认为自己的哲学中也含有“内圣外王”之道,比如惠施本人就是一个很成功的政治家。这个学派在战国思想的舞台上,虽一直不是在前台,但是其方法论和雄辩甚至诡辩逻辑却一直是谋臣策士们不可多得的语言武器。二十世纪之后哲学等人文学科的语言学转向似乎让我们有机会回过头去重新思考语言的问题,也许哲学的关键不是“世界是什么”(古希腊),也不是“我们怎么认识世界”(笛卡尔),而是“我们是如何意识和表述世界的”(胡塞尔、维特根斯坦),这就是指向“名”与“实”的最原初的追问。当然,荀子对名家的指责在当时也颇有代表性,在中国哲学发展过程中,名家对后世的影响是相对有限的,一直没有机会登堂入室成为显学。当然这可能跟中国哲学注重善、注重伦理学,而不强调真、不强调知识论有关。

### (六) 子思、孟轲

荀子对同为儒门的子思、孟子的批评尤为尖刻。认为他们“略法先王而不知其统,犹然而材剧志大(依宋本),闻见杂博,案往旧造说,谓之五行,甚僻违而无类,幽隐而无说,闭约而无解”,并且以这样假托、伪造、改写的孔子学说精神贻害后世,欺世盗名。“案饰其辞而只敬之曰‘此真先君子之言也!’子思唱之,孟轲和之,世俗之沟犹瞀儒,欢欢然不知其所非也,遂受而传之,以为仲尼、子游为兹厚于后世,是则子思、孟轲之罪也。”就学理而言,思孟的“法先王”和荀子主张的“法后王”并没有看上去那么大的出入,只是“先”“后”取法所据的标准不同,荀子批驳的纠结点并不在这里。让他诟病的是这些人“法先王而不知其统”,即没有统类。“统”是体统、涵盖,“类”是类别、区分,都需要礼义执其权杖。荀子认为他们看上去志气恢宏,一副天命在我的样子,见闻也很广博,但因为“没有统类”——也就是“礼”的精神统贯、区分,因而显得混杂。

荀子认为他们在假托孔子之言,也有一定的根据。因为孔子总认为天道远,人道迩,不轻易言“天”。但基本上,孔子对“天”还是抱着敬畏的态度的。不像荀子似有戡天主义之嫌。孟子的“天”是宗教美学的天,荀子的“天”是自然物理的天。而孔子的观点,恰在两者之间。子曰:“天何言哉? 四时行焉,百物生焉,天何言哉?”[1]孔子不言,也就给后人留下了无限的阐释空间。

荀子认为思孟“案往旧造说,谓之五行,甚僻违而无类,幽隐而无说,闭约而无解”,韦政通先生认为孟子从没有说过五行的话,荀子在这里的指责有点无的放矢。但我们确切知道孟子说过中国历史“一治一乱”交替循环(《孟子·滕文公下》)和“五百年必有王者兴”(《孟子·公孙丑下》《孟子·尽心下》)的话,还有就是葛兆光先生提到,七十年代马王维汉墓出土的帛书里有一部《五行》[2],经人考证恰是思孟学派的作品。经文著者甚至可以认作是子思本人,他们把作为宇宙基本结构的五行(金木水火土)和人的五种基本品格(仁义礼智信)对应起来,试图沟通天之五行与人之五行。把人的行为向“天”那里寻找依据。也就是说在孟子的信仰里“天”

---

〔1〕 参见《论语·阳货篇第十七》,《论语白话今译》,中国书店1998年版。

〔2〕 参见葛兆光:《中国思想史》(上),复旦大学出版社2004年版。

是人格神,可以是宗教的天,代人行惩罚。而在荀子看来,“天”只是无意志的自然的天,“大天而思之,孰与物畜而制之?从天而颂之,孰与制天命而用之?”作为宇宙间一切终极价值与内在依据的,是人而不是天。“错人而思天,则失万物之情”〔1〕。

对天人关系的不同理解,是思孟和荀子的一个主要分歧。思孟学派认为“天”“人”可以相感应,其落脚点在“天”,强调天意难违,人不可以造次行事;荀子认为“天行健,君子当自强不息”,其落脚点在“人”,强调人的积极主动性。冯友兰先生认为孟子可以看做儒学浪漫主义一翼;荀子正可以看做儒学现实主义一脉。孟子是先验的道德心,荀子属于经验的认识心。一个唯心,一个唯物。思维方式截然不同。在现实主义品格的荀子看来,这些“僻违而无类,幽隐而无说,闭约而无解”的学说都是胡乱附会虚妄之言,近乎巫蛊的话。荀子曾经在《天论》里力辩天命灾异与政治人事无关。“天行有常,不为尧存,不为桀亡”,并进一步说灾异不足畏,天命鬼神不足信。“雩而雨,何也?曰:无何也,犹不雩而雨也。日月食而救之,天旱而雩,卜筮然后决大事,非以为得求也,以文之也。故君子以为文,而百姓以为神。以为文则吉,以为神则凶也”〔2〕。

而如果站在思孟学派的立场,看荀子恰恰是个俗儒,小人儒,而他们自己才是真正的“君子儒”。古往今来的唯物论者都强调外在现实的规定性,而唯心论者注重个体心灵的自由。心灵如果可以足够自由到上通天命,“天”与“人”之间心息相通的话,人的行为就可以从天命那里找到存在的依据。所以,他们用阴阳五行费尽心力演绎“天道”与“人事”的关联,只不过是想在国大君威的年代,诉诸一种权威——“天命”,作为对君主绝对权力的掣肘。在这里中国早期儒者心中的“天命”,就好像十八世纪启蒙思想家眼中的“上帝”,这些神秘而巨大的“他者”存在的关键并不在于实

---

〔1〕〔2〕 参见荀子:《天论》,王先谦:《荀子集解》,中华书局1988年版。

然,而在于应然。可叹的是,尽管这一学派和后来的汉儒们煞费苦心,他们在历史上所起的作用却不大,经两汉政治翻云覆雨的变幻之后,其中内涵的理想主义精神已经折腾殆尽,这种复杂幽隐的学说反倒成为乱臣贼子倒行逆施的有力武器。由此可见,荀子当时所做的给宗教神秘主义"祛魅"的工作也并不尽是坏事。

### (七) 子张、子夏、子游

最后,荀子批评了子张、子夏和子游学派。"弟佗其冠,神禫其辞,禹行舜趋,是子张氏之贱儒也。""正其衣冠,齐其颜色,嗛然而终日不言,是子夏氏之贱儒也。""偷儒惮事,无廉耻而嗜饮食,必曰'君子固不用力'是子游氏之贱儒也。"

荀子《非十二子》中对儒家的批判,除仲尼之外,均不能幸免。荀子曰:"以为仲尼、子游为兹厚于后世。"郭嵩焘曰:"荀子屡言仲尼、子弓,不及子游。本篇后云'子游氏之贱儒',与子张、子夏同讥,则此'子游'必'子弓'之误。"〔1〕然而,郝懿行则曰:"此三儒者,徒似子游、子夏、子张之貌而不似其真,正如前篇所谓陋儒腐儒者,故统谓之贱儒。言在三子之门为可贱,非贱三子也。"〔2〕如果抛开荀子所攻击的具体人物,我们不难发现荀子所攻击的是他们不合"礼"之处,即衣冠不整,言谈质朴,与礼义相违背,其模仿禹、舜,僭越礼之规矩,看似合乎礼义,却实未得礼之真谛,无廉耻而只求饮食之欲,是更加违背了礼的轨道。韦政通先生也指出"荀子有非十二子篇,批评所依赖的标准是礼义之统。凡不知不及礼义之统者,均为其所非"〔3〕。

一个有意思的事情是,荀子批评儒家本门比批评其他各家用的语词

---

〔1〕〔2〕 参见王先谦:《荀子集解》,中华书局1988年版。

〔3〕 韦政通:《荀子与古代哲学》,台湾商务印书馆1985年版,第177页。

还更严厉。尤其是对子思、孟轲。且在荀子所批判的十二子中,最为人所口实者,当为所非之孟子、子思二者。孔子殪后,儒分为八,“有子思之儒”“有孟氏之儒”等八家[1]。其中以子思学派和孟子学派影响为大,并且孟子学派在荀子时代影响极大,而子思学派与孟子学派很可能合流。《史记・孟子荀卿列传》就记载了孟子师承于子思,所以孟子于子思之思想一脉相承,也正因为如此,荀子“非十二子”时将子思、孟子并举批驳之。他甚至抛开非十子常用之语“其持之有故,其言之有理,足以欺惑愚众”而愤然以“瞀儒”“贱儒”批之。《四库全书总目・子部・儒家类》中为荀子的这种言说辩解道:“王应麟《困学纪闻》据《韩诗外传》所引,卿但非十子,而无子思、孟子,以今本为其徒李斯等所增,不知子思、孟子后来论定为圣贤耳。其在当时,固亦卿之曹偶,是犹朱、陆之相非,不足讶也。”[2]其实,这是后儒为荀子开脱的话,其主旨是想将荀子也纳入他们所认为的正统儒学之中,兼容思孟与荀子。然而,他们善良、虚伪的好意却难以遮掩荀子的决绝所体现的真实的思想张力。

也有人看到,荀子对十二子的批判不是纯粹的学术批判,而是大都落实于政治功用的层面,也就是他用一套实用主义的尺子作为标准在衡量学术[3]。郭志坤在《荀学论稿》中就认为荀子把诸子学说归结为六种类型:“不足以合文通治”“不足以合大众,明大分”“曾不足以容辨异,悬君臣”“不可以经国定分”“不可以为治纲纪”“甚僻违而无类,幽隐而无说,闭约而无解”[4]。这些都是从政治角度来考察,非出于从学理,而出于社会功用。但同时不能否认的是,先秦诸子的学术话语本身就不是完全独立于政治的,它们常常同时也是关于制度层面的话语建构,出发点是济乱世

---

〔1〕 王蘧常:《诸子学派要诠》,中华书局1987年版,第128页。

〔2〕《四库全书总目・子部・儒家类》,中华书局1965年版,第770页。

〔3〕 孙谦、孙婠:《龙岩学院学报》,2008年版,第4页。

〔4〕 郭志坤:《荀学论稿》,上海三联书店1991年版,第48页。

之危难，指向和归宿都是希望得望于一君，得势于一方。因此，天道与人事、伦理与政治之间，并没有想象中那样泾渭分明，学术场和政治场更是常常互相借重互相影响。荀子指出各家的观点无用于治世，那么这些学说存在的合法性就受到了质疑，这实际上是对十二子最致命的批判。所以，荀子同时也是在用清醒的理智主义的观点在直捣对方要害，他必须一语中的，这样对他所谓迷信十二子学说的瞀儒庸众来说，才可能具有拨云见日之功效。这也是荀子为何所用言辞少平和，而多了凌厉激烈言辞之故。《四库全书总目提要·子部·儒家类》中写道："平心而论，卿之学源出于孔门，在诸子中最为近正，是其所长；主持太甚，词义或至于过当，是其所短。"[1]我觉得持论还是比较公允的。

## 三、知识分子与政治的纠结

那么，荀子对其他诸子学派的打击到底是出于学理不同还是主要为了现实政治的考量呢？也许，从荀子非十二子之后的立论及其对中国古代政治哲学产生的影响，我们可以看到知识分子作为知识思想的生产者，对现实政治的期望以及它所产生的影响。卡尔·曼海姆(Karl Mannheim，1893—1947)曾经说："没有哪个阶层比知识分子阶层更缺乏目的专一和团结一致。"[2]的确，往古来今，知识界总是充满了无休止的争辩，而真理也在这个过程中越辩越明。荀子可以写《非十二子》，其他各家也可以写成《非非十二子》。而实际上这样隐匿的争辩就一直在历史上学术史上发生着，不管是秦火、汉令还是明清两代的文字狱，都无法最终翦灭。只要活

〔1〕《四库全书总目·子部·儒家类》，中华书局1965年版，第770页。

〔2〕卡尔·曼海姆：《卡尔·曼海姆精粹》，南京大学出版社2002年版，第193页。

生生的现实存在,任何人便不能自称对人类要面对的问题给出一劳永逸的答案。人们永远走在追问的途中,这里面可能有被称作“知识精神”的东西在。虽然荀子本人在文章里说得掷地有声:信信,信也;疑疑,亦信也。也就是说知识的产生应该来源于一种健康的怀疑精神,但是他本人倾向于把怀疑的触角伸向所有周围的学说,而忘掉了反躬自身。布迪厄(Pierre Bourdieu, 1930—2002)认为,真正的知识社会学的反思首先意味着将他的“分析工具转而针对自身”,把自己也作为反思的对象。每个知识者的发言都受着他本人在学术场域和社会空间中的“占位”(position-taking)有意无意的牵制。每一种学说的产生都受着当时社会历史条件的影响。在这个意义上,荀子看来是顺应了当时的历史趋势,在思想由“礼”到“法”,立场由“民”而“君”,制度由封建到专制,学术由分散到大一统的历史进程中,他的言说起了促进作用。

在非难十二子之后,荀子表达了自己的观点“若夫总方略,齐言行,壹统类,而群天下之英杰,而告之以大古,教之以至顺;奥窔之间,簟席之上,敛然圣王之文章具焉,佛然平世之俗起焉;六说者不能入也,十二子者不能亲也”。他认为圣人在不得势的时候,韬光养晦却声名远播,像孔子、子弓就是这样的人。圣人中得势的,就能做到舜和禹那样,成为真正的哲人王。“一天下,财万物,长养人民,兼利天下,通达之属莫不从服,六说者立息,十二子者迁化。”而当下人们要做的,是什么呢?那就是“务息十二子之说”,以仲尼、子弓的学说为思想来源,以上古舜、禹之治为制度模板,重建政治和学术的正当性。

他认为像自己这样能明辨是非就是仁、智、信的表现。可以根据各家学者话语言说的态度和思想含金量的不同区分圣人、君子和小人。那些诡诈机辩而于事无补的行为、用心和学术,被他称作三奸:奸事,奸心和奸说。他认为,士君子应该有兼服天下之心,有所为有所不为。仕士应该宽容和厚,兼怀天下;处士应该安贞自静,恬淡从容。而现在的状况是，无论仕士还是处士，都丧失了古来士人的君子精神，入世者贪利忘义，出世者任性矫情。耐人寻味的是，文章的最后他仍然从外表和衣着来区分他所说的士君子和他所不齿的所谓学者，涉及冠、襟、衣、容等生活细节，用了好多状貌词来形容，不厌其烦。其严肃认真的精神，想来觉着好笑。也许在讲究“礼”的荀子看来，这些形式并非小节，而是非常“有意味的形式”。

由他的正面立论我们可以看出，荀子基本上把他的“礼”治看做仁主贤君，仕士君子一种必然的选择，所以这个文的隐含读者是那些有力量“务息十二子之说”的人。赛义德(Edward Said，1935—)说知识分子就是向权力说“不”的人。在本文中我们看到荀子立论的基本指向是：让权力向思想说“不”。所以，在这个意义上，被荀子指责的思孟学派代表了儒学一种更民本的方向和更批判的精神。而荀学和他的后学客观所起的作用，恰恰就是在大一统的政治整合过程中建构国家主义意识形态。思孟学派因为有信仰，所以有牺牲精神。因为他们相信，只有像对待宗教的(虔诚)情感作为支撑，理想社会才能产生。人类演进的历史表明，在一定意义上，一个社会是需要有一点乌托邦精神的。多少有一点理想主义的精神才能使人们超越平凡的世俗，永远走在通向尚未、通向完善的途中。

意大利著名的马克思主义理论家葛兰西(Antonio Gramsci，1891—1937)对知识分子与政治的关系有一个非常经典的论述，他在《狱中札记》里讲到有两种知识分子。一种是有机知识分子，一种是传统知识分子。传统知识分子大多是十八世纪的启蒙知识分子，诸如伏尔泰、卢梭、狄德罗，还有十九世纪的雨果、左拉等。他们不代表任何人，不代表任何阶级，他们只代表一个抽象的东西——社会普遍的正义和良知。而到了现代社会，知识分子有机化成为一个趋势。因为越是现代的社会，学术和政治的各自纯然独立越变得不可能。其实，知识分子的有机化古来也在所难免，像布迪厄所说："每个文化生产者，都处于特定的生产空间中，无论他是否愿意，他的生产总是在某种程度上来自于他在这个空间中的位置。"[1]比如在先秦，同是主张复古，孔学和墨学立论出发点截然不同；同是儒学内部，荀学和孟学由于各自理论关怀不同，思想面貌也迥然有异。

按照葛兰西的理论反观中国学术思想史，思孟学派、今文经学和以后程朱理学所起的作用，大致相当于葛氏所言的传统知识分子。他们保留了知识分子的批判立场和道德理想主义的精神，想让学术思想担当的"自然正义"变成政治正当的一个参照系，在"政统"之外另开"道统"一途，将理想的政治模板作为一面镜子，照出当世的丑陋，从而辖制必将有限的君权。而荀子及其后学所起的作用，更像是有机知识分子，他们虽然最初或多或少也有民本的关怀，但是最终却附在了一张皮上，这张皮就是君主的绝对权力。

（原载《管子学刊》2010年第2期）

〔1〕 Bourdieu："Of the interest and the relative autonomy of symbolic power."转引自许纪霖：《启蒙的自我瓦解》，吉林出版集团有限责任公司2007年版，第255页。

# 论木心的印象主义文学批评

## ——以《文学回忆录》为例

印象批评是一种创造性地表现批评家的主观印象和瞬间感受的批评方法。它依据审美直觉,关注文学作品的审美特性。它否认作者“客观意图”的存在,强调批评家的阅读感受,印象批评重视阅读印象,是一种斯坦利·费什意义上的“强读者”批评模式,实开后来接受美学的先河。印象批评在二十世纪三十年代经李健吾等人的提倡,在中国“京派”批评中盛极一时,之后新中国文学批评史起伏跌宕,多为狂躁的政治潮流所裹挟,代表“小资产阶级趣味”的审美批评几成绝响;八十年代以来,批评界引进西方各种“后”学理论,后结构主义、后现代主义、后殖民主义等不断翻新出奇,纯粹鉴赏性的批评却因不具备“现代性”而难得专业学者推重。

在这样的批评语境中,木心(1927—2011)的《文学回忆录》脱颖而出,可以说在当代重新恢复了印象批评的名誉,堪称中西文学批评的一部“奇书”。正如司马迁的《史记》是“一个人眼中的历史”一样,在《文学回忆录》中,木心自由出入于古今中外的文学作品之间,让自我与天地精神独往来,依靠个人大胆颖悟评点论断作家作品,其实抒写了“一个人眼中的文学史”。他接续了古今中外艺术型批评家(如艾略特、米沃什、昆德拉、卡尔维诺、纳博科夫等)所树立的伟大传统,把批评建立在对文本真切精妙的感受和独特传神的表达上,其批评文字充满玄心、洞见,妙赏、深情,从主体精神、话语方式、批评过程、价值定位各方面来看,都可以视作印象主义批评在当代中国的回音。

## 一、批评主体:唯美主义的精神后裔

二十世纪文学批评受到尼采、叔本华、弗洛伊德、柏格森等引领的哲学思潮影响,实现了非理性转向,开始重视创作和阅读中的直觉与非理性,欲望与潜意识,探讨审美直觉、生命冲动对作品形成的影响。印象主义的哲学基础是相对主义和怀疑论,认为世间万物都处于永恒变动的“印象”之中,没有可以绝对把握的客观现实。世间一切真实不过是一种感觉,人们只能相对地把握客观世界的某一瞬间。这一瞬间的“真实”是人的主观感觉和印象,一切推理无非是感觉的作用,因此艺术批评总是依赖于个人的趣味和感觉。

如果说“知人论世”的实证批评是古典主义、现实主义批评的翻版,那么印象批评则是批评中浪漫主义和唯美主义的合流。唯美主义者提出“为艺术而艺术”,印象主义批评则主张“为批评而批评”。他们重视批评家的主观介入和创造性发挥,把创作和批评一视同仁,认为“最高之批评,比创作之艺术品更富有创造性。”〔1〕木心在青年时代在“上海美专”和“杭

〔1〕 梁实秋:《王尔德的唯美》,收入《梁实秋论文学》,台湾时报文化出版公司 1981 年版。转引自温儒敏:《中国现代文学批评史》,北京大学出版社 2000 年版,第 128 页。

州国立艺专”追随刘海粟、林风眠等人学习中西绘画，二十世纪三四十年代浪漫主义、唯美主义的成长氛围对于日后他的世界观和文艺观形成有潜移默化的影响。《文学回忆录》对中西文学的品评建立在个人感觉印象的基础上，其中体现出来的总体价值观也是唯美主义的。

木心倾心赞美的是一种诗意的、浪漫的、唯美的人生。在西方文化思想价值谱系中，他认同讲求秩序的日神精神，更心仪迷狂重视生命创造的酒神精神。他赞美所有个体情调、生命意志，而对西方文化视为正统的基督教不以为然。他认为艺术精神是怀疑的、异端的、个体的，而宗教精神是专制的、顺从的、牺牲的、集体的，两者正相背离。欧洲两千年艺术精华，都是表面基督教，内在核心却是异端精神。在他看来达芬奇和米开朗琪罗，骨子里都是异教的。他对西方唯美主义大师王尔德和兰波非常赞赏。他认为王尔德的“为艺术而艺术”，是像尼采一样，在重估一切价值，因此王尔德彻底反功利，反虚伪道德。他喜欢尼采、王尔德和兰波(Arthur Rimbaud, 1854—1891)，赞赏拜伦和雪莱；作为庄子和尼采的爱好者，木心的文学批评代表了真正的艺术精神和纯粹的文学趣味。

在中国思想文化中，木心喜欢老庄和魏晋风流，不看好孔孟儒家思想。木心认为中国杰出艺术家如屈原、苏轼、陶渊明，也和他们的西方同道一样，都是中国式日常生活的宗教——孔孟之道的异教徒。他常把来自不同文明的作者放在一起相提并论。在他眼中歌德是伟人，四平八稳的——伟人是庸人的最高体现。而拜伦是英雄，英雄必有一面特别超凡，始终不太平的。英雄和伟人是不同的，嵇康是英雄，而孔子是伟人。[1]无疑，相较歌德和孔子，他更欣赏拜伦和嵇康。顺着木心的思路不难看出，嵇康和拜伦的共同之处就在于他们身上更具有天然的浪漫主义血液，具有敢于创造也敢于破坏的精神。嵇康和拜伦的人生不圆滑也不理智，而

〔1〕 木心讲述，陈丹青笔录：《文学回忆录》，广西师范大学出版社 2013 年版，第 513 页。

是充满了血性和激情，充满了悲剧崇高的美。木心仰慕这样个人主义的悲剧人生，钦羡这些“为艺术而艺术”、乃至殒身不恤的人物。

木心认为文学不是描写真实，而是创造真实，艺术的美高于生活的美。在他眼中近代逼真的文学代替了古代幻想的文学，并非完全是个进步。木心推崇的文学能将真实写到奇异的程度。与基督徒向往的神性相比，木心更着迷于对人性的发现：“我憎恶人类，但迷恋人性的深度。已知的人性，已够我惊叹，未知的人性，更令我探索，你们都是我探索的对象——别害怕，我超乎善恶。”〔1〕

他赞美激情，从不信神，读者在他身上无需再苛求还能找到有如高山和深渊一样的道德感，艺术在他心中充当了上帝的角色，他认为上帝是立体的艺术家，而艺术家是平面的上帝。艺术尽管不可能全息、全范围地表现生活，但是艺术是全部的生活感觉和经验，而经验是由各种印象构成的，印象的深浅决定小说的强弱。艺术家应该是真正的智者，对一切都抱着惊奇的态度，放纵自己的好奇心，尽情享受官能之乐，豁达大度，明哲而又痴心，对世间万物都有兴趣，却不迷恋。

木心的唯美主义精神还体现在他从不追随任何政治潮流。他总是人生的旁观者，专注于自己热爱的事情；他也是世界的边缘人，从不取媚于主流，而有自己独立的追求，那就是艺术。他对普希金关心和参与政治不以为然，坦言自己若是活在“五四”或者抗日时期，不会去写反帝反封建的诗。在谈到帕斯捷尔纳克、高尔基、索尔仁尼琴、肖霍洛夫时，他说“凡是得到世界声誉的苏联作品，都是写‘人性’，尤其是帕斯捷尔纳克，他是马雅可夫斯基、勃洛克的好朋友，他就是不服从‘党性’”〔2〕。他认为诗人关心政治，写政治诗，事过境迁，终究难以留下来。现代的文学家应该聪明

〔1〕 木心讲述，陈丹青笔录：《文学回忆录》，广西师范大学出版社2013年版，第448页。
〔2〕 同上，第585页。

冷静。就像索尔仁尼琴和昆德拉,都是旁观祖国的大风大浪,一个在美,一个在法,很安静。这两位还不是灯塔型的人物,却能像灯塔一样,不动。我不会弄"同胞们杀鬼子"这种调子,笔和小提琴一样,不能拿小提琴杀敌[1]。他认为写永恒的诗,把作品留在人间,才是一个艺术家能为世界做的最有意义的事情。

木心一生经历坎坷,既没有被二十世纪三四十年代的战争戾气激怒,也没有被"文革"的人性深渊压弯脊梁。在"文革"那些困厄的岁月里,他也曾被捕入狱过十八个月,在狱中,他自己画了钢琴的黑白键,弹奏钢琴曲。可以说对艺术的痴迷和热爱伴随他的一生,这种始终不渝的热爱使他足以抵御那些暗夜的寒冷。他总是自觉地与自己的时代保持距离,在精神上他是五四文化的"遗腹子",雪藏了三十年,一直到八十年代移居海外,他书写的大量散文、小说、诗、杂论才破土而出,先是在台湾及海外出版,后来又墙外开花墙内香,经他的弟子陈丹青大力引介到中国大陆。精神上自由独立的品格,使得木心的书写习惯和阅读经验丝毫不受 1949 年以后的白话文和 1979 年以后的"新文艺腔"的影响,他的语言既有海外华人的现代气息,又有厚重的传统文化味道。

作为一个精神气质上的唯美主义者,一位文学上的鲁滨逊,他既是独立的,又是漂泊的。民国时的旧中国,新中国成立后的大上海,八十至九十年代的美国,他的写作既"在地的"扎根于汉语口语,又流浪地带着天涯游子特有的反讽和感伤。他赞美张爱玲是一位"飘零的隐士",其实这个称谓用在他自己身上也完全适合。他曾经不无自嘲地说,"人生,我家破人亡,断子绝孙。爱情上,柳暗花明,却无一村。说来说去,全靠艺术活下来。"[2]在他看来,现实中的欲望就像一座迷楼,而艺术家要飞出迷楼,他

---

〔1〕 木心讲述,陈丹青笔录:《文学回忆录》,广西师范大学出版社 2013 年版,第 631 页。

〔2〕 同上,第 150 页。

把尼采、托尔斯泰和拜伦,都看作是靠艺术的翅膀飞出欲望迷楼的伊卡洛斯〔1〕。

他认为艺术和人生之间应该保持适当的距离。他把艺术、哲学、宗教,都看成是人类的自恋,认为应该适当与之保存距离,才有寻得真、善、美的可能。在西方的那耳喀索斯神话里,那耳喀索斯(narcissism)就是人的自我,他在时间的泉水里发现了自己的倒影。而这倒影,就是艺术。木心把艺术看作是超自我的自我。他认为艺术不能完成真实,不能实际占有,只可保持距离,两相关照,你要沾惹它,它便消失了,你静着不动,它又显现〔2〕。整个人类文化就是自恋的文化,女人爱照镜子,男子、士兵、无产阶级,也爱照镜。那耳喀索斯的神话,象征艺术和人生的距离。现实主义取消距离,水即乱。这是人生与艺术的宿命。在他看来唯美主义者挑起的"为人生"和"为艺术"之争并无必要,一个文学家,只要把人生看透了,艺术成熟了,就不再纠结于为人生还是为艺术,而是处处都是人生,都是艺术。也就是说人生和艺术,既要捏得拢,又要分得开。能做到这样,人生和艺术就都成熟了。

由此可见,木心是一个性情中人,真正的精神贵族。根据陈丹青先生的回忆,旅美期间在他周围俨然形成一个"布鲁姆斯伯里"(the bloomsbury group)式的艺术家精英团体。但是,他的批评趣味绝不保守,他将文学批评看成是一种艺术而非道德批评,他在精神上并非属于 F.R.利维斯、T.S.艾略特以来"新批评"派代表的西方正统学院批评传统,毋宁说他的信手拈来、随意点染,"以已解庄"的批评文字,更接近《西方正典》的作者、富有浪漫精神的美国批评家哈罗德·布鲁姆。然而让他的批评趣味没有

〔1〕 伊卡洛斯是希腊神话中代达罗斯的儿子,与代达罗斯使用蜡和羽毛造的翼逃离克里特岛时,他因飞得太高,双翼上的蜡遭太阳融化跌落水中丧生,被埋葬在一个海岛上。为了纪念伊卡洛斯,埋葬伊卡洛斯的海岛命名为伊卡利亚。

〔2〕 木心讲述,陈丹青笔录:《文学回忆录》,广西师范大学出版社 2013 年版,第 33 页。

汇入浪漫主义批评而更接近唯美主义和印象主义的是,他并不喜欢过度的夸张和失控的梦境,他认为梦和艺术完全是两回事,“梦是失控的,不自主的;艺术是控制的,自主的”[1],在他看来,米开朗琪罗的变形是伟大,威廉·布莱克的梦境抒写却走向浮夸,他既能欣赏尼采和瓦格纳将艺术推到极端的美,也能欣赏莫里哀和拉辛作品古典风格的宽容大度。总体而言,他更倾向从形式完美而非道德情感的角度去评价音乐、诗歌、绘画和小说,钟爱那些形象和灵智相结合的艺术作品。

## 二、话语方式:点评式的古典感兴批评

有学者认为,木心的这些批评文字,大多是对先贤哲人的转述和零星点评,是一些随想录式的生命感悟和佳言妙句的“串烧”,不成系统,虽然有可读性,在普通读者中有市场,但很难满足对文学阅读稍高的读者需求。[2]我认为这种评价忽略了木心身上的古典因子。他成长于民国,深受中国传统文化浸淫,尤其深好老庄思想。他的只言片语式点评恰是继承了中国古代文人感兴批评的传统。

在一定程度上,法国印象主义的批评理论,和中国感兴式审美批评在理论主旨上异曲同工。司空图的《诗品》、严羽的《沧浪诗话》、金圣叹的《水浒》评注、王国维的《人间词话》等,都是这种点评式鉴赏批评的代表作。古典感兴批评大多是随笔的形式,集作、赏、评于一身,批评话语具有浓郁的艺术性,韵散相间,甚至在有些情况下批评和创作合二为一,用语大多玄妙,往往以意会体悟,以形象说诗,给人以暗示,资人以联想。[3]

---

〔1〕 木心讲述,陈丹青笔录:《文学回忆录》,广西师范大学出版社 2013 年版,第 457 页。

〔2〕 张柠,木心:《被高估的文学大师》,《羊城晚报》2013 年 3 月 11 日。

〔3〕 王先霈、胡亚敏主编:《文学批评导引》,高等教育出版社 2005 年版,第 94—98 页。

木心的批评正继承了中国古典审美批评的流风余韵,重视对文本的直觉和妙悟,重视批评语言的精妙和灵性。他一定不屑那些沉着、滞重的学术批评,而是甘心以中国古人为师,不着一字,尽得风流,追求“味外之旨,韵外之致”,让批评文本像艺术品,自成“羚羊挂角无迹可求”的淡泊之美。比如他谈到自己喜欢不登大雅之堂的“三言”“二拍”,说这些短篇小说属于民间社会,里面自有民间的活气,可见那时代的风俗习惯、生活情调。自己有耐心看这类书,好比吃带壳的花生、毛豆,吃田螺、螃蟹,品尝大地的滋味、河泊的滋味〔1〕。

木心认为,欣赏古典作品,要有两重身份,一是现代人身份,一是古代人身份,如此欣赏,则可进可退,自由出入于中西古今之间,把这些中西的人文精神,都汇聚成自己的精神。他谈道:“中国和世界不同步,中国不会浪漫、唯美,给唐宋人浪漫唯美去了。写实倒是有过了,但鲁迅、茅盾、巴金,才不如陀氏、托氏高。”〔2〕“中国的共同点是大团圆,东方没有悲剧,东方人比较弱。西方人强,斗争,牺牲。东方人以和为贵,妥协是上策。”〔3〕这样的点评非常个人化,随意点染,仿佛无心,又很到位。精彩之处如暗夜星子、溪涧山花,抬头可见,俯身可拾,与他一路同行的文学读者,可在这样的字里行间别有收获。

他的语言承接了“五四”以前生动睿智的古白话文传统,正如陈丹青所言,“木心先生可能是我们时代极少的完整衔接古典汉语传统与五四传统的文学作者”〔4〕。就像司空图和严羽这些古典鉴赏批评家一样,木心的品评全凭印象感悟。那些点评文字总是电光石火,三言两语,但往往能照亮读者,让人会心一笑。比如他把荷马史诗比作人类的童年,“人类有

---

〔1〕 木心讲述,陈丹青笔录:《文学回忆录》,广西师范大学出版社 2013 年版,第 440 页。
〔2〕 同上,第 663 页。
〔3〕 同上,第 323 页。
〔4〕 陈丹青,木心:《一个无解的谜》,《中华读书报》2006 年 1 月 16 日。

童年,各民族有各自的童年。希腊这孩童最健康,他不是神童,很正常、很活泼,故荷马史诗是人类健康活泼时期的诗。所谓荷马史诗,可列如下四个特点:迅速、直捷、明白、壮丽。"〔1〕他的概括有直逼古希腊文学本质的精炼和凝粹。

中国古典的感兴式批评与西方印象批评都具有直观性、鉴赏性,但是它只是在比较的意义上具有印象批评的某些特征。因为它的批评术语没有严密的逻辑性,而是直觉把握批评对象的艺术特征和整体风貌。木心经常只是谈到某些作家作品给予他的笼统印象,但总能恰到好处,意在言外。他说"嵇康的诗,几乎可以说是中国唯一阳刚的诗。中国的文学,是月亮的文学,李白、苏轼、辛弃疾、陆游的所谓豪放,都是做出来的,是外露的架子,嵇康的阳刚是内在的,天生的"〔2〕,"《红楼梦》中的诗,如水草,取出来,即不好。放在水中,好看"〔3〕。

读木心的批评文字,就像走入司空图《诗品》中那种冲淡疏离、可遇而不可求的生命意境,"遇之匪深,即之愈希。脱有形似,握手已违"〔4〕。文字的背后是思想,木心的点评论断并非机械借用别人的观点,而是将所有这些中西文学精神在自己内心融会贯通。也许他由衷向往唐宋古人宁静致远的审美生活方式,也许中国佛道家精神中的超然空灵已然在他内心长成一棵遗世独立的大树,他才能将这样的话语方式运用到极致。

## 三、批评过程:灵魂在杰作间的冒险

二十世纪三十年代中期,李健吾追随法朗士(Anatole France, 1844—

〔1〕 木心讲述,陈丹青笔录:《文学回忆录》,广西师范大学出版社 2013 年版,第 47 页。

〔2〕 同上,第 222 页。

〔3〕 同上,第 XII 页。

〔4〕 张少康:《中国文学理论批评史》,北京大学出版社 2005 年版,第 388 页。

1924)等人提倡西方印象主义，也继承中国古典感兴式审美批评传统，强调批评中创造的心灵对文本的鉴赏和体味，主张批评是一种“自我发现”。法朗士很坦白地说“批评家应该声明：各位先生，我将借着莎士比亚、借着莱辛来谈论我自己。”[1]他认为“好批评家是这样一个人：叙述他的灵魂在杰作之间的奇遇”[2]。李健吾反感道德说教和政治审判式的批评，在当时党派之争的夹缝中，他试图尊重批评的个性，寻求一种“自由的批评”。在李健吾看来，一个批评家不仅仅是印象的，因为他解释的根据，是用自我的存在印证别人一个更深更大的存在，所谓灵魂的冒险者是指，他不仅仅用经验，而且要综合自己所有的观察和体会，来鉴定一部作品和作者的隐秘的关系”[3]。批评家永远无法摆脱个性的影响去纯客观地把握对象，批评家对作家与作品进行批评的依据，必须是人生，必须以人生印证人生，以人性衡量人性。朱光潜、沈从文、梁宗岱、李广田等其他“京派”文人，在批评主张和实践上也受到印象主义的影响，提倡主观的、感性的、鉴赏式的批评，一时使得印象批评在中国蔚然成风。但是二十世纪八十年代以来，各种西方后现代、后结构的理论涌入中国，文人批评家一时眼花缭乱，争相试用后殖民、女权主义、精神分析等理论剖析文学，印象批评则成为批评不够学术、不够专业的代名词。木心的《文学回忆录》在一定程度上矫正了这些过于重视理论工具、轻视文本细读的流俗观念，让人们重新认识到个性批评的魅力，让批评重新变成灵魂在杰作间的冒险。

首先，木心推崇批评主体的创造性与个性色彩，把批评视为一种自我表现的艺术，把批评家的自我作为批评的标准。他把文学史和美术史看作不过是天才的传记，他重视批评的主观性，总能力排众议，独立中流。

---

[1] 卫姆塞特，布鲁克斯：《西洋文学批评史》，颜元叔译，中国人民大学出版社 1987 年版，第 457 页。

[2] 李健吾：《自我与风格》，《李健吾文学评论选》，宁夏人民出版社 1983 年版，第 214 页。

[3] 刘希渭(李健吾)：《咀华集》，文化生活出版社 1936 年版，第 68 页。

比如,他认为中国中世纪的剧作家,没有宇宙观,世界观和人生观,只有伦理。艺术家的永久过程,是对人性深度呈现的过程。他推崇莎士比亚戏剧,就是因为莎士比亚从不告诉我们答案,他只是呈现,作品里放不下,但又让人看出许多东西,这就是艺术的深度。由此可见,木心的批评观和李健吾当年的追求深为暗合。

其次,木心也强调批评过程中的印象和直觉。在谈到中国的文化和文学时,他充分运用艺术感受和统觉能力。他喜欢《封神榜》中的哪吒,认为他是"尼采的先驱,是艺术家,是武功上的莫扎特,是永远的孤儿"。这些印象都概括得极为精准,凭直觉,给人耳目一新之感。他谈红楼梦,也是凭着自己的阅读印象,认为《红楼梦》:"整体控制伟大,绝对冷酷。当死者死,当病者病,当侮者侮。妙玉被奸,残忍。黛玉最后为老母所厌,残忍。他一点不可怜书中人,始终坚持反功利,反道德,以宝玉黛玉来反。"〔1〕这里的"残忍""冷酷"等都是作者读作品的直观感受,木心用自己锐利直捷的表达,激活了读者心中的这些感受,让读者引起共鸣。这和鲁迅当年对《红楼梦》的点评"悲凉之雾,遍披华林"相映成趣。

再次,《文学回忆录》中的批评文字非常重视语言的审美特性。木心的文学评论语言,充满诗意,玲珑剔透,不黏不滞,脱口而出,随意赋形,如行云流水,也充满了美感和悲悯,让人读后见心动容。在谈到阿拉伯文学时,木心写道:"凡是纯真的悲哀者,我都尊敬。人从悲哀中落落大方走出来,就是艺术家。悲观,是一种远见。"〔2〕他把悲剧精神看作是西方文化的重心,把悲观主义看成是东方文化的中心;他认为真正的悲观,不是逃避,沉沦,而是积极的行动,创造,追求属于自己的有声有色、敢爱敢恨、可歌可泣的人生。只有经历过人生的跌宕,有悲悯的情怀和透彻的智慧,才

---

〔1〕 木心讲述,陈丹青笔录:《文学回忆录》,广西师范大学出版社 2013 年版,第 488 页。

〔2〕 同上,第 322 页。

能对中西戏剧精神有如此深入浅出的理解。

最后,木心的批评也注重批评印象的比较与辨析。他自觉运用中西文化的对比,或者同一文化系统内部,不同个性作家的对比。比如当他谈到莎士比亚时,不忘和中国的戏剧相比较。他认为:“莎士比亚,放之四海而皆准。中国元曲,放之四海而不准。中国戏剧的唱词和念白,互不协调。唱有诗意,念则俗意。莎士比亚的唱词、念白,通体是诗。罗密欧与朱丽叶在阳台上的对话,是世界上最美的情诗,全世界听得懂。”〔1〕再如,他谈到《红楼梦》和《金瓶梅》:“曹雪芹的意淫还是唯美的、诗的,慢条斯理,回肠荡气。《金瓶梅》是肉淫,是变态的、耽溺的、不顾死活。分而论之,《红楼梦》是浪漫的,《金瓶梅》是现代的。”〔2〕木心认为读《金瓶梅》要比读《红楼梦》仔细,因为《红楼梦》明朗,《金瓶梅》幽暗,一如托尔斯泰明朗,陀思妥耶夫斯基幽暗一样。木心以自己开阔的思想视野和批评洞见,能将古今中外这些文学经典中孕育的人文精神异趣沟通,才有这样精到深刻的比较。

## 四、价值定位:文学是一场盛大的回忆

木心把文学看成是一场盛大的回忆,他相信柏拉图的话,“艺术是前世的回忆”〔3〕,是沉睡因素的唤醒,艺术要从心中去寻找。而对回忆来说,正如史铁生所言,“记忆是一个牢笼,而印象是牢笼外无限的天空”〔4〕。木心的批评本质上是一种隐喻性质的表述,是用一个文学印象

〔1〕 木心讲述,陈丹青笔录:《文学回忆录》,广西师范大学出版社 2013 年版,第 353 页。
〔2〕 同上,第 437 页。
〔3〕 同上,第 439 页。
〔4〕 史铁生等:《史铁生:扶轮问路的哲人》,《黄河文学》2010 年第 7 期。

去阐释与说明另一个文学印象。他一个人独自面对着往古来今那些文学精品，如遇知音，如逢花开，信手拈来，性之所至，妙语如珠。他以直觉的方式进入作品，以瞬间“妙悟”“体验”和“灵感”，凝定成批评的神来之笔。

二十世纪八十年代以来，中国本土一部分批评家也开始重新审视印象批评，他们强调批评的主体意识，重视批评的独立品格，敢于书写独有的阅读印象。比如吴亮在《文学的选择》等批评文本中对当代名家余华、莫言、韩少功、张承志的点评〔1〕，就是这种探索的代表之一。无疑，在当今的文学批评版图中，美丽而又睿智、偏见与洞见并存的印象批评，正得到越来越多文学研究者的重视，但是像木心这样从头到尾、有始有终，通篇以印象批评纵论中西文学史的大部头著作，可谓凤毛麟角。

自古及今，中规中矩、画地为牢的文学史数不胜数，文学欣赏中的个人颖悟却很难得；单就某一领域而言，木心也许不敌专业学者精深，但其可贵在于，以一个人面对古往今来众多流派、众多作品，作者所显示出的圆融、通透和识见，他的批评代表了纯粹的文学品位。从先秦诸子到希腊哲人，从但丁到尼采，木心选取中国山水画的“散点透视”方式予以观照，而不是学者式的焦点透视。他说，哲学与思想只能作为文学的遥远的背景，推进到纸端，文学会烧焦、冒烟的……虽然木心反对“主义”。认为“文学，哲学，一入主义，便无足观”〔2〕，但是，我们看到，实际上他颇具才力的批评，恰恰是接续了李健吾以来中断了的印象主义批评传统，他以自己的学识和才情，以独特的审美眼光，为我们研究中西文学提供了一个崭新的视角。

木心曾称自己“是那个在黑暗中大雪纷飞的人”〔3〕。大雪纷飞是他内心的狂舞，而“黑暗”，不仅指他在人生的某些阶段，更有那种经历人生

---

〔1〕 吴亮：《1988年吴亮如是说：余华、莫言、韩少功、张承志》，“小众菜园”网站。

〔2〕 木心讲述，陈丹青笔录：《文学回忆录》，广西师范大学出版社2013年版，第680页。

〔3〕 陈丹青：《想那个在黑暗中大雪纷飞的人》，凤凰《时代访》2013年2月20日。

千难万险“栏杆拍遍,无人会,登临意”的孤独。他一生经历大风大浪,晚年因弟子的推崇得以被国人阅读。仿佛早预见到了自己在本土的接受会出现诸如“老清新”“格调不高”“文人气”“才子气”之类的曲解与苛责,在对老子的评述中,他曾经举重若轻地这样写道:“我爱老子,但我不悲伤,不绝望,不唱反调,不骂,不出鬼主意——我自得恶果,所以不必悲伤;我不抱希望,所以不绝望;我自寻路,一个人走,所以不反激。我也有脾气要发,但说说俏皮话。”〔1〕

诚然,所有自命很高的艺术家都希望被世人理解,但没有谁会奢求得到所有人的喜欢。不管是对于现当代文学过于感时忧国的沉重传统,还是对于混杂着政治“左右之争”太多激进戾气的批评,木心文字的温婉深致、悲哀洒脱都显得像个异数。陈丹青曾经提道:“在我们的文学视野中应该怎样看待木心先生?他在五四以来的新文学,乃至更大范围的文化景观中是怎样一种位置?这种位置,对我们,对文学,意味着什么?”〔2〕单就《文学回忆录》来说,他的点评对文学批评——尤其是当代印象批评的发展意义重大。木心之被当代发现是读者的选择,也是时代的选择,无所谓吹捧,只有是否知音的问题;也谈不上被高估,因为至今在主流文学界,他的价值还没有得到正当评价。

(原载《中国文学研究》2015年第4期)

〔1〕 木心讲述,陈丹青笔录:《文学回忆录》,广西师范大学出版社2013年版,第176页。
〔2〕 陈丹青,木心:《一个无解的谜》,《中华读书报》2006年1月16日。

# 启蒙及其内在超越

## ——莱辛与“古今之争”

哥特霍尔德·埃夫莱姆·莱辛(Gotthold Ephraim Lessing, 1729—1781),是德国思想史上一个深刻复杂的人物。作为一个启蒙之子,他同法国启蒙先贤一样,被西方世界一度认为是启蒙理性信条“自由、平等、博爱”的捍卫者;在我们的意识形态语境中,他又被称作“反封建、反教会”的启蒙思想斗士,是“我们的莱辛”(恩格斯语);弗朗茨·梅林在谈到莱辛的寓言时写道:这些寓言是“小型火器里喷射出的连续不断的火舌”。托马斯·曼在论及莱辛的一段话中说道:“他锥刺愚蠢、仇视欺诈、鞭挞奴性和精神上的懒惰,并极其敬重地维护了思想上的自由。”应该说这些评价都是莱辛思想的某个侧面。尤其是历经几个世纪后,在全球现代性批判如火如荼的今天,他又因其部分宗教神学思想而有希望被读作一个“虔诚的基督徒”[1]。而且,当今风靡一时的保守主义思想巨匠列奥·施特劳斯在其巨作 *The Rebirth of Political Classical Rationalism* 中盛赞莱辛是真

---

〔1〕 韦塞尔:《莱辛思想再释》,贺志刚译,华夏出版社 2002 年版,第 200 页(下转第48 页)。

正理解十七八世纪“古今之争”之内在实质的最后一人。在施氏学派眼中,莱辛又成为保守主义思想先知。那么,在古典与现代之间,莱辛的本义何在?他当年对“古今之争”的暧昧回答,是怎样为众家提供了如此解读的契机呢?

## 一、古今之争:由来及背景

“古今之争”是西方自现代性发生以来一个经典的哲学、美学话题。哈贝马斯认为“现代首先是在审美批判领域力求确证自身的”。古代的还是现代的(古典的/浪漫的抑或素朴的/感伤的)问题一直是德国古典美学走不出的迷思。这场古今趣味孰优孰劣的论战肇始于法国。1687 年 1 月,法兰西学士院院士佩罗(C.Cperrault, 1628—1703)宣读了诗作《路易大帝世纪》,并肯定了当代文学的价值,反对盲从古人,这在一个崇信“理性”与“古典”的时代引起了轩然大波。“古今之争”首先在法国导致学者迅速分裂为“崇古派”与“尚今派”两大阵营,并进一步波及英国、德国,在整个欧陆引起巨大反响。

古典主义者相信万古如斯,存在着一种稳定的人性心理,正像牛顿在自然领域里发现了物质世界的普遍秩序,“诗的立法者”布瓦洛相信对自然的“模仿”——艺术领域也必然存在着同样类型、同等重要的法则,这就是“理性”之光存在于不同领域的绝对同质的证明。然而,随着新的科学概念和哲学概念的出现,随着新的政治需要和社会需要的出现,人们体验到了判断事物的标准在发生着变化。英国经验主义的传播,以及德国莱布尼茨体系对“理性”与“经验”的调和,使人们迫切要求打破“理性”又大又空的神话,应该把思想从演绎法的绝对统治中解救出来,给事实、经验、想象、个性以确定无疑的地位。尤其在美学领域,是描写个性还是亘古不变的人性，是追随天才还是遵循古人的规则，在德国，以波德默和布莱丁格为首的瑞士派和以高特舍特为首的莱比锡派的论争，使这些问题盘根错节，绞在一起。

莱辛虽早年就读于莱比锡大学，并立志要做德国的“高乃依”，学术渊源却并未使他更青睐高特舍特的新古典主义。他说：“我宁可追随英国人的趣味，也不肯附和法国人的趣味。”[1]在《汉堡剧评》里，高乃依、伏尔泰、高特舍特的古典主义戏剧吸引了他全部的火力；同时，对瑞士派高扬想象力大旗的感伤的浪漫主义，他也很不以为然，《拉奥孔》批判的“诗如画，画如诗”的观点，就是针对瑞士派而发的。谈到这场论争，他曾以自己独有的幽默和讽刺称，这是一场“蛙鼠之争”。因此，我们只有循着他的批评创作文本的轨迹，才能追溯到个中趣旨。

## 二、人性与个性

古典主义崇古的一个依据是“古往今来良知和理性是相同的”[2]。他们认为，人类文化轴心时代出现的人性有可能是后世理想的楷模，从而跨越千年仍能引起普遍共鸣。莱辛在肯定经典价值方面是一个不折不扣的古典主义者。他是一个人性论者。他的创作基于人性，批评也以人性为标准。后代的批评家往往抱怨他在《汉堡剧评》中像批评真人一样品评那些剧目中的人物，而剑桥文学研究的开山者 F.R.利维斯(F.R.Leavis)却认为真正的文学批评本来就应是一种对生活的批评，它的目的在于开发人性的潜能，促进伟大的人性。

---

〔1〕 莱辛：《汉堡剧评》，张黎译，上海译文出版社 2002 年版，第 508 页。
〔2〕 韦勒克：《近代文学批评史》，杨岂深、杨自伍译，上海译文出版社 1987 年版，第 21 页。

同为启蒙之子，莱辛却并非像我们的鲁迅一样，是一个毫不讳言的"阶级论者"。尽管出身下层、生活艰辛使他同情弱者，不为统治者垂青因而终生以自由撰稿人为生的身份，使他比同时代的德国知识分子更清醒地看到专制的弊端，然而他对社会关注的焦点却止于改造人性。受英国戏剧和狄德罗家庭剧的影响，他第一次在德国把普通市民形象搬上舞台，却并不因此使我们有理由把他读作某个阶级的代言人。其实，在以下被不断引用的这段话里，他自己做出了很好的回答。"王公和英雄人物的名字可以为戏剧带来华丽和威严，却不能令人感动。我们周围人的不幸自然会深深侵入我们的灵魂；倘若我们对国王们产生同情，那是因为我们把他们当作人，并非当作国王之故。"〔1〕让舞台上不止上演王公贵族，也上演普通人的悲欢，是因为大家同是人。应该看到，这里渗透着启蒙时代的民主、平等思想，呼唤着"人"这一全称主体跃上历史舞台。国王能引起我们的同情，只因为他们也是人。人们为国王感动，不是基于他的威严和举止的高雅，而是基于同类相怜的同情，就像同情我们的邻居一样。这也是基于普遍人性的博爱的启蒙思想。在这方面，莱辛自己的创作也是一个很好的证明。在他的笔下，出身市民的萨拉·桑普逊小姐是善良、高贵的，尽管她同时的确软弱，因而难逃残酷命运的摆布。爱米莉亚·伽洛蒂小姐，同样是个美丽的安琪儿，但可怜之人未必没有她的可恨之处。她抵制不了自己心中欲望的魔鬼以及女人那可怜的虚荣心；她害怕的不是暴力，而是诱惑；她害怕自己心灵的屈服更甚于肉体。因此，唯有一死，她什么也无法保证。莱辛剧作中这些对人物性格、命运的探讨直指人性中那些晦暗不明之处：人永远难于实现自我完成与自我超越，这才是人之为人的限度。这种悲天悯人的深刻思考一度使充满启蒙怀疑精神的莱辛不能忘怀于信仰。他因而是一个矛盾的综合体，既像后来的巴尔扎克一样大

〔1〕 莱辛：《汉堡剧评》，张黎译，上海译文出版社2002年版，第73页。

胆、冷僻地透视人性，又像托尔斯泰一样孜孜不倦于道德的救赎。

但如果认为莱辛是梁实秋—白璧德(Irving Babbitt)“善恶二元人性论”的同道，那也过于将莱辛简单化了。白璧德“新人文主义”的提出重在复兴古典人文主义的节制、中庸原则，以对抗卢梭(Jean-Jacques Rousseau)的自然人性论，用节制的人文主义代替滥情的人道主义。我认为，莱辛虽未必同意卢梭的“人性本善”的说法，但他的文艺理论是倾向于解放人性的，虽然“解放”并不同于后来浪漫主义式的“张扬”，毕竟，更不同于“存天理，灭人欲”的自我节制与禁欲主义。莱辛肯定人性，同时也尊重人的个性的自然流露，并认为，只有这样的人才是常态的、真实的。

正因如此，在《拉奥孔》中，他尽管同意文克而曼的古典美的理想，却并不同意他提供的原因“是一个高贵隐忍的灵魂的表现”〔1〕。莱辛认为，真正的英雄，不必高贵隐忍到像一个斯多葛派哲学家，同样无损于他的伟大。“他的哀怨是人的哀怨，他的行为却是英雄的行为，二者结合在一起，才形成一个有人气的英雄。有人气的英雄既不软弱，也不倔强；但是在服从自然要求时显得软弱，在服从原则和职责的要求时显得倔犟。这种人是智慧所能造就的最高产品，也是艺术所能模仿的最高对象。”〔2〕他认为，在维吉尔的诗中，拉奥孔发出痛苦的呼喊，这不仅不会使人们鄙视他，反而更容易引起人们在精神上的震撼和共鸣。他承认以圣徒的坚韧忍受痛苦会使人惊羡，而这种羡慕比起那种如同命运之剑悬在自己头顶的同类相怜来，只是一种轻微的情感。

由此可见，古典与近代的美学理想之争实际上是同启蒙时代人的理想之争密切结合在一起的。是听从贵族虚伪的教条，力行斯多葛(Stoa)式的禁欲主义的生活方式，还是像伊壁鸠鲁(Epicurus)主义一样，在生活中给正常的人欲以恰当的地位，追求现世的美好生活？作为启蒙之子，莱

〔1〕〔2〕　莱辛：《拉奥孔》，朱光潜译，人民文学出版社1984年版，第5页。

辛的回答当然是后者。正如鲍姆加登所言:“理性统治所有低级的能力,但是这种统治决不能堕落为专制。”(鲍姆加登著《美学》第十二节)做真实的、生动的人,过有声有色、痛快淋漓的生活,这正是启蒙时代的呼唤。这在本质上是蒙昧的、妥协的、静止的人生观与启蒙的、实践的、行动的人生观的区别。所以歌德说:“我必须回到青年时代,才能体会到《拉奥孔》对我们的影响。这部著作把我们从幽暗的静观境界中拖出来,拖到爽朗自由的思想境界。”[1]

## 三、天才与规则

莱辛和法国的狄德罗(Denis Diderot, 1713—1784)、英国的约翰逊(Samuel Johnson, 1709—1784)博士一道,都属于新古典主义者,然而他们的批评却打破了新古典主义的清规戒律,奠定了十九世纪有别于浪漫主义的现实主义批评的基础。称莱辛是“古典主义者”,这并非没有道理。十八世纪是理性的时代,相对于中世纪的象征主义神秘艺术来说,古典主义最初对艺术法则的追求体现了一种理性的批判的力量——艺术是可知的,可以做得朴素、得体、自然。莱辛是亚里士多德的崇拜者,作为一个批评家,他相信规则是理性在艺术中存在的证明。他认为自己身上没有天才的创作之涌泉,得靠压力水泵才能挤出点东西。谈到批评和天才的关系,他曾经说:“人们说批评窒息了天才,我却自以为批评界给我的倒是某种接近天才的东西。我是一个跛子,别人讽刺拐杖,是开导不了我的。……不过,毫无疑问,拐杖虽然可以帮助跛子到处走动,却不能使

〔1〕 参见歌德:《歌德自传——诗与真》(第二部分),人民文学出版社1985年版。

跛子变成长跑运动员，批评也正是这样。”〔1〕

因此，无论讨论戏剧艺术还是雕塑艺术，莱辛非常重视形式美的要求。正如卡西尔(Ernst Cassirer, 1874—1945)所认为的那样，形式本身是有意味的。艺术性的高低不仅在于表现什么，而且在于如何表现。在亚里士多德、贺拉斯之后，试图为艺术立法的布瓦洛、高乃依、高特舍特们自以为把握了艺术律动的脉搏，后来却走到了反面，以至于礼仪取代了自然，习俗取代了真理。在莱辛的时代，新古典主义已经渐趋没落，即便如此，莱辛凭着他对古典的信仰，所做的并不是推翻成规的“革命”，而是让法则适应新的时代精神要求的“改良”。尽管要想用亚里士多德规则的魔瓶盛下莎士比亚的天才，他还真需要对他的同胞多费些口舌。

首先，莱辛对亚氏的教条作了更鲜活的理解。莱辛强调“三一律”的统一，不重在时间、地点、人物的统一，而主要在情节的统一。而且，基于时代的局限和气质倾向性的原因，莱辛的理性精神能和亚里士多德产生真正的共鸣。尽管莱辛没能构筑亚氏精心庞大的体系，却同样对自然、社会、宗教诸领域都有兴趣。艺术在亚氏和莱辛那里同样真切，真切得经络分明，可用规则来条分缕析，二者都是以理性思考见长的批评家。

莱辛与文克尔曼的理论纠葛也正在于此，文克尔曼是《古代艺术史》的作者，莱辛的《拉奥孔》就是针对他的某些观点而发的。一方面，二人是同道。他们都是真正的古典精神的崇拜者、维护者。然而，对于文克尔曼来说，古典是晴朗的天光，自由的男女、和平静穆的美；对莱辛而言，古典是开放、清明的理智，自然而非造作的人。一个看重古典理想，一个强调古典形式美的法则，气质与倾向性的不同，便引他们达到不同的结论。莱辛始终是一个理性主义者，而文克尔曼却是一个新柏拉图主义者，是通过感性体悟世界的。

---

〔1〕 莱辛：《汉堡剧评》，张黎译，上海译文出版社 2002 年版，第 503 页。

莱辛是一个主张将艺术"去神秘化"的人，这并不是说，他没有艺术的鉴赏力。正相反，正如《美学史》的作者新黑格尔主义者鲍桑葵所言，他是德国人中第一个真正能欣赏莎士比亚的近代人，"莱辛在实用的批评家与哲学的批评家，在艺术的立法者与美的研究者之间，采取了一种中间性的立场。"[1]韦勒克曾经指出，1750—1950 年的文学经历了"权威的时代——理性的时代——天才的时代"几个阶段。应该说，莱辛的批评是顺应天才的潮流而动的。莱辛在天才问题上的看法直接传承自夏夫茨伯里(Third Earl of Shaftesbury, 1671—1713)。以往古典主义美学的天才不过是一种精微的敏感的理性，是夏氏将其提高到超出了纯感觉和评价的领域，使之完全成为生产的、形成的、创造性的力量，为莱辛、赫尔德、康德对这一问题的阐述铺垫了道路。莱辛认为，"天才可以不了解连小学生都懂得的千百种事物。他的财富不是由经过勤勉获得的贮藏在他的记忆里的东西构成的，而是由出自本身、从他自己的感情中产生出来的东西构成的。"[2]因此莱辛的古典在重新阐释古典的外衣下，隐藏着面向现代的精神内核。莱辛的身后是一个狂飙突进的时代，莱辛以他敏锐的思想与开放的学术精神对天才在其时代的消长起了推波助澜的作用。尽管如此，莱辛的天才也与浪漫派所说的天才旨趣大异。并且，他不喜欢过于感伤的性格，所以对歌德的维特(《少年维特之烦恼》德语：Die Leiden des jungen Werther 中主人公)不以为然；尽管他能欣赏克洛卜施托克(Friedrich Gottlieb Klopstock, 1724—1803)的风格，却对病态人格带来的负面影响忧心忡忡。

莱辛总体上讲，是一个启蒙的人文主义者，正如康德的那篇名文《什么是启蒙》(*What is Enlightenment*?)阐述的那样，他希望把人们从精神

〔1〕 鲍桑葵：《美学史》，张今译，商务印书馆 1997 年版，第 283 页。

〔2〕 莱辛：《汉堡剧评》，张黎译，上海译文出版社 2002 年版，第 175 页。

的不成熟状态解救出来，使人们不迷信命运与权威，运用自己的聪明才智，独立思考，积极生活。他始终关心的是健康的正常的人，而并非病态的圣徒般的美。正如狄尔泰(Wilhelm Dilthey, 1833—1911)所言，他是一个男子汉，是北德意志的天才，他毕生不停息的足迹在争论中度过，他孜孜不倦地在追求一种健康的生活理想。

由此可见，莱辛是一个人性论者，但是他呼唤人们解放个性；莱辛敬仰古典美的规则，同时也欣赏能冲破规则的真正天才。无疑，站在古代与近代的门口，莱辛曾经引领他的民族迈出关键的一步，他以《拉奥孔》和《汉堡剧评》等力作为他的同胞和同代人打开了一扇思想的大门，以自己的言说促进了德国现代性的发生；同时他又不是简单的站在现代一边。在他的一生中，客观上确实起到了为启蒙摇旗呐喊的作用，但他对古典的态度却并非简单的否定，这是时代使然，也是个性使然。因此，即便从今天的观点回看，莱辛在“古今之争”中试图坚持的，依旧是一种更深刻的启蒙。

（原载《唐山学院学报》2005 年第 2 期）

# 人文：沟通文学与文化

## ——从《拉伯雷研究》看巴赫金文化诗学的人文关怀

### 一、文化诗学的社会维度：文化、生活、历史

众所周知，巴赫金在文学研究和文化研究之间开出了一条新路，打通了内部研究和外部研究的壁垒，实现了一种新的综合，开创了一种“文化诗学”的研究方法。他在“文化是一种生活方式”的广义上理解文化，认为一个时代的文化是一个统一体。“文学是文化不可分割的一部分，脱离了那个时代整个文化的完整语境，是无法理解的。”[1]他不同意形式主义、结构主义者把研究封闭在文本内部、在一粒蚕豆里去发现整个世界的做法，认为真正决定作家创作的是文学背后“强大而深刻的文化潮流”[2]。他认为一个时代各种不同文化领域之间是相互联系，相互依赖的，这些领域的界线也不是绝对的，而是在不同的时代有不同的划分。最丰硕的文

〔1〕 巴赫金：《答新世界编辑部问》，《巴赫金全集》（第四卷），钱中文主编，白春仁，晓河等译，河北教育出版社 1998 年版，第 364 页。

〔2〕 同上，第 365 页。

化成果往往出现在这些领域的交界处,因此必须在一个时代整个文化的有区分的统一体中来理解文学现象。所以在《拉伯雷研究》开篇序言中他认为,只有把拉伯雷及其创作放到中世纪和文艺复兴民间诙谐文化的语境中才能更好地理解拉伯雷,而《巨人传》文本本身,也正是那个时代神权政治制度解体,拉丁语的统治地位下降,官方和非官方文化混合交融,各种文化思想激烈交锋的产物。

语言是形式主义研究的核心,文本和社会的中介,巴赫金的语言观是其文学观的基础。新康德主义的符号理论使他从符号的角度看语言,强调语言的社会形成,社会属性和系统痕迹。他的"超语言学"实际上是一种历史地、社会地语用学,他更注重语言的"对话"本质和具体的语境研究。这使他打通了生活话语和艺术话语、文学文本和社会文本之间的隔阂。巴赫金在共时态/历时态的二元划分中又强调了历史语言学,在语言/言语的二元划分中,研究活生生的言语。语言毕竟不能抽离当下说话的语境,语境的复杂性构成了语言的多义性。

他认为生活话语和艺术话语之间只有程度的不同,并没有质的区别。生活话语的意义更依赖于语境,而艺术话语可以最大限度地脱离语境自成意义。不能悬置语言的实践层面,忽视语言的交际功能而孤立地谈语言,那样研究的语言就是封闭地、僵化地"死语言",而不是活生生地"活语言"——口头语言本身。他所重视的民间话语正是活生生存在于老百姓日常生活语境中的"活语言",那些民间广场上的骂人话、咒语和各种粗话在其民间语言的大海里本身就具有双重性,既有贬低、扼杀之意,又有再生和更新之意。这些粗话不光亵渎神灵,也洋溢着一种欢乐气氛和自由精神。并且巴赫金认为拉伯雷有把不同语境中的广场语言、集市叫卖、官方雅化语言、民间俚语俗语融汇一炉的天才和能力,在这里他看到的就是"民间杂语的狂欢"。他认为文学语言只有放到文化、生活的长河中理解才能如鱼得水。

除了文化的视野,生活的活水,他还强调文学研究要有历史的维度。"文学作品要打破自己的时代界线而生活到世世代代之中,即生活在长远时间里(大时代里)"[1],"一切只属于现在的东西,也必然随同现在一起消亡。"[2]比如那些反映农奴制的文学作品。以拉伯雷为代表的诙谐文学之所以能在文艺复兴时期上升到文学和意识形态的最上层,跟这种体裁此前经历了整整一千年非官方诙谐文化的积淀,受到数百年形成的民间诙谐体裁创作传统的哺育密切相关。

## 二、文化诗学与文化研究:表征性阐释与鉴赏性阐释

他虽然重视文化、历史等这些外部因素,但也不像庸俗的社会历史批评那样把一切简单归因于作者传记和社会大背景。巴赫金认为"不应该把文学同其余的文化割裂开来,也不应像通常所做的那样,越过文化把文学直接与社会经济因素联系起来,这些因素作用于整个文化,只能通过文化并与文化一起作用于文学"[3]。在巴赫金这里,社会因素对文学的作用也只能通过文化在人类精神的统一体中去理解。

巴赫金的"文化诗学"和时下流行的"文化研究"有着明显的不同。哈罗德·布鲁姆(Harold Bloom)把"文化研究"诸学派包括女性主义者、非洲中心论者、马克思主义者、受福柯启发的新历史主义者或解构论者都称为"憎恨学派"。[4]他在《西方正典》中提倡人们应该重新阅读经典,推崇艺术原创性和文学美感,而不能过度放纵憎恨的感情,让文学教学服务于

[1] 巴赫金:《答新世界编辑部问》,《巴赫金全集》(第四卷),钱中文主编,白春仁,晓河等译,河北教育出版社 1998 年版,第 366 页。

[2] 同上,第 367 页。

[3] 同上,第 364 页。

[4] 哈罗德·布鲁姆:《西方正典》,江宁康译,译林出版社 2005 年版,第 14 页。

弱者控诉强者的差异政治。乔纳森·卡勒(Jonathan Culler)认为,当代“文化研究”习惯将作者与主人公及其置身的社会关系结构(空间)简单同构起来,“在这种关系中,文化产品就是一种出于社会—政治结构之下的表征”〔1〕。卡勒把这种阐释称作表征性阐释(symptomatic interpretation),以有别于文学研究的鉴赏性阐释(appreciative interpretation)。问题的关键是,这种充满“政治正确”的社会政治分析是否能代替细致的文本解读?很明显,正如卡勒所敏锐看到的那样,“如果文学研究被归入文化研究,那么这种表征性解释就会成为规范,而文化对象的独特性就有可能被忽略,同时文学使用的解读实践也会被忽略。”〔2〕

“文化诗学”和“文化研究”虽然都“突出从文化的角度来研究文学现象,但巴赫金的文化诗学更少一些外在的政治色彩和意识形态色彩,更多一些历史感,他强调从文化角度来阐释作家作品,同时也更注重具体文本的分析。”〔3〕对于巴赫金来说,“文化诗学”首先是敞开了一个“诗学”的维度,要注重具体文本分析。那么,巴赫金以什么为出发点和旨归来实践他的文本分析呢?我认为,他更看重的是沟通文化与文学文本之间的内在本质要素,人类的精神——人文。他强调文化研究与文学批评的结合不是简单相加,而是一个有益的综合——既有文化的广阔视野,又要有历史的深邃维度,还要有哲学人类学的透视高度,并用宏观与微观相结合的方法(通过体裁的追溯、母题的发现,形象的阐发、语体的分析等)自由游走于文学和文化文本之间,阐释其内涵的世界观意义和人文精神。社会、历史、政治、经济、宗教、民俗等新的外部研究维度的引入不能是机械的花样翻新,而是必须紧贴着文本的地面行走。他谈到,“要克服

〔1〕Jonathan Kuller, *Literary Theory: A Very Short Introduction*, London: Oxford University Press, 1997, p.51.

〔2〕乔纳森·卡勒:《当代学术入门:文学理论》,李平译,辽宁教育出版社1998年版,第54页。

〔3〕程正民:《巴赫金的文化诗学》,北京师范大学出版社2001年版,第9页。

艺术研究领域中方法论上的纷呈的歧说，不能走创造新方法的路子，即再加一种独特的利用艺术事实性的方法，参与到多种方法的共同斗争中去，而应该在人类文化的整体中通过系统哲学来论证艺术事实及艺术的特殊性。”〔1〕

巴赫金所说的“人类文化的整体”是其研究的语境(既是研究对象的语境也是研究者的语境)，而“系统哲学”是其研究方法，“艺术事实及其特殊性”是其研究的对象，也就是说文化诗学从人类文化的视野着眼，从哲学的高度论证，最终落实于艺术文本独特性的分析。在巴赫金这里，从文学到文化，并没有不可逾越的鸿沟，因为他们都是人的作品，都是人创造的，文化是社会大文本，文学是小文本而已。独立自主的单个文本并不存在，所有的文本都是未完成的，有待于读者意识的填充，而读者必定抱有社会的价值观，是特定社会的特定个人。所以，文本在历史中永远是开放的。在他看来，文本的意义不仅只在单个的文本，而且也在不同时代不同文化领域各种文本之间的“互文”。人类学和哲学的视角使他寻求某种跨越古往今来、穿越不同领域、不同时代、不同文本之间的某种共通的人性。比如《拉伯雷研究》中不管是狂欢节的生活实践，还是狂欢化的文学体裁，或者是狂欢式的广场语言，都深深植根于人类本性，通过对“狂欢”这一母题的阐发，他在不同文化文本之间找到了人类精神的某些本质方面。“官方节日违反了人类节庆性的真正本性”〔2〕，而民间文化狂欢节的世界感受才是文艺复兴文学的深层基础，在这里“人仿佛为了新型的、纯粹的人类关系而再生，暂时不再相互疏远。人回归到了自身，并在人们之中感觉到自己是人。人类关系中这种真正的人性，不是想象或抽象思考的对象，而

〔1〕 巴赫金：《文学作品的内容、形式和材料问题》，《巴赫金全集》(第一卷)，钱中文主编，晓河，贾泽林等译，河北教育出版社1998年版，第308页。

〔2〕 巴赫金：《拉伯雷研究》，《巴赫金全集》(第六卷)，钱中文主编，李兆林，夏忠宪等译，河北教育出版社1998年版，第11页。

是为现实所实现,并在活生生的感性物质的接触中体验到的。乌托邦理想的东西与现实的东西,在这种绝无仅有的世界感受中暂时融为一体”[1]。

## 三、文化诗学的文本分析方法:体裁、母题、意象

巴赫金非常重视研究文学、文化变迁的社会、历史背景和制度因素,但是他同时更注重跨越时代沉淀累积下来的人类精神的某些要素。因此他的方法同样看重形式,具体是体裁、母题、意象,他以历史的、发展的眼光挖掘所有这些形式背后的社会文化渊源,以及世世代代沉淀下来的精神内涵。不管梅尼普体、狂欢化诗学还是对话、复调,他所孜孜以求的在于这些形式背后所负载的意义。“莎士比亚也像任何艺术家一样,构筑自己的作品,不是利用僵死的成分,不是利用砖瓦,而是用充满沉甸甸涵义的形式。其实,即使是砖瓦也具有一定的空间形式,所以在建筑师手里也能表现某种内容。”[2]形式本身是如克莱夫·贝尔(Clive Bell, 1881—1964)所说“有意味的形式”,对于巴赫金来说,在这些形式背后有自由精神、民主诉求或者世界意识。

这与张柠先生在谈到当代文学评价问题时曾经指出的中国当代文学研究方法不谋而合,张柠认为“所谓的‘本土经验’或者‘民族经验’,不是去写一些人家不懂的怪癖,而是通过本土(民族)经验的独特性,去传达人类能够感同身受的、人同此心、心同此理的东西。题材研究要向经验研究逼进,主题研究要向母题研究逼进,风格研究要向意象演变史研究逼

---

[1] 巴赫金:《拉伯雷研究》,《巴赫金全集》(第六卷),钱中文主编,李兆林,夏忠宪等译,河北教育出版社 1998 年版,第 12 页。

[2] 巴赫金:《答新世界编辑部问》,《巴赫金全集》(第四卷),钱中文主编,白春仁,晓河等译,河北教育出版社 1998 年版,第 367 页。

进”[1]。无疑《巨人传》归根结底是文学文本，而体裁、母题和意象是从文化文本研究到文学文本分析并继而进入到精神科学较深层面的很好途径。

首先，体裁的连续中必定有意象、韵律等审美规律的沉淀，历代体裁之间有相互影响、延续，也有突破和创新。如果研究体裁，我们就会关注体裁的变化与承续之间意象和母题的变异和传承关系。巴赫金认为，“体裁具有特别重要的意义，在体裁(文学体裁和言语体裁中)中，在它们若干世纪的存在过程里，形成了观察和思考世界特定方面所用的形式。作家如果只是个工匠，体裁对他只是一种外在的固定样式；而大艺术家则能激活隐藏在体裁中的潜在涵义。”[2]在他看来民间诙谐体裁创作本身负载着生生不息的文化传承的因子。这样一种研究不仅关注文学作品的“语言”，而且重视文化生活中人们的“言语”，通过体裁、母题和意象的梳理走进人与世界的交往、对话和感应，寻找这背后不变的人的精神要素，并且进一步通过体裁的变更透视制度的变迁，找到这背后文化、社会、历史、政治、经济、宗教、民俗的等多种社会合力的作用，进而破译时代的精神密码。在《陀思妥耶夫斯基的诗学问题》中，巴赫金找到了梅尼普讽刺体的渊源。在《拉伯雷研究》中他追溯民间诙谐文化在西欧历时数百年的命运沉浮，如何经过漫长的年代形成，并依赖哪些得天独厚的历史条件在中世纪、文艺复兴的文化土壤中生根、发芽、开花，以及在这之后的几个世纪重又归于陷落和沉没，以及这种狂欢文化精神被打入另册的原因。

其次，巴赫金还关注民间文化和文学文本中的母题和形象。如死亡和再生的母题，交替和更新的母题，并且敏锐地感受其背后世界观的意义。他从时间意象中体验“节日”的意义，感应社会历史时序的交替和更

〔1〕 张柠：《中国当代文学评价中的思维误区》，《北京文学》2010 年第 3 期，第 21—25 页。

〔2〕 巴赫金：《答新世界编辑部问》，《巴赫金全集》(第四卷)，钱中文主编，白春仁，晓河等译，河北教育出版社 1998 年版，第 368 页。

生,“中世纪的节日似乎变成了双面的雅奴斯:如果它的官方宗教的面孔转向过去,使现存制度神圣化、合法化,那么它的民间广场的笑颜则朝向未来,含笑为过去和现在送葬。”〔1〕从空间意象中发展出一种“广场”意识,寻找人们之间一种既理想又现实的交往状态。“在狂欢节的广场上,在暂时取消了人们之间的一切等级差别和隔阂的条件下,形成了在平时生活中不可能有的一种特殊的既理想又现实的人与人的交往。这是人们之间没有任何距离,不拘形迹地在广场上的自由接触。”〔2〕他从人体意象中发现一种丑角的“地形学”,“怪诞人体形象的基本倾向之一就在于,要在一个人身上表现两个身体,一个是生育和萎死的身体,另一个是受孕、成胎、待生的身体。”〔3〕并且这个物质肉体同时是宇宙的,是大地的。作为吸纳和生育的因素,人体的墓穴和怀抱、播种和皈依的田地,它永远在时间之中,是开放的、未完成的。山岳和深渊是怪诞人体的凹凸,孔洞和河流是怪诞人体的生命力。它是雌雄同体的,又是双向交换与交流的,并且把“生命的开端和终结密不可分地交织在一起”〔4〕。无论是筵席交谈、怪诞人体、物质—肉体下部形象在他看来都各自有着独特的寓意,而这些寓意又深深扎根于民间文化的土壤之中。他在谈到民间节日的时间与四季交替、日月相位、草木荣枯、农业节气的关系时,让人想起加拿大学者诺斯罗普·弗莱(Northrop Frye)利用人类学研究成果和“原型”与“集体无意识”的概念所做的充满洞见的文学批评。

从狂欢节的生活实践到狂欢体的文学源流,再到一种狂欢化的世界感受,“狂欢”的母题贯穿于并自由游走于社会文本和文学文本之间,对狂欢的阐释却展示了作者艺术的敏感和想象力。巴赫金意义上的“文化诗

〔1〕 巴赫金:《拉伯雷研究》,《巴赫金全集》(第六卷),钱中文主编,李兆林、夏忠宪等译,河北教育出版社1998年版,第94页。

〔2〕 同上,第19页。

〔3〕 同上,第31页。

〔4〕 同上,第368页。

学”背后始终洋溢着一种人文关怀。巴赫金的语言字典中也有多民族，他把这叫做“多语”；也有各阶级，他称之为“杂语”，但是他倾向于使用“官方”和“民间”这样的字眼，这使他的统治阶级和被统治阶级之间的界限在空间上是移动的，在时间上是随着历史的发展上下易位的。从古希腊古罗马—中世纪—文艺复兴—十七世纪—十八世纪，一直到他所生活并与之潜在对话的十九世纪、二十世纪，官方在不断地变化着统治的面孔，而民间作为弱势话语却保持了相对的连贯性。因此，在《拉伯雷研究》中巴赫金的“文化诗学”力求在文化历史的长河中发现人类中一直被忽视的一群，人性中一直被压抑的一面，在民间话语的追溯、发掘与释放中，更丰富、深刻、全面地去理解人性。可以说，巴赫金以他自己独特的方法实现了对“人”的意义的崭新发现。

（原载《世界文学评论》2011 年 10 月第 2 卷）

# 现代性的悖论

## ——读马歇尔·伯曼《一切坚固的东西都烟消云散了》

在我的印象里,社会学家的风格总是很理性而又冷峻,他们一般习惯用数据和实证说话,马歇尔·伯曼(Marshall Berman)的笔触却是细腻而充满感情的。他的分析如此贴近文学文本和建筑文本,把历史、社会、文学、艺术所带给人们的感受熔为一炉,这样来阐释现代性,实际上是让读者和作者一起走进生活体验现代性本身,所以很生动逼真,让人耳目一新。伯曼自由穿梭于古往今来、时空交错的文本叙事之间,向读者多面展示了我们正在融入其中的现代性的悖论。

与哈罗德·布鲁姆《西方正典》中论歌德《浮士德》的一章突出激情、天才、原欲等个体本位的关键词不同,伯曼对浮士德及其事业的分析更注重社会伦理层面。他借助浮士德的故事找到了现代性进程中一个最古老而又具有普世性的话语范型。城市和乡村,传统和现代,男人和女人,"一切坚固的东西都烟消云散了",包括古老的伦理、道德和责任。现代性的悖论首先在这两极的摇摆与动荡之间展开。浮士德向现代进军的过程中摧毁了两类人的生活,一类人是以平民少女玛甘泪(葛瑞卿)为代表的女人弱势群体；一类是以海边老夫妇为代表的社会劳动者底层。

## 一、现代性肉身叙事中的女人与原乡

浮士德和玛甘泪的故事原型在中西文化中比比皆是。从乡村到城市，它是许多青年成人仪式中必须走过的精神旅程。自从有了现代性，就有了都市生活—都市伦理和乡村世界—乡村道德的二元对立，浮士德式的成长叙事就一直没有间断过。远的不说，就中国的现代化进程来看，中国现当代作家的一般姿势是“住在城市，回望乡村”。过去的回忆连着古老的乡愁，经常折磨着万千个挤入城市的“乡下人”（沈从文语）。只不过对于浮士德这样的城市生活垦殖者来说，这种“忍痛割爱”的必须选择在一定程度上是主动的；而对于路遥《人生》里的主人公高加林来说，这种“进城”选择既是主动的，当然也有被动的成分。中国的知识青年的“进城”肉身叙事似乎受现代性历史大潮的裹挟。然而，没有不同的是，所有立志“进城”的青年，必须抹掉最后一滴眼泪，攥着拳头忘掉过去（乡村的柔情和安逸）去开创新世界，他们一定要有巴尔扎克《高老头》中外省青年拉斯蒂涅那样不成功不罢休的野心。乡村留下的有情人生和真心爱人，只可以看做青春的一个阶段的象征，作为青春的祭礼深深埋藏在心底，几乎所有的进城青年，在岁月深处都留存有李春波的《小芳》里那样一种淡淡的回味。

另一方面，所有的乡村平民少女，无疑都成了现代性叙事的牺牲品。玛甘泪也好，小芳也好，刘巧珍（《人生》）也好，索米娅（《黑骏马》）也好，马缨花（《绿化树》）也好，他们美丽、温柔和善良，而她们所钟情的男子却必然要跨越最初的这个女人肉身才能前行。一个比较洁净的版本是张承志的《黑骏马》，那个腾格尔扮演的流浪歌手心中充满对草原恋人索米娅的愧和悔，却也只把草原看做永远的精神归宿，一个梦想的家而非一个真正的家。他宁愿带着负疚终生在外漂泊。因为里面的世界宁静、温馨却是亘古不变如一潭死水，总会窒息年轻人的梦想；外面的世界虽然充满大风大浪却能够天天不同。伯曼告诉我们说：现代性是一种敞开的可能性，在那里，“每个人的自由发展是一切人自由发展的条件”[1]。走出乡村的狭隘与温情，流入城市的冷漠与宽容，他们身后的那个痴情女人，像一尊塑像永远在村头凝望，她是现代人永不忘却的乡愁里最重要、最美丽、最不可或缺的部分。如果我们内心足够诚实，就应该承认，所有对地点的怀念都饱含着对彼时彼地发生人事的怀念，没有抽象的不包含具体人事思念的乡愁，山水有情正因为你在这里度过了有情有义的人生。你留在乡村无望地等待的女人，是男主人公过去青春的一部分，她们固守着乡村道德，几年后黯然嫁做人妇，在她们没有成为嘉莉妹妹或珍妮姑娘[2]之前，她们在你的心灵深处永远站在那里，像曾经红遍中国大江南北的知青怀旧歌曲《小芳》中唱的那样，站在村口，成为前现代乡愁里的一个标志性符号。

## 二、发展叙事、底层掠夺与资本主义精神

浮士德现代化大军吞没的另一类生活的代表就是他在“改海造田”的过程中间接清除的那对老夫妇。这对老夫妇世世代代居住在海边，最后看上去似乎是在恶魔的火焰中同老屋一起化为灰烬的。表面上他们死于恶魔的捉弄和不恤人情，而实际上伯曼很深刻地看到了，他们死于浮士德

〔1〕《共产党宣言》。

〔2〕人名出自美国作家德莱赛(Theodore Herman Albert Dreiser)的两部作品《嘉莉妹妹》和《珍妮姑娘》。

的“权力意志”。一方面浮士德代表的现代性摧毁他们的生命和家园时没有眼泪,也不需要眼泪,浮士德的意志就是“马背上的世界精神”(黑格尔语),又仿佛十九世纪以后一往无前的历史理性。另一方面,资产阶级在开辟世界的过程中又是色厉内荏的,那对老夫妇的存在就是过去那个传统社会所有的温情、正义和连续性的证明。看上去他们老迈而又弱小,实际上他们的内心很强大,他们道德的完美、存在的光亮和皎洁让资产者更无法容忍自身内心的黑暗。所以资产者不顾一切,要撕破罩在人际关系上的所有温情脉脉的面纱,将他们付之一炬。这也是一种“怨恨情结”(resentment)〔1〕——怨恨他人道德的纯粹,生存的高贵。马克斯·舍勒这样解释怨恨,他认为“怨恨是一种有明确的前因后果的心灵自我毒害。这种毒害有一种持久的心态,它是因强抑某种情感波动和情绪激动;使其不得发泄而产生的情态:这种‘强抑’的隐忍力通过系统训练而养成——这种自我毒害产生出某些持久的情态,形成确定样式的价值错觉和于此错觉相应的价值判断”〔2〕。在这个意义上,一方面主导现代性的资本主义精神是一种开拓精神,另一方面也是一种恶魔的精神。它充满着激情和创造力,有一种奔赴悬崖无怨无悔的劲头,在十九世纪这种精神附身于歌德的浮士德;在二十世纪的纽约,这种精神附身于那个恶魔式的建筑师摩西。摩西创造了现代化的崭新纽约,让高速公路穿过那些古老的街区呼啸而过,摩西的杰作埋葬了作者伯曼的童年,让他感到种种现代性的不适,但是伯曼却怀着复杂的心情既在诅咒又是在礼赞这样一个天才的恶魔。现代性的吊诡逻辑让我们看到,即便是恶魔终究也有脆弱不堪的时候,在西方或者东方文学历史里都不乏这样的例子。在二十世纪三十年

〔1〕 这个说法最早出自尼采,在《道德的谱系》一书中,尼采将矛头指向西方传统价值体系的核心——基督教道德观,抨击以顺从、宽恕、忍耐、谦卑为特征的基督教伦理是一种以怨恨为动机的奴隶道德,将其核心理念“爱”视为最精巧的“怨恨之花”。

〔2〕 舍勒:《价值的颠覆》,罗悌伦等译,生活·读书·新知三联书店 1997 年版,第 7 页。

代大上海的《子夜》里沉浮的吴荪甫也正如这里围海造田的浮士德一样，面对自我的时候他们孤独、迷惘、内心分裂，他们只能孤注一掷一往无前恰恰是因为已经把灵魂卖给了魔鬼，没有退路也不敢回头。

伯曼的省人之处还在于以社会学家的眼光看到了浮士德的“填海造田”工程和资本主义上升阶段鼓励的自由个人致富模式截然不同，它是晚年歌德心中“圣西门主义”的遗留。原来，浮士德作为最早的一个资本家原型，其另一面却是一个变相的空想社会主义者。“它要在历史上创造一种新的私人力量与公共力量的综合，其象征就是干了大量坏事的私人掠夺者和剥削者梅菲斯特与设想和指挥整体工作的公共计划者浮士德两者的统一。”[1]现代人的形象是一个“发展者”，他们以自己永不枯竭的动力和永不疲倦的探险精神著称，他们探索一切可能性，永远在更新自己。并且，现代资产者试图通过康德所说的历史理性的作用，实现个体性和集体性价值目标的有机统一。在卡尔·马克思的眼里，浮士德代表着资本主义精神，那是一种贪婪攫取的精神；在马克斯·韦伯的眼里，鲁滨逊代表着资本主义精神，那是一种勤奋克己的精神。或者说，这些都是资本主义精神的一体两面，不管他残忍压榨还是他创造价值，这样一个“发展者”对人类文明的进步不可或缺。

## 三、乌托邦、专制的梦魇与欠发达的现代性

与浮士德的故事呈现的现代性悖论不同，在“彼得堡：欠发达的现代主义”一章中，伯曼向我们展示了另一块国土迥然不同的现代性旅程。很

---

〔1〕 马歇尔·伯曼：《一切坚固的东西都烟消云散了》，徐大建等译，商务印书馆2004年版，第95页。

显然作者是把彼得堡的历史作为世界各地所有欠发达的现代主义的一个模本来写的。在他的笔下，人们更深地读懂了普希金的《青铜骑士》和十二月党人，以及彼得大帝和尼古拉一世的功过是非。彼得堡是彼得大帝打开的开向西方的窗口，这个窗子在后来却被他的子孙们用狭隘和一意孤行禁闭，这个城市最富有灵感和创造力的几代青年都走不出"地下人"的阴影。伯曼认为，陀思妥耶夫斯基"创作《地下室手记》的主要动机性力量是对现代生活事实的蔑视和抵抗"[1]。"地下人"把人看成是创造性的动物，命中注定要朝着一个既定目标奋斗，要从事工程活动。他们把人类社会的建设和改造都看做此类可以动"大手术"的工程。与"地下人"不得志的痛苦和深邃相比，人们才更能理解"多余人"的"零余感"和"新人"的"卡通"形象。"新人"成为以后社会历史的主人，但他们看似高大却对历史抱着一厢情愿的态度，乌托邦幻想和激进的成分使他们显得幼稚、不切实际和暴力残忍。于是，涅瓦河的汹涌、涅夫斯基大街晦暗的霞光，彼得堡天空常年弥漫的冬天般的阴郁和寒冷，还有不时刮过来的来自波罗的海的风，一起造就了读者心中更有实感的俄罗斯印象。

果戈理、陀思妥耶夫斯基、托尔斯泰、赫尔岑、车尔尼雪夫斯基、比利、曼杰利施塔姆，他们的主人公和彼得堡精神，同时也和人类精神一起成长，在伯曼的解读中交相辉映。人们因此了解了一个更伟大、严肃、自我折磨、认真和虔诚的俄罗斯。如果一个中国人读别尔嘉耶夫的《俄罗斯思想》还稍嫌枯燥的话，那么经过伯曼这本书中对俄罗斯精神的文学解读，几乎每个人都能获得了解我们这位"近邻"的一个简易窗口。"欠发达的现代主义"标志着一个未完成的现代性，也是作为冒险精神的现代化和作为常规程序的现代化之间的对立和交锋。人们不喜欢居住在一个被专横

[1] 马歇尔·伯曼：《一切坚固的东西都烟消云散了》，徐大建等译，商务印书馆 2004 年版，第 317 页。

意志规定好了的世界，所以在这块国土上文学和政治永远紧密相连，所有的文学主人公身上体现的都是政治的梦魇和呓语，他们的生存苦闷正是政治苦闷的象征。在《地下室手记》中陀思妥耶夫斯基借“地下室人”的口说到，“我同意，人是一种极有创造性的动物，命中注定要有意识地朝着一个目标奋斗，要从事工程活动，也就是说，要永远不停地建设新的道路，不论它们通向哪里……人爱创造道路，这是无可争辩的。但是……事情难道就不会是这样……他本能地害怕达到他的目标，害怕完成他正在构建的大厦？你怎么知道，也许他只是喜欢远处的大厦而一点也不喜欢近旁的大厦，也许他仅仅喜欢建造它，而不想住在里面。”〔1〕他敏锐地看到了“也许人们只喜欢建造大厦，而不喜欢居住在里面”这一事实，也许这就是现代性的悖论。现代性是永远在创造、在破坏，永远不停歇的进取精神。现代性就是一种未完成性。

（本文写于2010年2月）

〔1〕马歇尔·伯曼：《一切坚固的东西都烟消云散了》，徐大建等译，商务印书馆2004年版，第318页。

# 第二章　文本之镜

好的阅读要冒巨大的风险。它会使我们的身份、自我变得脆弱。癫痫病人在早期阶段会做一个独特的梦，陀思妥耶夫斯基讲过：一个人突然觉得脱离肉体而飞升，他回头看自己，顿时感到疯狂和恐惧，因为另一个人进了他的身体，他再也没有回去的路。灵魂感到这种恐惧之后，会茫然摸索，知道骤然苏醒。当我们捧读一部重要作品，无论是文学还是哲学，无论是虚构还是理论，都会有同样的灵魂震撼苏醒的感觉。这感觉或许就逐渐完全地占有我们，我们像中了魔一样，在敬畏中前行，在残缺的认识中前行。

——乔治·斯坦纳：《语言与沉默》

在公共领域中推崇文学是困难的，因为许多人会认为，当文学涉及个人生活和私人想象行为时具有启发性，但是当文学涉及更大的关于阶级和民族/国家的争论时，他们会认为文学是无聊的，没有帮助的。他们认为我们需要一种更值得信赖的科学，需要一种更超然、更坚定的理性。然而，我将在这里争辩，文学形式可以有它独特的贡献。

——玛莎·努斯鲍姆：《诗性正义：文学想象与公共生活》

# 经典化与大众化
## ——海子诗歌接受中的两种趋向

在海子诗歌二十年的接受过程中，明显呈现出经典化和大众化两种趋向。一方面，它已经成为全民阅读的经典，就知名度而言，说海子是当代诗歌第一人恐怕也并不为过；另一方面，海子诗歌还同时走下祭坛，在各种有意无意的误读中被消费化，成为抒情歌曲元素和流行文化典范，获得了广泛的大众认同，继而成为时代交流品味和共识的符号，义无反顾地走进二十一世纪"小资""中产"们梦想打造的审美化日常生活。海子去世二十年后的这个春天，各种纪念活动在全国范围内如火如荼地展开，海子微笑着的头像出现在各大网站，包括海子的母校北大在内，北京、上海、南京等各大城市的诗人团体都在举行海子诗歌朗诵会，海子的书在传播市场热销以至于脱销，很多电视台在回放中央电视台九位名主持集体朗诵的《面朝大海，春暖花开》……正如《春天，十个海子》里所预言的那样，海子似乎如约实现了他在人间的全部复活。

一个生前体验着无边寂寞的诗人，却在死后如此倍享哀荣，这不能不说存在着某些吊诡的逻辑。于是我们有必要追问：为什么海子诗歌能在雅俗文化之间出入自如?为什么海子能在一个多重意义上成为社会文化的象征性符号、当代的“诗歌烈士”和名副其实的“文化英雄”?通过对海子诗歌接受轨迹的考察,也许我们可以找到一个视点,透视我们这个时代及其背后的文化逻辑。

## 一、经典化:精英话语认同海子的文化逻辑

海子诗歌的经典化是通过一系列“事件”完成的,呈现并分析这些事件,我们可以发现,知识分子的精英话语与海子诗歌存在着一种隐秘的同构关系。

海子自尽于 1989 年 3 月 26 日,他被塑造成一个半人半神的形象就是从这种突如其来的死亡方式开始的。在海子诗歌由匿名到具名与命名的接受过程中,海子之死确实是一个契机。海子生前好友西川在《死亡后记》里提到:“海子的死带给了人们巨大和持久的震撼。在这样一个缺乏精神和价值尺度的时代,有一个诗人自杀了,他逼使大家重新审视,认识诗歌与生命。”[1]并且,海子的死如一石激起千层浪,由圈内向圈外扩散开去,在社会上也引起很大的反响,意外地获得了“事件化”的效果。这里很难说没有“看客”心态和“围观”意味,但它同时也使海子的影响冲出狭小的文学场域,借助媒体的力量,让他的经典化过程成了全民“共谋”的游戏。

到 1994 年为止,海子的生前好友西川、骆一禾、苇岸等人所写的海子纪念文章开始先后在各种出版物中公开发表,人们借助生前好友的回忆进一步走近了这位“以死殉诗”的诗歌天才。但海子神话最初并没有撬动

〔1〕 西川:《死亡后记》,崔卫平主编:《不死的海子》,中国文联出版社 1999 年版,第 26 页。

出版市场。海子诗歌的出版也仅限于朋友们私下的种种努力。与金庸的经典化过程不同,海子诗歌的最初知音仅限于校园诗人这样一个比较小的文学圈子。当然,这首先是因为,海子的很多诗看上去晦涩朦胧,其哲学背景是西方神本存在主义的影响,浪漫主义的通灵论、神秘的感知与自我的分裂、精神的迷狂并存,对普通读者来说并不容易进入。海子之所以在以后的时间里获得了更广范围的解读和流传,很大程度上得益于他以往“诗歌公社”里的朋友——这些和海子有着大致相同的知识结构和成长背景的北大校园诗人,尤其是西川和骆一禾。骆一禾在海子生前就一直是海子诗歌“倾听的耳朵”,在写于 1989 年 5 月的《海子生涯》中,他以最早的理论勇气肯定了海子对于当代诗歌的意义,并掀开了海子史诗神秘崇高的面纱一角。海子死后,关于“诗人之死”还是“凡人之死”的争论一直沸沸扬扬,西川的《怀念》尤其是《死亡后记》从自杀情结、性格因素、生活方式、荣誉问题、气功问题等比较平实的层面解读海子之死,穿越精神和肉身两个维度,让海子死亡的一些近距离的真相渐次浮出水面。他们的纪念文章不仅有益于后来人对海子“知人论世”的解读,而且也以体贴和理解,对这位不幸早夭的天才诗人的创作,作出了最早的恰如其分的阐释和评价。

1995 年西川编《海子的诗》几经周折最终由北京人民文学出版社付梓,没想到该书进入流通市场后却一路畅销,以后又多次重印;1997 年《海子诗全编》由上海三联书店出版,之后也多次再版;把对海子的阅读推向第一个高潮的事件是 1999 年海子谢世十周年之际,《诗探索》编辑部和中国文联出版社共同推出题为《不死的海子》纪念文集,该书由崔卫平主编,这是海子诗歌经典化过程中一个标志性事件,它集中体现了精英话语对海子诗歌的总体接纳和认同。文集精选海子生前友人及知名学者、批评家追忆海子、解析海子诗歌的文章共 29 篇,其时间跨度,几乎涵盖整个九十年代。作者包括骆一禾、西川、陈东东、苇岸、钟鸣、陈超、余虹、朱大可、程光炜、王一川、张清华、奚密、崔卫平、肖鹰、谭五昌等人,仔细观察这份作者名单就会发现,他们大多供职于学院,既有阅读的敏感,又有理论的学养,他们也就成为海子诗歌较早的一批知音。这些作者大多活跃在全国各个大学的讲坛,拥有批评话语权和传播的方便,以这些精英学者为先锋,开启了对海子诗歌经久不息的解读。

一般而言,作品的经典化过程其实就是一种文化选择和过滤行为。它从不是自明的,而是权力争夺的场所。是通过某一部作品某一种言说获得话语权的问题,与时代走向、社会发展、新的精神氛围的建构密切相关。汉语“经典”一词与西语“canon”对译,原指宗教教义经典,各个时代的知识分子在构筑经典、解释经典上的权威地位约略相当于西方古代的教士集团,胡适就曾经说过“儒是殷民族的教士”。像汉代五经、南宋四书的确立和“五四”的“经典重估”,都离不开知识分子的作用。也就是说,在海子诗歌经典化过程中,学院知识分子是一个很重要的推动力量。按照沃尔夫冈·伊瑟尔(Wolfgang Iser)接受美学的观点,读者作用的大小取决于作品的意向深度和本文的确定性程度。经典化的文本自身需要有一定的内部质素,比如体现时代性与超越性的统一,民族性与世界性的交融,独创性和典范性的结合等等,被最训练有素的眼睛“发现”,心灵“辨认”,通过“共鸣”获得集体“认同”。而《不死的海子》文集中诸位批评家的解读,从不同的侧面进入海子,成就了海子多面化的诗歌形象——夜的精灵、麦地之子、僭越的王者、忧郁的王子、诗歌的先知、纯真的孩子、神圣叙事的献祭者、中国形象的书写者……他们分别从自己关注的视角证明了海子诗歌很好地体现了上面多个对立要素的辩证统一。

面对即将到来的新世纪,29 位诗人、学者、批评家的联袂出场,除了从文本质量上确证了海子诗歌蕴含的不尽潜力外,也隐藏着海子生前死后整个时代精神演变的逻辑。王家新指出:“八十年代是一个荒凉的、从漫漫长夜中醒来的时代,是一个富有诗的冲动和精神诉求的时代,是一个在

'文革'的废墟上重新为生存寻找根基的时代。海子的诗正是这样一个时代的产物,他把它的痛苦和寻求,把它的精神冲动和诗歌狂热都体现到一种令人惊异的程度。这就是诗歌界许多人都讲过的一句话:八十年代(的诗)到海子为止。"[1]海子的死无疑站在了一个历史的拐点,"八十年代以感伤主义的序幕,构成了九十年代世俗化过程中的神学准备阶段"[2]。八九十年代之交的社会历史巨变,开启了放逐抒情的时代,诗人的命运,只能是被理想国无情放逐。浪漫主义激情的退出,可以说是九十年代一大文化症候。在海子不断被建构的面孔背后,是社会转型期中国知识分子面对理想的挫败和自我的边缘化,重新寻找理想主义图腾,借以维系自我想象的历史诉求。在九十年代文化地图重构过程中,明显呈现出与八十年代的异质断裂和知识分子的角色分化。一部分知识分子拥抱市场化、现代化带来的新气象,欣欣然将自己隐身于市井中与人潮里,寻求"后现代"的犬儒式生存;另一部分知识分子延续着八十年代的努力,以"人文精神大讨论"为契机,发出"旷野上的呼喊",召唤已经失去命名的"主体"进行精神突围。海子诗歌揭示的是"人在大地上诗意地栖居"方式,这个追求暗合了九十年代"人文精神"的寻思者对现代性进行反思的主题。海子曾把自己的诗歌行动看成自觉追随荷马、但丁、歌德、荷尔德林这些"诗歌先知"的努力,他说过:做一个诗人,你必须热爱人类的秘密,在神圣的黑夜中走遍大地,热爱人类的痛苦和幸福,忍受那些必须忍受的,歌唱那些应该歌唱的[3],不管是悲剧的意识、纯粹的追求、超越的精神、永恒的关怀还是神性的维度,被"人文精神"寻思者们反复申说的这些终极价值,在海子的诗歌中都不缺乏。所以,与其说在这样一个时代背景和精神氛

---

〔1〕 王家新:《海子的思与言之途》,《中国艺术批评》2008年第3期。

〔2〕 张旭东:《重访80年代》,《批评的踪迹》,生活·读书·新知三联书店2003年版,第111页。

〔3〕 海子:《我热爱的诗人——荷尔德林》,西川编:《海子诗全集》,作家出版社2009年版,第1071页。

围中海子及其诗歌被“选中”，不如说海子写作本身就是这样一种人文精神的代表。而且因为他的死，永远一劳永逸地抵抗了投降。这样，他那种“以命相搏”的写作方式和他的“向死而生”的诗歌解读便融为一体。在知识精英的文化想象中，所有这些或许已被理解成一种“横站”的命运，于是海子便成为一个时代的精神符号和文化英雄。

应该指出的是，在海子诗歌声誉不断上升的过程中，并非没有质疑的声音。经典的形成往往是历时态的，且大多是历史沉淀的产物，因此任何当代作品要跻身于经典之列，必须经过批评家的洞察，比较、鉴别，以及经得起同代人的争论。赵毅衡在《两种经典更新与符号双轴位移》一文中曾经指出，质疑是批评性经典重估必不可少的一部分。经典在确立过程中，其守护者“就不得不面对挑战作出辩护，这种反复论辩，见证的是一种批评性的文化方式”〔1〕。在海子诗歌经典化过程中，一个比较引人注目的质疑事件是刘大生的一篇文章《病句走大运——从海子的自杀说起》，作者通过回忆海子生前琐事并对《天鹅》《面朝大海》两首诗作细读分析，指出“海子的诗逻辑混乱、语言拉杂、病句百出”〔2〕。该文对海子的批评可谓石破天惊，一时引来不少看客“围观”，但也有网友酷评认为“这位老兄根本不懂诗”。从一定意义上来讲，诗歌说的不是“人”话，而是“神”话。它可能有时确实做不到“有话好好说”，因为它是在代“神”立言。该文对海子诗歌颇具解构之风的阅读可能并无损于后者什么，只是增加了一种“解读”或“误读”而已。倒是他的诘问凸显了“诗歌”面对“常识”的尴尬，以及拿语言学的严谨要求诗歌时双方各自现出的捉襟见肘。不过，此文对海子诗歌文本质量的大胆质疑并没有引起批评家们的重视，对海子诗歌的经典化进程应该也没有造成任何压力。

---

〔1〕 赵毅衡：《两种经典更新与符号双轴位移》，《文艺研究》2007 年第 12 期。

〔2〕 刘大生：《病句走大运——从海子的自杀说起》，《书屋》2002 年第 3 期。

对海子诗歌最具挑战性的批判来自一批“第三代”诗人，他们的一些观点的先声甚至可以追溯到海子生前，一直有人认为海子的史诗写作是失败的。“海子是小农社会最后的才子”[1]，“最杰出的诗是他的抒情短诗”，“海子为二十世纪中国最后一位辉煌的古典主义诗人”[2]。多多、沈天鸿、于坚、伊沙等都或多或少持此观点。在《史诗神话的破灭——海子批判》一文中，秦巴子认为，海子的诗歌是被“现代造神运动”捧上圣坛的，存在着“语言系统的虚妄”“诗歌材料的混乱”“精神结构的空洞”等诸多问题，“当代性的缺失，对于海子的诗歌存在来说，是致命的缺陷”[3]。这些质疑的主要焦点集结在海子诗歌的现代性上。海子的诗歌中很多是“麦子”“雨水”“大地”“河流”“村庄”这些农耕时代的意象，但问题是，诗中有农耕意象就意味着它属于前现代吗？秦巴子等“第三代”诗人对海子的批判，也许可以使我们略窥八十年代到九十年代诗歌的基本走向以及社会的一般精神状况。

实际上，现代性问题是海子时代和海子身后的诗人们共同面临的课题。于是有必要指出，对海子诗歌现代性的理解，必须在启蒙现代性话语和审美现代性话语构成的矛盾和张力框架内加以审视。很多论者认为海子诗歌不是前现代的，他的诗恰恰反映了“反思现代性的现代性”，陈超、崔卫平、程光炜等人均持此观点。海子自己曾经说过“我恨东方诗人的文人气质。他们苍白孱弱，自以为是。他们隐藏和陶醉于自己的趣味之中。他们把一切都变成趣味，这是最令我难以忍受的。”[4]王家新也认为：“海子并不是一个表面意义上的乡村诗意的描绘者。这首先是一个从生命的内部来承担诗歌的诗人。……使他走向诗歌并被诗歌紧紧抓住的，首先

〔1〕 伊沙：《纪念海子：一去十年》，湘滨文学网。
〔2〕 沈天鸿：《阳光打在地上——我所认识的海子》，《诗歌月刊》2009年第3期。
〔3〕 秦巴子：《史诗神话的破灭》，伊沙等著：《十诗人批判书》，时代文艺出版社2001年版，第227页。
〔4〕 海子：《诗学：一份提纲》，西川编：《海子诗全集》，作家出版社2009年版，第1047页。

是他生命内部的那些最内在的痛苦和孤独。……它已由叶赛宁式的乡村抒情转向了现时代意义上的思与诗，它融合了生命的苦痛、对贫乏的意识和一种信仰冲动。”〔1〕而这些痛苦、孤独、分裂的体验无疑都属于现代性本身。应该说对海子诗歌现代性的这种不同解读折射出两种精神旨趣的不同，其中质疑者愿意建构一个乡村抒情的、本土的、古典的、平民化的海子形象，同情者愿意保留海子叩问存在的、世界的、现代的、先知化的面孔。存在着这样的阅读张力吸引更多人进入海子文本进行细读。这样的讨论不但无损于诗人的声望，反而推进了海子诗歌的经典化进程。

从 1997 年以后到本世纪初，海子作品的影响进一步扩大〔2〕。标志着海子诗歌经典化的一个重要事件是：2001 年，海子获第三届人民文学奖诗歌奖，短诗《面朝大海，春暖花开》进入人教版高中语文课本。这意味着海子的诗歌正式被写进了民族阅读的“伟大传统”，从而登堂入室，成为真正的文化经典进入主流意识形态的话语空间。对海子本人来说这好像是一份迟来的公正，仔细观察这一事件，又是学院、官方、民间多方合力作用的结果。一方面，到新世纪，海子的诗艺已经得到了精英话语圈内的认同，而编选教材的学者很多出自这个圈子。语文课本的选材一般首先注重的是汉语的纯粹、精炼，便于学生感受意象和锻造语言能力。海子的这首诗短小精悍，语言质朴，意象看上去温暖、明亮，正符合这样的要求。另一方面，对于官方而言，与北岛等朦胧诗人的诗歌相比，海子的诗是“无害”之作。虽然它也有北岛诗歌中的高贵和愤激，智性和孤独，但针对的是整个人类生存的困境，因而没有鲜明的意识形态指向性。同时，到 2001

〔1〕 王家新：《海子的思与言之途》，《中国艺术批评》2008 年第 3 期。

〔2〕 检索“中国学术期刊全文数据库”显示：1997 年以后，研究海子的学术论文逐年密集升温，数量越来越多；2000 年至 2009 年，以海子为题做硕士论文的不下数十人，包括南大、北大著名文科学府现当代文学专业以海子做博士论文者也大有人在。2001 年以后，中学教师中以研究海子《面朝大海，春暖花开》为题公开发表的论文就有二十多篇。目前图书市场海子传记就有十多种。

年,民间对中学语文教学改革的呼声很高。教改的重点因此放在了把原来好多囿于时代、阶级的局限,意识形态痕迹比较浓重的篇目换下,代之以人性的眼光、诗艺的唯美作为选诗的标准。“朦胧诗人”和“后朦胧”诗人中,海子这首诗既是看上去通俗易懂的,又是实质上充满了解读的张力、让人回味无穷的。笔者曾经在大一学生中作过一个问卷调查,百分之七十的学生认为“很喜欢这首诗”,“有诗味”,“不全能看懂才喜欢”,“喜欢这种很温暖感伤的情调”。当然,中学老师的解读和教参上的阅读提示也影响到了他们的接受。所以中学课本的选录让这首诗留在每个学生心中的印迹是不同的。要发生广泛而真实的影响,还有待于日后有没有机缘进入深层次的阅读。

然而,这首诗自选入课本之日就备受争议,它的入选有赖于精英知识分子的推动,但提出这样的入选太鲁莽草率、因而难免会伴随误读的,也来自这个群体。有些专家指出,很多中学语文教师在解读这首诗时要面对这样的尴尬:既要按照教学参考书传达一种明朗的生活观和幸福观;同时又不能不告诉学生,这个人却最终弃绝了这样的幸福。这是一个存在的悖论,教师很难说得清楚,因此最终难免会给学生留下阅读的误区。正是由于中学教学中遇到的这种接受上的困境,在 2004 年人教社新版的课程标准实验教科书高中必修教材中,《面朝大海,春暖花开》一诗被撤下了。不过,在很多专家主编的高中语文的选读教材或大学语文读物中它仍然有很高的入选率〔1〕。这一现象表明,努力想让人们记住海子的还是学院知识分子这一群体。笔者揣测,能够无视误读的危险和来自各方面的非议继续入选海子,主要还是因为海子所代表的一种八十年代情结。人们应该知道他,记住他,并且通过他缅怀那个已然逝去的时代。不管这个阅读一开始就伴随着怎样的误读,“有”总是聊胜于“无”。人生本身充

---

〔1〕 冷霜:《〈面朝大海,春暖花开〉:一首诗的阅读史》,《中国新闻周刊》2009 年第 11 期。

满了困惑,暂时的困惑可以悬置,阅读可以在不同时间和境遇下向不同的人敞开。钱理群在《大学文学》课本的一次座谈会上曾经说过,他的选材,就是要搅动灵魂,使年轻人感到痛苦〔1〕。他没有说出的应该还有,在痛苦中面对现实,学会思考,走向成熟。这应该就是康德所说的“启蒙”的真意,是鲁迅所说的“立人”的基本要求,这也是一种对人文精神的重新召唤,是真正的人文主义教育的悠远回声。

## 二、大众化:消费文化汲取诗歌的剩余价值

赵毅衡认为:人类的表意活动依靠双轴关系展开。经典生成过程中,在纵向聚合轴使用精英话语进行比较选择;在横向水平轴上,通过各个层次的阅读大众“群选经典”进行粘合连接操作〔2〕。这两种运动,一个是在纵轴上的“提升”,一个是在横轴上的“拉平”。而在我们看来,真正有意义的作品,往往具有双重编码,即同时面对精英与大众,传统与创新,市场与品位。随着消费时代的到来,海子诗歌在经典化的同时也进入大众文化的流通领域,阅读数量和读者范围进一步扩大,并开始出现消费化的种种迹象。

十多年来,海子是为数不多的不会让出版社赔钱的诗人。海子诗歌的大众爱好者使海子的诗在图书市场一路飙升。1997 年出版《海子诗全编》时还不是一帆风顺,几经波折才得以付梓,没有想到上市后却很快售罄。据一份调查显示,现在,《海子的诗》累计印数已达 20 万册,而定价 47 元的 1997 年版《海子诗全编》在孔夫子旧书网上已被翻了十几倍,最高标

〔1〕 钱理群、李庆西、郜元宝:《对话“大学文学”》,《东方早报》2005 年 4 月 4 日。
〔2〕 赵毅衡:《两种经典更新与符号双轴位移》,《文艺研究》2007 年第 12 期。

价800元[1]。2009年最新上市的《海子诗全集》正在热卖中，装帧精美，定价88元。由此可见，市场这只“看不见的手”，是隐形的精神路标，指示着当今文学作品的存在方向。消费社会、消费主义意识形态和图像文化的兴起与流行是当今时代最显著的特征。消费文化面对的是有选择的消费群体，由于受利益的驱动，它只汲取最表层的意象，也因此对文学经典造成了巨大的冲击和解构。它一方面改变了经典文本的存在形态和传播方式，促进了经典的世俗回归，但与此同时，它也消解了其意义深度，稀释了其精神内蕴。

应该说，海子诗歌大众化的过程是和经典化大致同步而行、相伴相生的。这固然并非一个完全步调一致的过程，但这两种不同方向上的流动，却有着内在的隐秘的联系。它“除却向我们提示着具体而繁复的社会文化情境，同时还向我们暗示着精英知识界和大众文化生产并非截然分立、泾渭分明的不同文化阶层或营垒。相反，八九十年代之交的文化转型，九十年代以来的文化建构过程，正是在精英文化和大众文化的相互渗透，彼此建构与复杂互动中完成的”[2]。海子诗歌的大众化是其经典化的必然结果和理论前提，同时也是它的一个意外收获和副产品。在一个精神贫乏的时代，诗歌最终也是贫乏的。人们在通过各种各样的渠道消费着海子诗歌的剩余价值。对于海子及其诗歌来说，表面喧哗的背后掩藏的却可能是真实的寂寥。如果说经典化的过程已然伴随着误读，那么在大众化的过程中，几乎当今各个阶层的文化大众，就是通过有意无意的误读来完成对海子的跨世纪重新辨认的。从海子诗歌的世俗化、消费化和流行本身，我们也可以看到当代消费文化的诸多面相。

入选中学语文教材这一经典化的事件大大带动了海子诗歌的普及。

---

〔1〕 王晶晶：《海子身后20年，我们在“围观”什么》，《中国青年报》2009年3月31日。

〔2〕 吴晓黎：《九十年代文化中的金庸》，戴锦华主编：《书写文化英雄——世纪之交的文化研究》，江苏人民出版社2000年版，第133页。

海子的诗通过必读的形式进入全民阅读视野,为广大青年群体所熟悉,也经由各种方式的解读在不知不觉中进入了大众化的进程。据一份报道提到,到了新世纪,网络的日渐普及正好迎面遇上改革开放之后出生的新一代人,对海子诗歌的接受又呈现出一些有趣的新变化,“它越来越多地出现在网络论坛和 QQ 的签名档里,或是被‘取其精华’、掐头去尾地用作博客名称,在一些论坛里,海子诗歌常被列为‘小资必读’,而在另一些地方,它又被引用作为职场励志的格言”〔1〕。正是海子诗歌的这些外围爱好者,使海子的诗歌以多样化的方式从一种校园文化开始在网络世界中迅速蔓延、传播。值得一提的是,海子最初的被认同是精英努力的结果,海子诗歌的影响扩散开去,当然有赖于经典化的推动,但是经典化并不必然引起大众化和流行,毋宁说精英文化的经典和大众文化的流行之间总是存在着矛盾和张力的。比如,鲁迅、茅盾、巴金等人的作品入选教材多年,并没有在青年中出现这样接踵而来的一窝蜂的阅读现象。在大众文化的消费领域,一直存在着“反潮流”的倾向,对于青年亚文化群体来说,越是主流的,可能越是他们需要反叛的。海子成为一个例外,获得了从上到下、从中心到边缘的双重认同,原因可能是多方面的。最不容忽视的一面是,海子诗歌本身的个体性和抒情特质最容易俘获青春的心灵。它通过被误读的方式,迎合了青年人的情感需求,征服了青年亚文化这个群体。而和都市青年、文化时尚、大学校园、网络、白领、疯狂影迷、多情种子等字眼联系在一起的,正是当今消费文化的主体。他们看上去是在主流文化的边缘,实际上正以包抄之势日益显示着新主流意识形态建构的实力。

显而易见,当代青年们采用“削平深度模式”的方式进入海子的诗。诗的“神性”与“抒情性”本来在海子的好多诗歌中是共在的,不可剥离。但是青春期阅读却自然而然剔除掉了他诗歌背后的宗教关怀和哲学背

〔1〕 冷霜:《〈面朝大海,春暖花开〉:一首诗的阅读史》,《中国新闻周刊》2009 年第 11 期。

景，在大众文化的接受层面，最容易消费的“快餐”还是那些短小精湛的抒情诗。尤其是写于他离世前几个月的作品，带着全部生存的哀伤，更容易击中年轻的心灵。同样是海子的一首诗，学院派精英们可以联系存在主义的哲学，走进海德格尔、荷尔德林、里尔克等人的前文本，让诗歌获得人类学意义上的回声；但是这也并不妨碍小青年们既无辜又自然，一点也不带着阅读的影响焦虑，把诗歌直接拿做情诗来读。这样一来意蕴和想象空间看似比前者狭小逼仄了，但从最直接的字面义上却容易生发每一个个体的情感共鸣。比如这一首，“我请求熄灭/生铁的光、爱人的光和阳光/我请求下雨/我请求/在夜里死去/我的眼睛合上/我请求/雨/雨是一生的过错/雨是悲欢离合。”[1]如果把诗的最后一段三个“雨”字换成“爱”字，说它是流行歌曲的歌词恐怕也不会有人反对。

另一方面，随着电子媒介技术的发展，以影视为主体的图像文化兴起，经典的传播方式和美学品格也发生了显著变化，海子的好多诗还被“通俗化”，加入了多媒体的元素，成为流行文化典范，走进大众文化消费空间。这也可以看作大众传媒和文化市场对精英文化的重组、收编，从而体现出雅俗文化一体化的趋势。如《九月》《面朝大海》等诗被周云蓬、胡畔等流行音乐人谱成吉他弹唱曲，不但通过酒吧、校园诗会这样的场合在青年中广泛传唱，而且其免费视频和录音也在网络上广为流传。海子的其他诗歌也以配乐朗读、剪接、拼贴、制作成 flash、MTV、MP3 等各种形式通过网络进入当代青年的业余生活。这样其诗歌文本激发的无限想象空间转化成具体可感的图像，接受方式也由过去的“线性阅读思考”转变为“直观视听感知”，原来知性的、冷静的“读者”变成了只需全身心投入的狂热的“听众”或“观众”。

由此看来，在一个新媒介主导的时代，可读的文本如若不能转化成可

---

〔1〕 海子:《我请求，雨》,《海子的诗》,人民文学出版社 2003 年版，第 40 页。以下海子诗歌皆引自《海子的诗》。

听的、可视的文本,是很难在大众中获得活生生的存在的。正像小说可以改编成影视剧本一样,诗歌改编成流行歌曲,这无论如何看上去都是一个双赢的选择。一方面,对于精英文化来说,这是一种向大众推销自己的方式,没有这个过程注定会曲高和寡,忍受孤独;另一方面对于大众文化来说,这也是一个自身提升的过程。改写后的"合成品"是一个"中间物",是一次雅俗之间通过互动互相吸收彼此有竞争力的要素形成的"拉平"。虽然被消费文化"选中"同时意味着被"误读"。比如,在海子"经典"诗歌转化为"流行"歌曲的过程中,改编者往往用前卫而又通俗的姿态重新包装了海子。时而激越时而忧伤的吉他弹唱,让这位诗坛的"忧郁王子"形象和流行乐坛的"流浪歌手"形象叠加起来,成为新时代的青春偶像。这样浅层次的利用当然会遮蔽海子诗歌的精神光晕,但在消费化的同时也使其诗性在大众文化的层面蔓延。

海子这位八十年代的抒情歌者成为九十年代乃至新世纪青年的文化偶像,一方面其好多理由内在于海子诗歌本身,另一方面也和青年人成长心态和接受心理有关。在这里,青春的反叛恰恰在"反潮流"中完成了对潮流的回归。可以说,大众文化在完成它的渎神运动的同时,也在另一面凸显了它的人文关怀。大众文化本身逆反抒情,具有打碎一切偶像、把一切的抒情都看成矫情的后现代精神。但是抒情却内在于人的本质,它并非一件旧衣服可以随手抛弃,而恰恰就是我们的呼吸。只要有生活,就有故事;有心灵,就会有抒情。它不适合一呼百应,哗众取宠,只适合悄悄潜入人的内心。诗人徐敬亚曾经在一次访谈中提到:"只要人类的进化速度不变,只要人类内心充满自言自语——抒情,便永不会成为过时品。抒情,是人类永恒的念头。'感觉'与'抒情',是人类诗歌之河两个最充沛的源头。"[1]这种说法是有道理的。

---

〔1〕 钟华生:《面朝大海二十年,是否春暖花已开》,《深圳商报》2009年3月26日。

在海子诗歌大众化的进程中，最近发生一个事件也值得一提。2009年4月，沉寂已久的台湾歌手潘越云复出歌坛。潘越云加盟大国文化后的首支单曲是《面朝海子》，全球同步首播。《面朝海子》的灵感显然来自于海子的《面朝大海，春暖花开》，它呈现了人对平凡幸福的渴望，歌曲由台湾著名音乐制作人姚谦亲自操刀填词。潘越云在歌中唱道："从明天起/做个你诗里的人/身体力行放下姿态/从明天起/重新面对着世界/回到平凡渴望/搬入你形容的房子/从明天起/模仿你说过的幸福/我要别人相信真的。"号称台湾"美声皇后"的潘越云是在遭遇了一些个人的挫折之后重新与海子的这首诗相遇的。在采访中她提到自己从17岁开始一直生活在孤独中。她希望真的有那样一所海边的房子，让心灵得到休憩，让心胸变得开阔美好。在这里，海子的诗不仅配了乐，而且改了词，彻底改头换面完成了它的世俗化之旅，并与歌星的个人魅力和流行音乐的时尚元素混搭，变成当代大众人人皆可享用的精神"营养快餐"。

不过，潘越云及其歌迷对海子这首诗的青睐，也许可以部分地说明为什么海子的诗在现代都市成年人中也有很大的读者群。拉康说：欲望源于匮乏。在这个时代，人们越是让自己的身体上紧发条，在白天快节奏的城市生活中汲汲于金钱和物质，也就越是在夜晚面对个体心灵的时候，会深深体味到一种巨大的空虚。这时候，海子的诗带着雪域的寂寥、草原的迷茫，千年岁月的沉静，带着土地的荒凉与贫瘠，河流的悲愤和诉说，那么容易击中现代人贫乏的感应神经也许不是偶然的。曾与海子、骆一禾一起被合称为"北大三才子"的诗人西川这样说："一转眼海子去世已经二十年。二十年里中国发生了太大的变化。这些变化有时会不客气地否定我们心中诗性的存在。我们现在说起海子，好像已经没有了当年面对海子骤逝这一事件时的悲伤，仿佛他已经成为了一个历史人物，但每回重读海子，海子诗歌的光辉和力道便骤然显现。这是否说明我们心中还是有一些不变的东西?"[1]"在水上/放弃智慧/停止仰望长空/为了生存你要流下屈辱的泪水/来浇灌家乡平静的果园//生存无须洞察/大地自己呈现/用幸福也用痛苦/来重建家乡的屋顶。"(海子:《重建家园》)城市的垦殖者,丢掉乡村梦想重建钢筋水泥家园的人,最容易读懂里面生存的无奈和屈辱,怀旧的感伤。海子笔下的乡村绝不是沈从文笔下或者陶渊明诗里那种宁静和谐的、符合中国古典审美理想的乡村,它空虚而又寒冷,枯寂而又荒凉,横卧在寂寞的远方,那是人类欲望号街车一路前行时所有人必然抛弃和遗忘了的精神故乡。它色调灰暗,有点像鲁迅《故乡》里迷茫而又灰蒙蒙的天空,充满荒诞主义的意味。

"那里的谷物高高堆起,遮住了窗子/它们一半而于一家六口人的嘴,吃和胃/一半用于农业,他们自己繁殖/大风从东吹到西,从北刮到南,无视黑夜和黎明/你所说的曙光/究竟是什么意思。"(海子:《春天,十个海子》)当人们的生活中时不时爆发三聚氰胺、苏丹红、重金属残留蔬菜等食品危机时,当"非典""猪流感"等致命的病毒流行时,听到有人说"喂马、劈柴、周游世界","关心粮食和蔬菜","我有一所房子,面朝大海,春暖花开",所有前现代的迟慢、温暖、安适的感觉就会骤然苏醒。其实,我们中的许多人都像海子一样,其文化之根也是与土地、麦子等等(这是海子诗歌中经常出现的意象)联系在一起的,然而,我们却已不再关心粮食和蔬菜。或者只有当发生了毒大米、毒牛奶事件后,我们才想起了我们的生命之源。于是,海子的诗穿越二十年的时间隧道之后并没有扑空,而是与我们今天的现实世界狭路相逢。它唤醒了我们遥远的记忆,也让历史与现实形成了一种紧张的对话关系。

无论是进入阅读经典,走进青年人的心灵,还是弥补现代都市人的前现代乡愁,海子的诗好像都与当代的时代变迁、人们的成长历程一路同

---

[1] 西川:《海子诗全集》"出版说明",作家出版社2009年版,第4页。

行。它越来越近地走进了社会生活，于是对海子的阅读和推崇就变得越来越符号化。仍以《面朝大海，春暖花开》为例，从 1998 年开启的房地产市场化热潮中，这首诗被各地的房地产公司频频用于其广告文案，从上海、深圳、到海口、长沙，“面朝大海，春暖花开”一语都曾被印在海景房和高级别墅的大幅户外广告板上。海子诗中这两个短句，以化俗为雅的方式勾勒出他生命理想的幻境，在九十年代后期加速推进市场经济而带来的都市空间的巨大变化中，被挪用成一则标语，煽动着人们对宜居的欲望〔1〕；本世纪初以来，这句话已经成为海景别墅最经典的广告词之一。波德里亚(Jean Baudrillard)认为，“消费社会的唯一真正的实在，就是消费观念的存在；而正是这种反思和论说的生动形式，无限地和不断地在日常生活的言论中和知识分子的论说中出现，构成整个社会公共常识的强大力量”〔2〕。这样，随着海子及其诗中名句变得越来越家喻户晓，对海子的言说也就变成一种隐形的文化资本。一方面，阅读海子代表了一种对智力、情感和想象的挑战，出现了以买海子的书装点书架而从不肯去读海子的为数不少的“伪海子迷”；另一方面，消费其诗歌的剩余价值也成为当代“中产”“小资”们竟相追求的一种品位和共识，它是身份、地位区隔的象征，具有了符号学的意义。“现代社会的商品拜物教的意义已不止这些，人们崇拜对象已不只是那些贵重商品，而是整个符号价值系统。对于商品，人们崇拜的是他的那些能够给人们带来身份、地位和威望的东西，即符号价值，而符号价值又是在整个社会区分系统中得到规定的，所以拜物教包含着整个社会区分系统。”〔3〕像杜拉斯、张爱玲的小说，王小波的杂文一样，海子的诗也成为某一个小圈子人交流的暗语和通行的名片，如此

〔1〕 冷霜：《〈面朝大海，春暖花开〉：一首诗的阅读史》，《中国新闻周刊》2009 年第 11 期。

〔2〕 转引自蒋道超：《消费社会》，赵一凡等主编：《西方文论关键词》，外语教学与研究出版社 2006 年版，第 662 页。

〔3〕 同上，第 664 页。

久而久之,在社会上就演变成一种新的时尚。

如果说“站在城市,眺望乡村”是都市人永恒的乡愁,以这种方式阅读海子还有一些真诚成分在场的话,那么,“面朝大海,春暖花开”的巨幅广告牌,则纯粹是在误读中,完成了“景观社会”中产阶级宜居梦想的打造,填补现代都市中那消失了的自然风景。而“面朝大海,春暖花开”这两句话之所以反复作为广告“创意”出现,也多少是因为,很多早期从事广告文案策划的人员,都曾是八十以及九十年代前期的诗歌爱好者或文学青年。他们并非全都不知道这首诗背后的绝望和感伤,只不过出于一种营销策略的选择,采取了对海子诗歌取消语境和碎片化的读取方式。其结果是,海子的诗经过“整容”,便以暧昧模糊的模样出现在人们的视线之中,形象怪异。此种情况也印证了我们的一个观点:什么东西一旦被大众文化或消费主义加工再造,它也就必然会面临一种“去博物馆化”的危险。滤掉时间阻隔和情境限制,消费海子诗歌的横断片意象,利用盲目从众心理,建构出一个个同质化的消费主体,借此也可以见出当代消费文化的某些症候。沉甸甸的生命痛感被抽空,转化成轻飘飘的时尚符号;彼时一个纯粹的诗人绝望的哀鸣,变成今日大街上人人欲望化的旗帜,并且最终将经由各种力量的推动,走进“中产”们精心打造的审美化日常生活。时代的发展,不能不说充满着吊诡的逻辑。

诗人翟永明说:海子对诗歌贡献了一个诗人的全部激情,对时代贡献了一个诗人在当代社会的可供想像的生存形态,对社会贡献了一个可供房地产商用一辈子的广告词[1]。对海子来说,这最后一个贡献一定是他始料不及的。由此我们也想起西川在文章中讲述的那个故事:海子生前住在北京的昌平,非常寂寞,于是他走进一家饭馆与老板商量:“我在这里给大家朗诵诗歌,您能否给我酒喝?”老板倒是很痛快,他说:“我可以让你

---

〔1〕 钟华生:《面朝大海二十年,是否春暖花已开》,《深圳商报》2009 年 3 月 26 日。

喝酒，但是请你别在这儿给我朗诵诗！”这个令人心酸的故事隐藏着诗歌乃至文学嬗变的许多秘密。二十年过去了，海子诗歌上天落地，风光无限。然而实际上，人们的解读可能离诗人的初衷已经越走越远。海子曾经说过“诗是那把自由和沉默还给人类的东西”。一轮一轮的纪念活动、造神运动，带来的是虚无主义的盛宴，大众文化渎神的狂欢，而真正的诗歌精神，却在这个过程中渐次沉落下去。这对于生活在这个时代的人们来说，不知是一件幸事还是不幸。

（本文作者刘剑、赵勇，原载《探索与争鸣》2009 年第 11 期）

# 对存在的谛听

## ——聂尔与他的《路上的春天》

聂尔的散文语言是现代汉语中一种独特的存在，纯净而又洗练，就像一条山间的清溪，穿越日常生活滔滔汩汩的浑浊之流，抵达事物幽深的底部。它自成一种哲理表达，用语词照亮思想，让思想铺就来路。他的目光掠过一支笔、一只小鸟，一段怅惘的心境，凝视着岁月尘埃深处方方物物、芸芸众生。带着无比的精心与耐心，他捕捉着残酷现实的诗意瞬间，发现那些幽暗与明丽处的风景，唤醒沉默者存在的庄严。聂尔以其坚硬的写作，如水的心灵，本真的生存，宁静的谛听，诚挚而富有穿透力的文字，让我们在一个喧嚣的时代里见证了一种沉静的力量。

### 一、诗与思之物语

聂尔是一位既有自己的写作，又有着清晰的自觉意识、独特的写作哲学的作家。西方现代主义思潮尤其是由萨特、加缪、陀思妥耶夫斯基、卡夫卡等人相续而成的存在主义谱系,曾经不断擦亮他的思考。二十世纪八十年代年少轻狂的他曾经梦想有朝一日成为萨特那样的大作家,而站在这条存在之路末端的海德格尔,更以其深邃的思想进入他的关注视野。不论写人还是观物,聂尔都善于在波澜不惊的事物表层之下发现惊心动魄的美,读他的散文让人恍如走进海德格尔世界与大地的冲突,体验着海德格尔意义上诗与思之物语。

在他看来,生活中沉默的事物正无时无刻不昭示着存在的意义,它们承载着自身的过去和未来,向人们诉说着大地的秘密。“它们不是坚硬的、冰冷的,而是诗性的,柔软的”[1]。无论是写字台一角的厂字形的蓝天(《天有多么蓝》),还是暗夜中我刚刚咬过一口的苹果,或者一块手表,一双鞋子,一件棉衣,它们都在“我”目光驻足的一刻成为发着光的客体,他以经久的耐心在它们身上发掘着绵延的诗意。棉衣的青灰色呈现出在“大地色”与“天空色”之间的变异,“具有一种包孕和藏纳的性质,仿佛其中和其后演绎着故事、历史、物质的沸腾和冷却”[2]。而黑暗中的一双鞋子“横亘于商品和物品的间隙”之间,将“两只鞋的对立和差异隐匿不见”、唯有“商品微光仍在其上闪烁”(《新衣和新鞋》)。这双看似普通的鞋将在“被穿”的过程中,履行它的使命,完成它的宿命,伴随着不同主人的步履,走向世界,像海德格尔的农妇鞋一样,让“世界的回声在它的内部回荡”(《时光小片段》)。

如此观物的聂尔常称自己处于一种“空虚而又热情”的状态。让岁月时光在内心深处沉淀,他对人与物细微之处的玩味深思与他长年沉潜的生活状态密不可分。他长年隐居在僻静的山西小城晋城,幼年疾病为他留下行动上的影响,写作于他既是一种偶然,也是一种宿命,而阅读

[1] 参见聂尔:《漂泊的文学——散文中人与物的关系》,中国人民大学演讲录音稿。

[2] 聂尔:《路上的春天》,人民文学出版社 2012 年版,第 5 页。

使他时时体味到一种丰饶的孤独。他认为阅读者是生活在两个世界的，——现实的世界和虚构的世界，而横亘与连接两个世界的东西就是观念。因此作者在这个意义上成为观念的生产者和经营者。对观念、世界与语词的默默体认，使得他诗心澄明而又童心永驻，离群索居而又对世事兴味盎然。在阅读中，他会被托尔斯泰、尼采、卡夫卡、普鲁斯特、加缪、萨特、乔伊斯、弗洛伊德等人闪电般的击中，享受那份得天独厚的宁静与孤独。“所谓阅读，无非就是脱离开人群，成为一个孤独者”（《凝视，你就会看见》）。在写作中，他更尝试彻底放空自己，体验一种空明澄澈之境。禅语有言“空故纳万境”，阅读带给他最大的馈赠，而阅世培养出宽广深厚的同情。在世界与意义的交汇之处，在观念的包孕与吐纳之间，他“长久地凝视”，看“字与字的空虚处有意外的蝴蝶飞出”（《凝视，你就会看见》）。他用汉字缓缓开启观念之门，将语词的构筑看成上帝之眼敞开的瞬间，并持之以恒地探究岁月深处大地的奥秘。于是借助于他富有魔力的语言，世界在我们面前显现，像阳光穿过林间枝叶投下的斑驳树荫一样，动荡摇曳，既遮蔽又澄明。

海德格尔认为，在失去了世界的形而上学本原之后，每个个体都是一种偶然的、破碎的存在。生命之如昙花一现而又瞬间归于寂灭，没有一条既定的道路通向远方，也没有一个永恒的归宿许诺救赎。也许是深受海德格尔思想的影响，也许是对生命的感悟不谋而合，聂尔以散文的语言对此做出了生动的诠释。因而在他的笔下，每一个人，每一件物，都是一个断片的存在。他从不强求整全，让自己的描述成为关于某人或某物的独白话语。将帕斯卡尔、F·施莱格尔、克尔凯郭尔、阿多诺、本雅明关于断片的思想发挥到极致，聂尔就像一个固执的孩子一样，凝视着周遭的万物，时光的剪影，等待着故事的发生。他相信“凝视，你就会看见”，他凝视着一处风景，一段往事，甚至一片心境，有时他也凝视着自身的孤独，并在这样的凝视中熟稔世故而又洞透虚无。他将自身痛苦之后的平静看作

“这是永恒的又一次降临。它像一阵风拂过来，让人看见世界之浩瀚，时间之旅的柔光，独行之人的身影，音乐一般的静谧”（《痛苦之后》）。聂尔笔下的物是发着光的，不迷人但是温润的光；一只鸟，一片叶子，一支笔，他着魔地刻画它们，让那些事物存在的本真逐一在他的笔下显现。他像一个神奇的匠人，又像心灵的魔术师，而每一件物、每一个人则都像一个精雕细刻的艺术品，他像雕塑家一样丝丝入扣地刻画他们的心灵，有时他也将这种富有穿透力的凝视转向自己。“我坐在石头上”，凝视着此刻之我，无言地承受住“我”的存在，带着“所有的悲伤、暴力和行李”，看到“明天早晨，太阳会照常升起。并非自黑暗中升起，亦非在虚无之上——隐匿而非沉沦”。“我”拒绝遗忘和悔恨，“让物的情感超越于我们个人之上，辨认出它是所有存在与境况之母”，让别人的故事在我的门口合流，而我则眩晕、摇荡，世界的暂时遮蔽使我无缘洞见永恒之门，无法摆脱囚徒的困境，唯一能做的便是与困境周旋，“哀求、倾吐、呐喊，无言”。于是“我在门外等你，也就是守护着你，将你囚禁。你在里面，用我听不见的声音说：‘等我’”（《我坐在石头上》）。这些散文诗一样美丽的语言凝聚着无言的苦痛，闪烁着思辨的光芒，让人在蓦然间洞透自己的生存。

每每阅读至此，我都会联想到何其芳及其唯美的散文精品《画梦录》，我将其称为“象征主义的散文”，一如保罗・瓦莱里、叶芝、T.S・艾略特的诗一样，它们就像一串神秘朦胧的象征珠链，浸透着生存的幻灭与哀伤，有着深邃的意境和极致的美丽。聂尔的散文祛除了《画梦录》中“少年不识愁滋味，为赋新诗强说愁”的浪漫感伤，以成熟的心性品味生活万象，于凝练沉郁之处闪烁着存在的智慧，散发着淡淡的苦涩的芬芳，深得象征主义诗意哲思之神髓。而象征主义的散文除了形式的美丽之外，在精神上往往打上存在主义的烙印，呈现存在的荒谬和虚无，感受个体的分裂和孤独，它以音乐般流动的情感节奏和散文诗一样凝练的语言、精致的结构，在万物秩序、宇宙律动和人的内心意绪之间建立起交感应合，这正暗合了海德格尔及其弟子伽达默尔以直觉洞见神秘的艺术真理的存在方式。

在《短暂的猫咪》中，聂尔把一只借来的猫咪看成一个“神秘的存在主义者”，任它轻盈的梅花脚印穿行过房间的每一个角落，这位尊贵的客人用它崭新的注视，使“我”家的任何事物“重新返回到了存在的领域，并呈现出如同山峰一般不同的高度，就像夏季的即将来临的雷雨照亮了蚂蚁的通衢大道一样，尽管广大的天空前所未有的阴晦而恐怖，但正是在此时，各种各样的存在反而能够逞其无尽的悲情和欢乐”(《短暂的猫咪》)。猫咪对存在多样性的关注和好奇引发了作者对失去的童年林间道路的眺望和怀想，“而那条路已经不可能再返回”，于是写作成为一种“补偿”，一场“拯救”存在之诗意的行动。

## 二、生存的破碎与偶然

面向“此在”沉默的聆听，不止于凝视着这些物态和心境，一个作家最深的关怀始终在人文。“物”正是因为浸润了前尘往事中“人”的痕迹才散发着独特的魅力。聂尔在写人的时候，走进了一种更深刻的人道主义。当进入这些人物故事的时候，他像一个亲切的朋友，带着十九世纪批判现实主义大师巴尔扎克、狄更斯和托尔斯泰等对人物心理的深刻洞察和对“小人物”的同情；当在笔下展现这些故事时，他能洞见存在的荒谬，这又使他的写作呈现出福克纳、卡夫卡等现代主义文学中的存在悖论和苍凉底色。他看到每一个人的自由意志都是一团无用的激情，然而正是那脆弱而又渺小的火焰引他注目，令他沉思。他展开了大地上的普通人生存的可能性，聆听人物身上命运的回声。他像加缪的西西弗斯一样坦然承受着命运的荒诞，也像萨特的文学主体一样用写作宣示着沉默的权利和抵抗的自由。对聂尔而言，尤为重要的是，海德格尔思想对“此在”有限性的强调:每个人被“抛”入人世,有些生存条件已经先行决定。人永远生活在“此在”的各种限制之中,而无法将自己从自己的“生活世界”(包括出身、背景以及文化传统等)中连根拔起。因此生命就如同流浪在破碎的世界中,承受着命定的歉然,体验着存在的偶然。“我的缘分,用我自己倾向于使用的词语说,这是人生的偶在。人生并不令人欣喜,也非肯定地指向绝望之域,它只是有待于我们去认识。每个人都有着他对人生不同的认知方式”(《说缘》)。零碎的个体不能重新修复到回归整全,但是他们存在的意义正在于:像每片树叶一样,他们各不相同。

在他看来,作家的存在不是程式化的精致生活的装饰品,他们就像灰尘,是现代生活的多余物,同时也是“时光稍纵即逝的痕迹,是存在的无言的证明”(《精致生活》)。作家作为生活的亲历者和见证者,以自身的敏感和慧心照亮周遭懵懂的生存。在聂尔的散文叙述中,无论是“我”的家族亲属,还是“我”的同学师友,他都让他们的生存呈现本然的、原生态的一面,哪怕在人物故事的尽头,一眼眺望到人生的颓败和苍凉。我的老师宋谋瑒高大渊博,保持了一颗对古典文学的赤子之心,对学生钟爱有加,对于自己当右派的历史,对于个人的苦难和民族的苦难,他不控诉,不炫耀,也不解释(《我的老师宋谋玚》)。他生活在自己的精神世界,然而走在人群中却落寞而又孤单。“我”的叔叔漂亮、幽默而又孝心昭彰,让我常为自己无情无义的活着而自惭形秽。而这个“他的历史听起来像党史一样辉煌”的叔叔,有一件著名的轶事:几十年前,他在战场死里逃生还乡后,曾假扮战友回乡传信,冒称自己已死在战场,以此来试探自己的生身母亲。这作为一则“小掌故”,一个别有意味的细节,不经意地消解着关于叔叔的堂皇叙事。“这个故事流传了几十年,成为家族史上的一桩笑谈,它使我叔叔成为一个可笑的人,一个不诚实的人,一个远离了庄稼汉本色的人,一个小心眼的人。我想问问叔叔,事实是否真的如此,但我没问,没问是因为,我认为这个故事基本上是真实的”(《远处的叔叔》)。作者对叔叔此举的是非好坏不做任何道德评判，只在文中轻描淡写地提到，这个高大漂亮的至亲叔叔，对我而言永远“生活在别处”。看上去我对叔叔的感觉似乎有些漫不经心，而实则却意味深长。因为我们之间的隔膜，也许正体现普通人之间最日常也是最本真的交往状态，哪怕我们还算“至亲”。

当谈到“我”的女儿，聂尔素常冷静的文笔就会染上些许少有的柔情。我的女儿是一个“柔弱的小人儿”，然而却从小有着柔弱坚强的意志。她义无反顾地加入到“北漂”一族，并不为什么雄心大志，只是不愿一家几代人都生活在同一个地方。于是，“一个快活的女儿和一个惊慌失措的父亲，你们共同站立于时代的挪亚方舟上，你们是一个整体，可你们又分属于不同的两代人，但愿你们能够相互拯救，既为了你们自己，也为了这个时代，……”(《父女之间》)。不管是“我”的叔叔还是“我”的女儿，他们与“我”之间，性格迥异的三代人，共同构成了大时代里相互背离而又相得益彰的流动风景，他们的“动”衬出了我的“静”，他们有个性的存在把“我”的思考带入高处。

聂尔以自己独特的方式体味到“我只需要这个世界，但我所需要的世界非常虚无”(《我的任务》)。他能够看到常人命运中的破碎与偶然的一面，在《莫先生目睹死亡记》，我的好朋友莫先生因为在我家门口的上班路上，目睹了车祸中一个陌生人的死亡，便不再想去上班，在家里蒙头大睡了三天，以至于不愿醒来。一出偶然的“死”的事件使他洞透了“生”的空洞和无常。聂尔把像莫先生这样的每一个人，都当作一个孤独的个体，他通过观察和谈话走进人物的内心，像一个匠人一样雕镂人物内心深处的褶皱和起伏。

他不愿意给他的人物贴上“边缘人”或者“农民”“右派”“知识分子”等标签，他把他们每一个都看成是独一无二的存在。虽然他承认自己更偏爱那些被摧残的个体，爱这个社会的失败者、多余者、边缘人和精神病患者，因为“他们每一个人都是那样的奇特，那样的软弱而又坚强，那样地与我不同,从而让我感到一种真正的心的惊奇"(《须知世上苦人多》)。在他眼中,他们不只是这个世界的边缘群体,他们正是这个世界本身。"个人的孤苦是我们这个时代最盛产的东西,但与这个时代别的盛产物不一样的是,每一个孤苦的人,他们是不同的,他们无论如何也不能被压榨成一模一样,哪怕他们表面上已经如此"(《须知世上苦人多》)。从政治的意义上看,有被侮辱和被损害者;从哲学的眼光看,每个人来到这个世上,就难以逃离各种各样的侮辱和损害。只要他足够的敏感,正视周遭的一切和自己的内心,每个人的命运中都包含了被毒害的一环。

史铁生曾经说过,就人所不能者,即是限制,即为残疾。每个人或多或少都面临着生存的困境,都是潜在的"精神病患者",都要注定接受有缺憾的人生。"有的人,他们敏感、自尊、骄傲、脆弱,不愿同流合污,他们承受着最大的压力,是因为他们无法忍受做一条狗,他们因此成为随时可能陷入困境的人"(《须知世上苦人多》)。如果他是一个天生的完美主义者,这命定的缺憾就更加有了反讽的意味。在《老 G 来访》中,我的好朋友老 G 向我透露他因患有窦性心律失常长年过着消极的生活,这使"我"看到:"不同的疾病造就不同的生活和思想。""我"的生活和思想也许正得益于"我"的疾病,"不独老 G 和我,人人都是病人,社会之成立正是要对各色各样不同的病人进行规训和整合"(《老 G 来访》)。有病的人正因为对疾病的恒常关注,才有缘成为一个内省的人,而"内省生活的外在表现正是消极。内省者成为专制社会和物质生活的局外人,他们对社会生活的拒绝,在实际生活表现出来是一种无可救药的真诚,那实际上成为他们划地自狱保存自我的一个策略"(《老 G 来访》)。然而有意思的是,以其疾病反抗着上司过着消极生活的老 G,却在他教的法律课上说着满口经社会成功规训过的意识形态语言。他的外在反抗和内在归顺,恰恰昭示了人在现实中吊诡的存在。聂尔关注并摹写着这些普通人和世界的关系,以及他们和自身命运的关系。在他平静而又舒缓的叙述中,他们每个人自成一条生命的河流，一种独特的生存样式。

聂尔对普通人和庸常命运的书写，正在于“不得不写”，这对于作者，是一种本能的回应，也是一种独特的聆听。因为“他们”无一例外走进了“我”的生活，为“我”所见。那么作者的书写就在于以这样的一次“行动”，彰显更为深刻的人道主义关怀。“因为他们是人，他们的自由遭受扼杀，但仍有残存，如同灰烬里散布着点点暗红，显出一种令人痛惜的希望。同时，那些受了最深的苦痛，却还能够用人的语言诉说和反抗的人，充实和扩大了人的含义，提示给我们又一种活着的意义”（《须知世上苦人多》）。由此，聂尔的书写正是为那些沉默中的生存命名，唤醒他们的存在，引渡他们到光亮之地，让他们为更多的人看见。

## 三、生命不堪承受之“轻”

聂尔把散文看作是主体昂扬的自由意志的体现，尽管如此，他并非完全属于萨特和乔治·奥威尔意义上“介入”文学的沉重传统，他的语言更接近一种“轻的叙述”。这不仅体现在他的思想举重若轻，与时代拉开一段反讽的距离；也体现在他在文体与文笔在表达上的客观、冷静和简捷、轻逸。在这个繁忙匆促的时代，聂尔的语言力争达到卡尔维诺所言“诗歌和思维的最大限度的凝练”〔1〕。他凝视注目生活中一切轻逸的事物，在美丽的舞蹈女孩燕子的身上，他看到“一个生命是如何地轻舞飞扬，看到思想挣脱了所有负担之后的那种美丽的空虚”（《燕子》）。他欣赏“曹燕子在风雷激荡中飞翔的身影”，由此感受着“天行健，君子当自强不息的中国

〔1〕 伊塔洛·卡尔维诺：《未来千年文学备忘录》，杨德友译，辽宁教育出版社1997年版，第38页。

古意”(《拜见曹薰铉》)。对“轻”的偏爱使他走近了昆德拉、纳博科夫等人“生命不堪承受之轻”的反讽主义传统,以一种举重若轻的表达,为后现代的偶然与细碎之事物命名。

在《洛丽塔》后记中,纳博科夫曾经把“艺术”定义为“好奇、温柔、善良、狂喜的一体呈现”[1],在这里“好奇”排在第一位。而作家和艺术家的敏感正在于对生活和艺术体验中狂喜和温柔、残酷与善良的每一面都充满了好奇。聂尔正是这个意义上是一个好奇并相信奇迹发生的人,“无论多么庸常的生活,一当被谈论,就变成了闪光的奇迹”(《山上的办公室》)。他尽力使得笔下每个生命都成为富有表现力的存在。“我们的来路,它的曲折回环,它的两岸风沙,它曾经被我们越过的最大的障碍和最小的孔洞,全部都是奥秘的记忆之源,是我们的生命本身”(《说缘》)。他像纳博科夫一样相信“细节优于普遍”,他有对于芝麻小事产生惊讶好奇的能力,并能把这些心灵的旁白,这些生命的鸿篇巨著中的小注脚,看作意识的最高形式。在《说缘》中,他将缘分“看作历史偶然性与人生偶在的相遇相交。这种相遇既非人的意志也非历史的意志所能决定,这就是为什么我们回望走过的道路,哪怕这条路平淡至极,风景全无,它也总是会显得惊心动魄,不可思议,充满了神奇之物,仿佛那并非我们的来路,而是我们仅仅可以望得见并即将前往探险的一处神秘莫测之地”(《说缘》)。一个人何以成为“这一个”人,在他看来是一种无解的人生之谜,而人生的美丽与迷人,恰在于这个探究的过程。

他擅长那种具有个人独特性的意象,深深认同“语言是存在的家”,艺术而非哲学,方能突破时间之墙,进入到一个超越偶然的世界。正如海德格尔和纳博科夫所提倡的,聂尔也不能容忍思想的惰性和语言的庸俗。

---

〔1〕 Nabokov, “On a Book entitled *Lolita*” in *Lolita*. Harmondsworth: Penguin, 1980. P.313.

他把每一个人当作一段传奇，走进每一个凡夫俗子的神秘内心。带着对人和事探究的欲望，于茫茫人海中观察、思索，用心去谛听，去表现。他试图走进更多的故事，了解更多的人，在人生的常与变中，发现庸常生活中的温暖与荒凉。因为相信每一个具体存在的真人故事中就有震撼人心的力量，他一直忠实于散文这种“轻”的文体，忠实于在自己目光的烛照下，对世间万物的真实而非虚构的呈现。他一定能够理解尼采所说“我对人之伟大的看法是忠于事实：他所追求的就是事情本身，不在未来，不在过去，也不在永恒”〔1〕。

被聂尔运用到炉火纯青的是一种纯净、清新、洗练的汉语，绝不冗杂而又贮满诗意。他常常用轻描淡写略过内心沧桑，以免陷入繁琐和平庸，这使其书写保持了一种含蓄的魅力和陌生的光芒。他对人物的叙述常常掩饰着沉痛和辛酸，像福楼拜一样冷静、客观而又无动于衷，他像上帝一样高高居于云端和世事纷纭之后，因此其叙事总是带着一种令人触目惊心的冷静。年少、孱弱的“我”曾经为一个邻家女孩路遇一个坏男孩而无比忧心，而她却若无其事“背着手跷着腿旁站在墙根”，她仰脸注视着那男孩，她目光中那暧昧的暖色让“我”少年敏感的心深深刺痛。然而作者节制自己的内心风暴，只是云淡风轻地说“带着这副表情，她走进了她家，让我看不见她了”（《她背着手跷着腿站在墙根》）。作为回忆，这一幕定格在“我”的成长镜像中，就此而言，每一次回忆，都是一次看似波澜不惊而实则惊心动魄的“事件”。聂尔把回忆看作是生命得以真正延续的唯一手法，认为像普鲁斯特式的回忆让人“不仅找回了失去的时间，还获得了在时间中与虚无对立的力量”（《活在永恒的回忆中》）。而“人生太匆匆，人生太盲目”，回忆虽然可以告诉你生命的点滴，给人心以微末的希望之光

〔1〕 弗里德里希·尼采：《权利意志——重估一切价值》，张念东，凌素心译，商务印书馆 1998 年版，第 37—38 页。

(《说缘》)。但回忆的真相最终无从揭示,回忆的底色,依然是虚无和苍凉。

因为总能看到自身力量的有限和生存中充满悖论的一面,聂尔的人文关怀不是体现在站在风尖浪谷大声疾呼和呐喊,而是体现在不动声色地潜伏在岁月深处描摹世事人生。他往往让人物的命运说话,让读者自己若有所悟、深深感怀。因此聂尔的理想主义不是灼人的,而是散发着温润的光辉。他从不急躁锐进,而是宁静平和,疾缓有致。他能够看到"人们大多知道自己在社会中的地位,却不知道自己在宇宙中的地位"(《拜见曹薰铉》),因此他更多在精神哲学、而非政治的层面,关心那些破碎的个体在宇宙和时间中的位置。这使他的语言超越了一时一地政治处境的局促与滞重,带我们到更加开阔苍凉之地。他常把作家在生活和作品中的存在比作尘埃,轻如尘埃,微末如尘埃,宛如不在如尘埃,聂尔理念中的作家是这样的一群,"他们充分意识到了自己的多余性。他们在时光的隧道里踱行着"(《精致生活》)。

## 四、个体在时间中

对有限性的思考和举重若轻的叙述,使聂尔与他成长的八十年代语境有了一段反讽的距离。在八十年代的宏大叙事中,"国家与个人,党派与政见,自由与规训,历史和现实,苦难和人生等等之间的关系和问题,我本来有机会拿所有这些问题向宋老师请教的,我却从未这么做过"(《我的老师宋谋玚》)。轰轰烈烈的八十年代,那让作者得以读书、阅世、曲折地成长的时代氛围,它的结束就像世界的崩溃,不是轰隆一响,而是唏嘘一声。此前的八十年代,就像他的母校一样,是他成长的温床;此后的八十年代,是他不断回忆和诉说的对象。同时总是"生活在别处"的渴望又让他带着理想主义精神启程,试图踏上别的隐秘的探究之途。在他看来,“所谓毕业只是拐向真正道路的一个小小的路口而已,而风景在路的深处”(《师专往事》)。

他看到了一个时代必然的有限性,八十年代就像“我”自己一样有着青春期的夸张的绝望,浪漫的感伤。“激情的八十年代,八十年代的激情,很多过来人的回忆,对于我来说,似乎并未存在过,存在过的只是具体的人和事,以及这一首歌,因为我毕竟假装唱过它”(《我的同学聚会》)。那时的我“埋伏在人群中”,伪装相信在自己面前会展现一望无际的希望的原野,而在我的内心却早已明了“绝望之为虚妄,正与希望相同”〔1〕。他正视了一个时代,也正视了所有人生中虚妄的一面。作为八十年代的精神产儿,聂尔思索着他的年代,在精神上延续着他的年代,同时也在写作中反思和超越了他的年代,他能够看到在宋老师以及和宋老师一样的人们那里,“生命作为一个本体,一种价值,它只能是附丽于家国情怀和“士”的精神之上的,也就是没有独立价值的”。这使他有机缘去勘探生命深处那更深邃的风景。他对宗教的态度,对阅读的态度,对回忆的态度,都与浪漫主义精神扩张自我、无限蔓延的观念保持了一定的距离;他在对大地上普普通通的生存,在对时代和命运的恭顺聆听中,走向了一种从容而又谦卑的有限性思想。在《教堂,大海,故乡》中,他知道上帝不会轻易露面给“我”这样一个“浑噩之人”,但是有形的膜拜仍使“我”在黑压压的人群中,感受到一种别样的虔诚和心灵的宁静。他置身于大海与教堂之间,带着木然的心情,看到“所有的人们都在给大海躬身行礼,后面一群教堂沉默但颇有意味地注视着这一切,独有我是苍茫暮色中无人相识的局外人”。带着冷静的观察和思考,带着无情的冷嘲和自由的反讽,带着无可奈何的空虚的热情,他试图去揭示生活中本质的一面,让我们看到一切的

〔1〕 鲁迅:《希望》,《野草》,人民文学出版社 2006 年版,第 17 页。

世俗喧嚣背后的荒凉和幻灭，残酷与温柔。

难能可贵的是，他看到了幻灭，但是依然保持着童真的眼睛。他希望以自己的方式洞见存在的秘密，并守护这个秘密，有所言说而又有所不言。海子曾经有言，"写作是把自由和沉默还给人类的东西"，聂尔的散文在此意义上正饱蕴着生活的诗意。每当他凝视着一个简单的物品倾诉的时候，他挥泻着自由，以确证自身的存在，那是海德格尔式的一种观物方式；当回忆的创伤被自己揭开的时候，他有选择的掠过或者沉默，将那些有意味的空白留给读者去想象，于是一种人生的空漠之感迎面而来，猝不及防。"天空一无所有，为何给我安慰"〔1〕。他会长久地凝望着那沉默处一角的天空，尽情品味被束缚的人生、被固定的命运以及这个命运带给他的别样的执着。"看来我是不能离开家的，一离开就容易忘记。罚我永远站在家乡的土坡上是应该的，另一个应该是，只让那些永不会忘记家乡的人们远走高飞。而我就站在这里吧，并且抹掉那些行走的痕迹，只让居留之地的气息充满我心怀"(《我的行踪》)。在这样的语句中，饱含了对命运的冷嘲和无奈，流露出透明的孤独和节制的忧伤。

世事恍惚而又无常，时代在向前走，他伏在铁轨上，静静地谛听，那隆隆的巨响渐行渐远。从一定意义上说，每个生命都是脆弱和孤独的，这是一种本体的孤独，用文字无法完成超越和实现救赎，他的内心有时也充满了这种不易察觉的宿命的感伤。"我走在人群中，冷眼旁观那些相爱和嫉妒的人们，内心充满了忧伤。最后我登临到高处，远望连绵群山，心中升起一种无名的情感，这情感托举我到忧伤之外的高远之处"(《20 岁的样子》)。在《昨日之我》中，过去那个自恋的"我"曾像欧洲的精神贵族一样眼高于顶、愤世嫉俗。粗浅的文学经验使"我"意淫于有关青春和未来的

---

〔1〕 海子:《黑夜的献诗——献给黑夜的女儿》,《海子的诗》,人民文学出版社 1995 年版,第 241 页。

无限想象,带着高贵的忧郁和浪漫的绝望,“我”从不肯将珍贵的爱情轻许与人。而今天作为一个成家与定型的人,“我”沉浸在庸常的幸福和四周温暖的黑暗中,过去的“我”早已死去。于是,在那重遇故人的热闹人群中,“我”凝视着“昨日之我”,放声大笑。“当我们今天聚在山下的这个小房间里乱弹时,我仍在笑着。我的笑仍旧粗率,尖利,无所阻碍,但我听得出,我的每一声笑都掺杂了岁月的风沙,如同一条长河,一弯行走的旧月,一块丢弃的泥土,和一个忘记了死的人”(《昨日之我》)。在这粗粝的笑声中,掩埋了多少理想、隐藏了多少悲哀,掺杂了多少伤痛,也许没有人能听得出。

像鲁迅、穆旦、北岛、余华等人一样,聂尔的写作是坚硬的,属于汉语质地中冷峻的一种;同时他的文字又是质朴的,像阳光下的石头,散发着温热,泛着斑驳的光彩,带着生命的刻刀一般固有的尖锐锋利,切割开事物的表面,探寻到存在的深度。它绝不温软媚俗、拖泥带水,而是简练干净,像阳光穿透迷雾一样,瞬间照亮周遭事物黯淡的生存。但是当他让回忆之光浸润往事,沉入对人物命运书写的时候,他的写作又是柔软的,甚至带着神秘莫测的阴柔的诡谲,他躲在人物命运的背后,既关注着他们的命运,又在不经意间带着冷嘲。虽然那冷嘲不仅指向他的人物,也指向作者自己。于是我们走进他如水的娓娓诉说,邂逅他如水的心灵,然而这不是一条澄澈的水,而是一条幽深的水,他时时刻刻以自己的思考探测着人心的深度和生命的可能。

史铁生之后,人们担心汉语失去了对自我和世界进行形上思考的能力,而聂尔蛰居太行一隅,二十年如一日,以其超然而又诚挚的写作,淡定而又执着的态度,凝视着瞬间并体味着永恒。正如作者所言,我们生活在一个前所未有的时代,这个时代出现了全民共谋的格局,“高贵与卑下、道德与羞耻、罪恶与欢乐、反抗与投降,以及更多的文化的与政治的沟壑都被一一填平”(《大众文化,我们的处境》)。在这样的时代,庆幸还有这样的写作，持续地为我们发现、守护、聆听、并拯救着生活的诗意。他“谦卑而孤傲，狂热而冷漠，执著而叛逆，愤世嫉俗却又心地澄明诗心洒脱，默默地蛰伏却又不甘寂寞”[1]，被命运嘲笑也嘲笑着命运，像璞玉一样深藏却散发着石头一般质朴的光芒。他温热而又冷静的笔触，明亮而不耀眼的光辉，将引领我们不断地发现汉语本身的纯粹之美，深入汉语世界的存在之思。

（原载《当代文坛》2012 年第 6 期）

〔1〕 张佳惠：《上党文化与晋东南作家群》，《晋东南师专学报》2003 年第 4 期。

# 大雅大俗刘震云

刘震云无疑是一位由纯文学、先锋作家出道，又涉入世俗很深，同时不管是在市场还是在庙堂已经做到雅俗共赏的作家。他的作品在精神气质上的冷硬和荒寒与苏童、莫言、格非等作家不相上下，但有别于大多数先锋文学的主题晦涩和曲高和寡，他是一位一直走在时代前沿、写作既很新锐又很及物、通俗易懂的作家。他在精神上的深度思考、举重若轻和沉痛隐忧直追王小波，而他的语言不避俚俗、喷涌而出、喜闻乐见让人想起与俗世沉浮的“侃爷”王朔。从《塔铺》《新兵连》开始，刘震云以其独特的生活叙述视角冲击文坛，一路走来，不断受到人们的关注。《一地鸡毛》成为最鲜明的时代感受，而《手机》和《我是刘跃进》则被拍成了电影。自刘震云的《手机》之后，人们才发现新媒介时代混杂着消费主义意识形态已经开始日用不察地重塑人们的情感和生活。

刘震云的小说最大特点在于他的敏锐，他总能紧贴时代生活，准确地把握时代脉动，一语中的地揭示出人们日常生活表象背后最本质的东西。无论就知识学养还是就观察生活的广度和深度而言，他都是这个时代最优秀的作家之一。甚而几度被摩罗称为是我们时代的"大作家"，对这样的作家，其写作直面的黑暗和笔锋的犀利直追鲁迅，我们应该不吝我们的赞美，这样一个时代的精神才有了明确的坐标[1]。当然，刘震云同时也是我们这个时代最成功的作家之一，曾经以180万元的版税收入，荣登2009第四届作家富豪榜，比较顺利地实现了文学与影视、孤独的写作和热闹的市场的结缘，在大众文化和纯文学两个领域双向出击，共融互渗，虽然引来了不少的争议，但也同时给他带来了巨大声誉和影响力。与此同时，他的深度介入世俗并没有影响到他在纯文学领域的精进，2011年8月，他的新作《一句顶一万句》在61位资深评委锐利目光注视中从187部作品中脱颖而出，成为荣获第八届"茅盾文学奖"的五部重量级作品之一，并通过新浪微博网上投票被评为五部茅奖获奖作品中最受网友欢迎的一部。

这样的写作既先锋又不避世俗，成功实现了雅俗共赏，名利双收。古来圣贤皆寂寞，而那始终活跃在人们视野之中的圣贤需要更高的修围。追寻刘震云的创作道路，既可见作家个人成长乃至日趋成熟的历史，也见证了作家身后这个时代文学气候与精神总量此消彼长的历程。这里我把刘震云的小说大体上按发表时间先后和题材分为生活故事、故乡历史传奇、故乡生活传奇和都市传奇四部分，来探讨其作品在内容和艺术形式上的先锋探索及其利弊得失，以及在深度介入世俗之后大众文化和文学市场对作家创作的双面影响，从而发现并审视作家是如何成功地实现了雅与俗之间的微妙平衡，并使二者互搏共济，共同展示当代世情和中国心灵的。

## 一、俗表雅里：世俗故事里的卑琐生存

刘震云自1982年开始创作，1987年后到九十年代初连续发表了《塔

[1] 摩罗：《冷硬与荒寒——中国当代文学的根本特征》，《南方文坛》1999年第1期。

铺》《新兵连》《单位》《官场》《一地鸡毛》《官人》等小说,这些作品基于生活,时代的投影比较浓,留下了写作者一路奋斗经过的足迹,兵营、考场、单位、家庭、官场、市井,生活细节丰富,结构紧凑精致,我将其统称为“生活故事”。这些小说总有一个关于主人公命运的固定视点,写生活的冷面和残酷,成长的挣扎和苦痛,因此既是新写实主义的代表作,在一定程度上又可以看作是成长小说,这是一个人眼中二十世纪七八十年代中国城市和乡村的社会风俗画,它揭示了一个农村青年认识社会、适应社会的心路历程。

这些作品在有意无意中也与上世纪八十年代启蒙文学理想同步而行,笔调带着那个时代青年特有的感伤和纯情。此时的作者还没有感染先锋文学常见的“真善美感受贫弱症”[1],在“我”眼中打猪草回来的复读女孩李爱莲投在河岸上的背影是美丽的,尽管这个“她”也许原本貌不惊人,然而艰难的青春和苦涩的初恋赋予了她在“我”眼中独特的光彩。此时的“我”还会为一段爱情刻骨铭心涕泪滂沱,还会有带着“我”和“她”两个人去上大学的沉重和负疚。与同时代“苦涩青春”题材如路遥的《人生》等作品相比,《塔铺》和《新兵连》中的“我”较早的注意到生存残酷的一面:在那些年纪轻轻的复读生和思想稚嫩、欲求上进的新兵中,也存在着勾心斗角和生存竞争。作者敏锐洞察到这一切并以特有的理性和宽容理解了这些人性挣扎。

八九十年代之交,那个新兵连中的新兵和历经复读磨难的农村青年来到城市,在大学毕业后成为《单位》和《一地鸡毛》中的小林。小林作为单位的新职员和往上挣扎奋斗的“小人物”,没有王蒙《组织部里新来的年轻人》那样满腔理想主义豪情,他像大多数九十年代青年一样有点聪明、

---

〔1〕 李建军:《尴尬的跟班与小说的末路——刘震云及其〈手机〉批判》,《小说评论》2004 年第 2 期。

颓废，也有点刚踏上社会的落拓不羁和正直。他刚来单位就在办公室大大咧咧吃喝宴请同学，对想发展他入党的女老乔直言“目前我对入党还不感兴趣”。而在混迹几年之后他终于发现了房子、工资、福利、子女入学等一系列生活质量问题都和入党提干有关，他必须弯下腰去，学会打水、扫地，学会见风使舵，学会在办公室复杂的人事纷争里夹着尾巴做人。总之，这类小说写单位、家庭、官场底层“小人物”的人生百态，充满了人间烟火味的气息和一地鸡毛的感动，在普普通通的日常生活里撕开世相的一角，让人瞥见那存在的虚无本身。这些生活故事表面上看是世俗的，但是其背后的主题探讨却充满了先锋精神——写出了现代人孤独、破碎、流浪的人生体验。如果说乔伊斯笔下的布鲁姆是现代爱尔兰的尤利西斯，那么刘震云笔下的每一个平凡小人物也都可以看成是中国的布鲁姆，他们每一天的心灵历程都有史诗一样悲壮而又表面波澜不惊。他们总是对生活充满了柔弱和必要的谦卑，并在谦卑中曲线地抗争。这些人物很少有反抗环境的悲情，而是容易为现实所塑造，刘震云写这些小人物无奈的生存困境和短暂成功后卑微的喜悦，试图说明这样庸常的人性和人生，就是生活的常态，就像我们自己。

刘震云同张爱玲一样，由衷地热爱这样庸俗的市井生活，并擅长于日常无聊中发现生活的趣味，他那深爱卑琐又玩味细节的描写和对人性幽微的深入刻画在精彩处堪比张爱玲；他的笔端对世俗小男小女生存奔波挣扎所寄予的讽刺、揶揄和感伤容易让人想起钱锺书。当余杰著文批评刘震云用“一地鸡毛”压垮了人们的精神时，刘认为这是因为对方并没读懂他的作品，实际上他真正欣赏这样的日常生活，并且把灰色人生中的“小人物”看成自己心目中的英雄。他认为人们在菜市场上讨价还价，买卖双方为几分钱争来争去然后谈成获胜，这就体验出他们活着的趣味。在作者看来，这几乎就是一种生命的辉煌。在这里他找到了生命的支点，从这个意义上讲，“一地鸡毛”未尝不可叫做“一地阳光”。由此可见，作者本人对现实生活与权力纷争中的人性除了给予真实的呈现和悲悯地宽宥外，还在教会我们认清并认同这就是生活本身。他像鲁迅一样正视了现实中的屈辱、黑暗和卑琐、无聊，直面这样惨淡的人生，但依然不会让读者因此感到宁愿弃绝。如果现状无力改变，抗争是一种勇气，妥协也是一门艺术。活着不会太好，只是恰如其分地好。像小林夫妇忙里偷闲在街边一起吃一碗炒肝，或者回家用烤箱烤几块白薯一样。但因为有这样的“小美好”，生活仍然值得认真来过。刘震云此类生活故事以新写实主义的世俗生活为其表，以存在主义的人生状态探讨为其里，世俗选材和先锋精神并行不悖。

## 二、亦庄亦谐：先锋叙事中的价值探寻

二十世纪八十年代中晚期一直到九十年代以来，理想主义的激情开始让位于功利主义的算计，启蒙理想红旗半卷，商业大潮汹涌而来。文学的现代性诉求也开始显得过时，各种“后学”思潮和差异身份政治开始进入人们的视野，刘震云也在此时调整写作进入新历史主义和后现代主义的乡土历史叙事，我将他的这一系列以故乡历史记忆为背景的小说统称为“故乡历史传奇”。其中《头人》《温故一九四二》和《故乡天下黄花》发表在九十年代初年，基本是在口述历史和生活真实的基础上进行比较严肃的历史小说写作，借用新历史主义解构官方历史的宏大叙事，恢复民间个体肉身叙事的小历史，我称其为“严肃历史”小说。而《故乡相处流传》和《故乡面和花朵》则以多种视角进入万花筒般的多重历史时空，驰骋于想象与幻境，人物景象光怪陆离，充满后现代的反讽精神和杂语喧哗的文本狂欢，我将其称之为“戏说历史”小说。正如一位批评家所言：“先锋是每个时代自由生长的成果，任何新的形式都是从作家内心和艺术内部自然产生的，它不可预设。形式革命不仅是一次美学革命，更是一次内心的革

命。任何因外在诉求不触及内心的先锋都是伪先锋。这个界限是非常清楚的。否则我们就难以区分什么是真正的革命,什么是恶作剧和哗众取宠。”[1]不管是新历史主义还是后现代主义,都有异于传统叙事策略,体现了真正的先锋技法和先锋精神。

刘震云的严肃历史小说也正是时代思潮和作家内心精神生长的产物。九十年代以后人们对以往正统意识形态的宏大叙事和八十年代理想主义普遍产生怀疑,更多的人开始走向民间,发掘民间的口述历史——小历史。而《温故一九四二》就是在大量的县志、当年的旧报纸、杂志和民间当事人的回忆印象基础上叠加出来的历史叙述。作者试图带领我们走进一个为人们所陌生的但又曾经切实存在的民间。我姥娘一句“饿死人的年头多得很,到底指的哪一年?”包含无尽阅世的沧桑,因为在这位九旬老人的生命记忆中,实在不只是一九四二过得如此难挨。正如福柯所言,历史只是一种权力话语,官方与民间,从来就是两套思维和两种生活。一九四二年镶嵌在第二次世界大战中国战场的历史背景中,饿殍遍地、灾民千里,三百万人在扒火车、躲战火、逃难饥荒中死去。在抗战的大棋盘中灾民成为弃民。小说的叙述人“我”带有双重身份,一方面是灾民的后裔,带有历史加之于我的沉重梦魇;另一方面“我”是“他们”生存的外来介入者和调查者,将他们无名的历史带入被命名状态,唤醒沉默的大多数人存在的尊严。这个“我”同时也是那些远在一九四二年就为民请命、奔走呼号的中外记者在精神上的继承人,虽然“我”对精英意识和知识分子拯救情结比较警惕,行文故意玩世不恭调侃历史,但在故作轻松的口吻背后我们仍能感到他的沉痛隐忧。

应该说刘震云的严肃历史小说继承了这样一种知识分子的关注视角,在大量故乡实事的基础上展开历史叙事。《头人》在乡村微观政治中,

---

〔1〕 谢有顺:《先锋就是自由》,《北京文学》1999 年第 5 期。

破解中国几千年“官本位”社会权力的本质、形成、异化和更迭的密码。而《故乡天下黄花》几乎可以看作是《头人》的扩写，作者依然聚焦于乡村社会中两大家族的“头人”权力之争，并以此影射人间一切权力关系。一般家族小说如陈忠实的《白鹿原》和张炜的《古船》往往用家族斗争的话语置换掉阶级斗争话语，然后着力弘扬民间儒道、正义、古风犹存的一面，而《故乡天下黄花》却以彻底的否定导向了价值虚无。在这里权力之争是如霍布斯所言“一切人对一切人的战争”。善显得如此孱弱，恶几乎不屑隐藏。故乡正是天下的缩影，黄花是美好的，然而岁月的尽头却没有温暖，只有荒凉。作者以既可悲又可笑、时而调侃时而严肃的口吻，透视近现代史四个横断面下一个乡村的巨变，揭示翻云覆雨历史变幻中丑陋复杂的人性，在历次政治斗争中胜出的都是最善于利用和收割人性之恶的人。官方历史冠冕堂皇的宏大叙事遭到了无情地解构和反讽，而乡村权力之争中呈现的价值虚无一览无余。刘震云冷静、客观而不动声色地写乡村权力之争背后的血腥和暴力，在肮脏的历史交易和权力角逐中，没有人可以幸免，没有人可以有尊严有坚持地清白地活着。《故乡天下黄花》的叙述人剪灭了八十年代还曾残存的纯情，也失去了《温故一九四二》里仍有的愤怒，作者确实和鲁迅一样跳出了“瞒”和“骗”的悲剧循环，但同时也有一种难以言说的无望和悲凉。历史怎样走出这样一个悲剧的循环？人性怎样走出人肉飨宴的怪圈？作者没有为我们指出任何出路。刘震云的小说确实是彻底的反乌托邦小说，他让我们看到理想主义是虚幻的。

《故乡天下黄花》文本中弥漫着一种宿命的感伤，残忍的智慧，文字在冷僻中含有血的温度和热力，整体带给人们的仍是严肃的历史思考，并有一种荒凉残酷的美感寓于其中。但是从《故乡相处流传》开始，一直到两百多万字的《故乡面和花朵》，作者的风格大变。一是开始从写结构紧凑的中短篇转入长篇叙事；二是写作开始离开真人真事的生活驰骋于“喷空”和想象；三是开始由新历史主义的严肃转向后现代主义的嬉皮，由写庄严的历史走向写谐谑的历史。应该说在九十年代当代作家集体转入长篇写作是时代压力的产物。九十年代末,正当盛年的中国当代作家群体经历了失学和回乡的漫长历程,然而市场经济的大潮滚滚而来,通过个人奋斗重新立于文化庙堂的精英们本能地感到自己的时代已经不再。正是“一万年太久,只争朝夕”的精神,使作家们在1998年前后都开始披起战袍炮制巨幅长篇小说。长篇可以打破生活对创作的拘束,驰骋于上下五千年,纵横九万里的想象空间。作者在谈到由基于生活到驰骋想象创作这个转变时曾经说过,打通想象就像接通了普通人通向精神世界的阳光。而事实证明,人们却很少能从《故乡面和花朵》中找到类似“阳光”的阅读快感。文本光怪陆离的外表更容易让人想起《古今大战秦俑情》那样通俗剧的噱头,而变了质的故乡面乡土叙事和后现代的恶之花相结合常让人有不伦不类之感,这种拼贴的后现代景观拆毁了历史的同时也似乎逃避掉了最近的现实。人们很少按照通常的阅读策略从这里找到作者想要表达的东西,作者试图用“同性关系”隐喻当下的平权差异政治吗?答案似是而非。《故乡面和花朵》中除了随处可见的古典主义心理描写仍可见新写实主义刘震云描摹世相的功力外,大多数时候作者换上一副嬉笑怒骂的面孔,把历史上民间文化和当代同性关系这一后现代景观杂糅并置,通过民间话语狂欢的哈哈镜来透视历史,于是历史变得荒诞不经而又令人哭笑不得。作者在古今交错、人物情节光怪陆离中引入多个叙述视角,这极大地挑战了读者的阅读趣味和忍耐力,以至于有人把《故乡面和花朵》看成是胡言乱语、让人难以卒读的小说。

《故乡相处流传》中作者也确实将后现代的先锋叙事践行到了一定的限度。在官方与民间、高雅和低贱、圣洁和猥琐之间,也许并没有严格的界限。不可一世的西太后的前身也不过是个柿饼脸的民间姑娘,而大名鼎鼎的太平天国英雄陈玉成也不过是个从小失去父爱带着弗洛伊德式精神创伤闯天下的草莽少年。甚至于叙事人“我”的身份更为可疑,第一段中我在曹丞相身旁,是个为丞相修脚的弄臣;同时“我”还是写字的小刘,是这段历史的记述人。“我”和权力的这层关系很好地隐喻了九十年代知识分子的自我矮化和犬儒,知识分子不再以人文主义者和理想主义者的面目自居,像赛义德所说站在权力的对面,而是摇身一变成为权力的附庸。人们一般认为有两类作家,像韩少功、史铁生那样的精英知识分子探讨启蒙理想、社会正义和人文精神;而像王朔、王蒙、刘震云这样民间立场的作家正视人的欲望,不避世俗,以幽默和反讽笑对人生。《故乡相处流传》《故乡面和花朵》有鲁迅《故事新编》的冷幽默和荒诞色彩,也不乏勘破虚无、解构崇高的后现代精神,于真假虚实之间来表达复杂的人生体验。“我把庄严的历史庸俗化,我惭愧的一笑。”[1]作者去除了知识分子居高临下的优越感,真正像中国历史上这些流民、游民一样平视历史,民粹得更为彻底。然而同是戏说历史,《故事新编》将古代的英雄降为凡人,但仍然有精神的矛盾、挣扎,孤独,焦虑,有一个主体精神成长的过程。而在刘震云的戏说历史小说中没有这样单一的精神人格的成长,只有群像,没有个像。所有的人都像蝼蚁一样自私生存、自生自灭。过于寓言化的写作造成了对现实感的损伤。作者在前期严肃历史写作中建构起来的深沉历史感为后期戏说历史中的反讽和冷漠所取代。一庄一谐,恰成鲜明对比。不管作者最初的出发点是想追杰姆逊还是福克纳,大多数读者的阅读习惯显然赶不上作者变幻的步伐。过于先锋的形式承载不动各种“主义”和精神,于是走向了落寞和孤独。

## 三、亦雅亦俗:广漠大地上的人生悲歌

如果说刘震云小说的生活故事系列显示出了他品味世俗、审视人性、

〔1〕 参见刘震云:《故乡相处流传》,人民文学出版社 2009 年版。

面对存在的独到眼光，其历史小说在先锋叙事中既重建又解构精神价值，反写历史中的权力和人性，洞彻了历史的深邃荒凉，那么他的小说《一句顶一万句》就是这二者的一个合题。它既写的是生活故事，同时主人公的遭际又穿越上个世纪一百年的历史。他写的仍是故乡人物，但是不再是故乡的历史传奇，而是故乡的生活传奇。他着重不在诠释历史，而是探讨人心。他走进了这些贩夫走卒的精神世界，在这些普通人的心中，发现我们常说的“孤独”。因为孤独，人们在大地上奔走寻找，却最终陷入命运的轮回。故乡生活传奇《一句顶一万句》有别于故乡历史传奇《故乡天下黄花》，它不再彻骨荒凉，而是增添了精神上温暖的底色。通过对乡土中国复杂人性和人情精微的刻画，作者让故乡人在庸常的生活中，在荒凉的人世，面对本体的孤独，寻找灵魂的温暖——一个说得上话的人。

就“孤独”的体验来讲，是一个现代性的主题。它与主体性联袂而来，确切地说是因为有了主体自觉反思意识才有了孤独感。在大多数文学作品中，“孤独”成为知识分子精英的精神特权，比如在鲁迅的《故乡》里，闰土的生存只是麻木，谈不上孤独；而《祝福》里的祥林嫂处处倾诉，死于不被理解和内心孤独，然而这种孤独在她却处于无名状态。《一句顶一万句》的主题就是在写乡村的孤独和情爱(包括友爱)。每一个人都在茫茫人海终生寻找，那个能说上话的人就是愿意了解自己并能够了解自己的人。“酒逢知己千杯少，话不投机半句多”，这是中国古老的知己情结。无性之知己是为挚友，有性之知己是为爱人。故事没有大悲也没有大欢，作者以一种不紧不慢的节奏和朴素平白的语言进入这些普通人的日常生活。

这是一个乡村百年的心灵传奇，虽然我们在描写生活背景处如上部中的铁冶场、火车，下部中的拖拉机和美食城等，隐约可见时代的影子，应该是自民国以来至改革开放以后的事情。然而历时百年，从老中国写到新中国，作者却刻意滤掉了“大历史”的痕迹，而执着于人物心灵深处的

“小历史”。对于吴摩西来说，也许解放军入城并不比丢失继女巧玲更是一个“事件”。作者规避了“大历史”中显见的暴力和争斗，而写人心中的暴力和冲突。历史中的暴力实际上来源于人心中的杀机，而这样的杀机在普通人那里并不罕见。其实每个人都在心里杀过人，不管是老实巴交的吴摩西还是剃头的老裴。每个人无意中成为别人的心结，又于无意中会解开这个结。杨百顺在寻仇途中看到一对“狗男女”吴香香和老高相依为命、一起分吃一块烤白薯而又有说有笑的情景时，他放下了心内的屠刀。“吴摩西降不住吴香香，老高降得住吴香香。这就不是一个把谁杀了能了结的事。就是把人杀了，也挡不住吴香香跟吴摩西不亲，跟老高亲。他们骗了吴摩西，但没骗他们自己。”〔1〕这以后，他再一次面对了自己的精神危机。以往的杨百顺每换一种职业每到一个新的地方都会换一个名字，从杨百顺到杨摩西，再到吴摩西。但这最后的一次出走与以往不同，他在被动寻仇的路上不仅放下了执念而且丢失了唯一能跟自己说上话的继女巧玲。不该去找的，他找到了，却没有意义；不该丢失的，他丢失了，以后不知如何过下去。在自己的过去与未来之间，出现了一个断裂，当过去的一切坍塌而新的精神支点无以建立的时候，无论爱恨穷达，他都不愿意再回去。他离开了延津，去异乡隐姓埋名，变成了小时候一直羡慕的喊丧人“罗长礼”，并以这个名字无声无息地客死他乡。“喊丧”喊出的是幸存者穿透寥廓长空面对生死之隔的无奈和苍凉，罗长礼之于童年的杨百顺，一辈子只是一个无尽的梦境，是一个理想。曾经像梦中明亮的灯火指引他的心灵，而在这灯火破灭之后又带给他无尽的感伤。“喊丧”喊出的是乡村生命长长的咏叹调，那里面有被抛入人世的流浪、破碎和深处孤独。

《一句顶一万句》的精神深处仍然是一个存在主义的命题。海德格尔

〔1〕 参见刘震云：《一句顶一万句》，长江文艺出版社2009年版。

(Martin Heidegger, 1889—1976)认为我们每一个人的生命都是一次偶然的奇遇,我们被抛入"此世"无谓地挣扎,承受命定的"欠缺",体验各种厌与烦,接受命运带给我们的罪与罚。那个几经命运流转带着一脸悲情嫁入杨家的富家女秦曼卿,因为缺了一个耳垂献身于对人生缺憾的承担和对世俗的反抗。在另一位更现实的存在主义者萨特(Jean-Paul Sartre, 1905—1980)看来,每一个人的人生不仅是命运的赐予,也是主体在各种"处境"下现实选择的结果。被逼无奈的吴摩西能在遭受姜家欺凌时拿起刀子,在可以面对背叛者动刀时放下执念,都是具体情境下的选择,正是这些选择让他历经生命坎坷却没有成为一个杀人犯。《一句顶一万句》也在加缪(Albert Camus, 1913—1960)的意义上承受人存在的荒诞,并且寄托于心灵的救赎。传教士老詹代表着对"他者"文化的想象,然而他在世俗人生中的存在是悲凉的。为了获得割竹篾的饭碗短暂依附在他身边的杨摩西代表了故乡人对待宗教救赎的实用主义态度。我的乡民奔走在现实人生的路上,离彼岸救赎还很远很远。他们寻求的是人和人的交流,而不是人和神的对话。在和西方文化的嫁接失败之后,延津人的精神世界与本土文化传统的关系也是疏离的。那个西走出关的老汪是最后的儒生,只有长歌当哭、空寂千古的绝唱伴随他的伤别离。在肤浅世俗的人生中感情深挚的人注定孤寂。像老詹一样,他也是这个世俗社会里的理想主义者,如鹤立鸡群一样和周围的人生格格不入。虽然他在文中不过惊鸿一现,然而他的沉默或讷于言却是对这个杂语世界无声的反讽。

《一句顶一万句》表达的是存在中的荒凉和孤独中的温暖。但是遗憾的是作者对广漠大地上流泻的悲情并没有深挖精神根源。小说真正坚持了一种平民的世俗立场,它并没有试图说出关于情爱的超越真理,只是找回无数个世俗的故事。它在这些重复的故事里发现命运的轮回,见证一种交往的理性或者非理性。最终纠结在那些爱恨情仇里的,是一种语言的本体论——在家长里短、恩恩怨怨的现实人生中,对话和交流占有多么重要的位置。它的题材很像“三言二拍”那样的市井传奇，上下两部结构主线是两个寻找“潘金莲”的故事。于这样的市井故事的“大俗”之中，他写出了“大雅”——普通人日常交往中的心灵歌哭。芸芸众生也有爱有恨，并不比知识分子精神含量少，但《一句顶一万句》并不试图超越他的主人公的身份和思想水平去追问爱情。因此在主题探索上也并没有走进现代情爱和性爱纠葛的核心，相较而言周国平的哲理散文和史铁生的《务虚笔记》探讨得更为深入。作者对大地上的男女私奔持另类的合理化解释——不是主张解放原欲，而是主张认同缘分。有缘千里来相会，无缘对面不相逢。他们的爱情与任何历史背景、现实经历、家庭因素和生活理想无关。只有男人和女人，只是往古和来今。这些男女的精神性生存因远离世事沧桑而显得缥缈。作者放弃了精神的标杆，而让男女相交结合的合理性归因于交往行动本身，因有话说而相爱，同时又因相爱而有话说，实际上等于陷入了一个倒果为因的循环论证。毕竟“私奔”只是表象，其背后有更深层的社会原因和个人原因。不去追问，既可见刘震云彻底的平民立场，同时也在一定程度上削平了爱情的深度模式。

除了平民立场在这里是一柄双刃剑，呈现出它亦雅亦俗的双面效果，规避历史也是如此。在《一句顶一万句》中作者用“去历史化”的书写刻意抹去了战争、革命、灾难、瘟疫这些“大历史”的痕迹，从而以平常心走进百姓生活和个人心灵的“小历史”。他们都是普通人，不管是县长、地主、教书先生、生意人、手艺人还是富农，这里只有人与人赤裸裸的相见，没有那么多大是大非、上纲上线的历史和阶级斗争。刘震云自觉地用民间视角看待历史，他是一个倾听者，只是转述这个大地上岁月里日日发生的平常故事，每个人身后都是一部传奇，既平白如水又情韵悠长。因此这是一本无历史的贱民的个人生活史。这样写固然可以使“小历史”变得更有人性，然而付出的代价是——有时会让历史感沉重的中国人产生错觉：仿佛在过去活过的岁月里，艰难的生存不是主题，扭结的情爱才是主题。在历经七十年跨越两三代人的命运轮回中，读者很难从回到延津的牛爱国身上，找到有异于他外祖父吴摩西出延津时任何新的精神因子。他们像群氓在大地上奔走，除了他们的营生，就是他们的爱欲。他们的生活中没有其他任何的东西。他们始终是单子一样的单个男女和单个家庭。从解放前到包产到户后，再到新时代，几乎跨越多半个世纪，他们一如昨日在懵懂混沌中生活，没有发生过政治运动，没有加入过公社劳动，外在环境、社会制度和权力样式对每个个体命运的投射也微乎其微。把历史的维度从人们扎根的大地上抽离，不管是有意的超越，无意的盲视，还是刻意的规避，都既成就了作者彻底的民间视角，同时也在一定程度上削弱了传统现实主义能够带来的具体丰实的美感。

## 四、由雅入俗：现代都市中的众生传奇

新世纪刘震云的写作不断面向时代华丽转身，一方面他的都市传奇系列继承了八十年代写小人物琐屑生活故事的传统，选材不避市井和世俗，言语通俗甚至俚俗，并随着生活阅历的增进，把目光投向城市生活的各个方面、各个阶层和各个角落；另一方面他这一时期的作品如《手机》和《我是刘跃进》等等在故事情节安排和叙事节奏、语言表达上又主动和影视靠近，这两部小说和影视的积极互动使他成为较早一批“触电”和“触媒”的著名作家。作为一个先锋作家，如此深度介入世俗，人们对此褒贬不一。在一个消费主义甚嚣尘上、纯文学步步退守的时代，刘震云是抵制不住商业诱惑因而自觉服膺市场潜规则开始“媚俗”了？还是以开放心态顺应时代潮流做出了一个明智选择？显而易见，前者的理论预设是纯文学和大众文化受众市场的对立，而如果持后一种看法的话，我们就能理解像刘震云这样的作家自由出入于大雅大俗之间的个中理由，因为雅俗两

个文学市场是可以兼容共济的。如果作家能够调整自己的写作同时面向这两个市场的话,很有可能得到双赢。

关键是双赢的前提也必须是二者之间的一种调和和拉平,从一定程度上来说,要迎合大众趣味就不得不部分削平文学的深度模式。刘震云的"由雅入俗"一方面以他有深度的小说原作提升了通俗文化市场的品位,另一方面难免也在一定程度上损害到原有的文学追求。因为他在创作中可能有意无意考虑影视剧本的需要,造成的结果是新作中对白和情节越来越多,而人物心理刻画和景物描写越来越少,这或多或少损害了《塔铺》《一地鸡毛》时代的刘震云曾带给人们的文学美感。如果从雅俗文化互动的角度来审视刘氏的文学、影视两栖文本,"媚俗"之说确实也并非空穴来风。《手机》的文本写在电影《手机》之后,确实渗入某些轻巧谐趣的冯氏智慧和冯小刚"贺岁片"的对白风格。然而冯刘得以联手的基础却不仅仅是市场,也有他们共同的趣味。他们都有深爱市民生活的眼光,都喜欢表现世俗生活中小男小女小人物,都长于在老百姓琐屑的生活细节里发现这些"小美好"或"小纠结"。这是日常生活最原生态的东西,应该说这对作家和艺术家来说是一个很难得的低调、亲民的立场。他们还有一个共同的特点就是善于抓住一个时代生活中最本质的可供延展的话题。没有电影《手机》,现代都市人的情感世界已然纷纭复杂,但是大家都没有自觉意识到这和手机有如此密切的联系。看到严守一的手机最终成为罪魁祸首,人们才幡然醒悟:那些有"手机控"人都是和严守一一样时刻牵挂着一个不在场的恋人。手机承载的是缺席的对话,它拉近了现实生活中人们之间的距离。在手机的时代,人们进入了一个"后情感"社会,没有深度的追问,只有无尽的漂浮。在各种虚拟情感、泛情感和伪情感之上戴着面具生活。有一说一的"真话"和"真心"成为不可能。影视文本《手机》是一个男人和多个女人的多角情爱故事,那些周末看电影的都市男女愿意把自己的世俗沉沦归因于一部手机;而小说文本《手机》则有意凸出了反思现代性和都市文明的主题——变成一个农村青年在城市中逐渐丧失自我和道德灵魂的故事。在文本末尾，严守一在奶奶坟前痛哭流泪，然而手机之被烧掉却未必能确保他获得新生。该小说在手机的问题上能洞见男女情爱表象，但是和后来的《一句顶一万句》一样，并不追问深层缘由。手机不是男女堕落的元凶，只不过是个方便的工具，充其量只能算个帮凶[1]，而外因（物，手机）是通过内因（人）起作用的。抓住手机以展开叙事线索来反映现代都市情感生活是两位市民艺术家的洞见；然而揪住手机不放，止于手机所代表的物质文明批判，不向手机背后的人心世道深处挖掘，却让我们看到他们共同的局限。

尽管《手机》有种种缺憾，在 2003 年首映后其上座率依然可观，该文本并在 2010 年进一步被改编成了电视连续剧。如果说在《手机》的合作中剧本和小说雅俗两个文化文本还处于磨合期的话，2007 年发表的小说《我叫刘跃进》和 2008 年出品的同名电影则配合得相当默契，并收到了雅俗共赏、相得益彰的效果。小说带着刘震云特有的幽默和冷静，宽厚与温情。由刘跃进这样一个民工“厨子”丢钱包的小人物奇遇，走进当代都市生活的芯子，这是一只“羊”闯入“狼”群战胜“狼”的传奇故事。它有惊险侦探悬疑故事的各种潜质，也在语言和结构安排上继承了《水浒传》等古代白话通俗演义小说的传统。这是新时代的另类江湖，无论上流还是底层社会，人物对白江湖化，口语化，洗练而富有表现力。其主人公刘跃进身上既有江湖的义气，又有流民的老辣，兼有农民的质朴和骗子的狡黠。故事情节一环套一环，惊险而又扣人心弦，叙事节奏疏密有致，结构也是开放的。故事结局并不为了媚俗许诺给读者一个光明的结尾，比如让破落王子“刘跃进”和他的“发廊皇后”在故乡过上安静幸福的生活。神秘的瞿丽再次出现昭示着：生活里的斗争没有完结，日久常新，活着就要每天

---

〔1〕 赵勇：《从小说到电影——手机的硬伤和软肋》，《理论与创作》2006 年第 1 期。

时刻准备迎接新的挑战。狡黠而不失可爱的流民刘跃进成功地战胜了严格、贾主任以及曹哥、老蔺这伙人,却无意中最后栽在儿子手里。友爱是靠不住的,亲情和爱情也都有自私算计的一面。同时作者也没有忘记继续宽宥人性,不管对严格还是刘跃进都在讽刺中含有同情。“严主任并不是一个坏人”,他只不过像刘跃进一样被种种复杂关系推入一个险境只能坑人害己做困兽挣扎。作者以极尽生动之笔写出了官场中的生态,底层的人性,普通人之间的算计牵绊以及他们的灰色人生。

由刘震云编剧、马俪文导演的电影《我叫刘跃进》以紧凑的叙事节奏和小人物获胜的结局让人想起红遍全国的通俗黑色幽默喜剧故事片《疯狂的石头》。每年都有比《我叫刘跃进》更深刻的纯文学作品生产出来,然后被束之高阁,但是这一部不算最深刻的小说被拍成了电影,让更多的人们看到普通人生存中充满谐趣纷争而又荒诞无厘头的一面,它的正面价值是赞美小人物在危境中被激发出来的机智和勇敢。电影以民工主题扎根贺岁档,用“一个U盘引发的血案”做宣传,在2008春节前首周末铲钱千万,获中档投资影片最高上座率。这部城市题材黑色幽默电影可以说是打响了“作家电影”的第一炮,一时各界名流齐说“作家电影不简单”,它写了“赤裸裸的人生,又批了件喜剧的外衣”。这部电影既扛起了社会责任,写的是一般通俗电影不敢触碰的民工生活和反腐题材,同时又带着特有的刘氏冷幽默,精彩迭出噱头不断能给观众带来轻松会心的笑声。在这个意义上小说和电影都获得了巨大成功——通过电影媒介让好小说承载的深刻社会内容深入人心,雅俗文本互为补充互为延展共同创造了艺术生产力,并对这个时代的精神总量做出了贡献。像《疯狂的石头》《我叫刘跃进》这样的中档投资、幽默喜剧色彩的民生片,有别于顾长卫、贾樟柯文艺片的曲高和寡和张艺谋、陈凯歌国产商业大片的华而不实,既有社会责任感、老百姓又喜闻乐见,轻松背后有沉重,笑声里面有辛酸,可以说启示了一条比较好的国产电影发展道路。

电影的卖座率、电视剧的上映带动小说原作的销售，这对作者来说也是一个并不意外的收获。近年来刘震云在纯文学和影视文化两个领域双栖并进，频频出入于作家、批评家、导演、电影人之间，甚至在冯氏电影里客串镜头，仿佛真的变成了一个"俗人"。"媚俗"对于刘震云来说也许并不是一个贬义词，他和王朔一样不避讳谈君子爱财，取之有道，并且坦言自己并不是一个特别爱惜羽毛的人。文学与影视、文学与市场如果能够互搏与共济的话，那正是每一个现实中的人都想要的世俗成功，并没有什么不好。考虑大多数人的需求，坚持"写大众"和"为大众"写作，对作家来说似乎已经成为一个自觉的追求。在《一句顶一万句》获奖感言中，他坦然承认来自民间的读者认同是让他最惬意的事情，自己的作品获得网友喜欢比获"茅盾文学奖"本身更让他高兴。

以赛亚·伯林说过有两类作者，一类是刺猬型的一元论者，一生只盯着一个问题，执着而专注；一类是狐狸型的多元论者，可以关注多个领域有所建树，兴趣博而广杂。就学术、艺术人格而言，柏拉图、陀思妥耶夫斯基等是刺猬，而亚里士多德、巴尔扎克等人是狐狸〔1〕。刘震云并不执着于深度探求而是在洞彻虚无之后能与世沉浮，他是一位兴趣广泛而视野开阔的狐狸型作家。当然，他的"由雅入俗"也并不只是为了顺应大众民主时代、新媒介潮流和迎合文化市场的需要，而是和他一贯的平民立场有关。作为一个精英知识分子，刘震云写作中不是俯就的、而似乎是天然的民间立场使他和王朔一样，与喜欢提倡人文精神、鼓吹高调理想主义的"老师们"的审美趣味拉开了一定距离。这涉及作者本人对文学功能和作家社会角色的理解。通常人们认为，作家要对生活怀有古老的敌意(北岛语)，写作和阅读都是要人们善待自己的孤独(哈罗德·布鲁姆语)，作家应该和生活保持一定的距离才能更好地审视生活、批判权力。文学家

---

〔1〕 以赛亚·伯林:《俄国思想家》，译林出版社 2001 年版，第 27 页。

应该成为社会的良知，索尔仁尼琴曾经说过："伟大的作家可以说是国家的第二个政府。"但在刘震云看来，"索尔仁尼琴未必是一个特别好的作家。凡是想把文学当作一种工具来运用的写作，都会降低和减弱文学本身的魅力。文学不该承载太多的负担，只有回到文学本身，才会产生博大精深的作品。那种把文学当作工具的东西，一时也许会很优秀，随着历史的延伸，其价值会越来越小"〔1〕。"回到文学本身"就是要事先超越各种理念的宏大叙事，把对文学自主性的强调和文学永恒品格的追求放在第一位。

这和米哈伊尔·巴赫金（Ъахтинг, МихаилМихаЙлович, 1895—1975)的民间文化观不谋而合，巴赫金认为一个时代的民间文化才是真正在边缘中的主流，文学只有立足于民间才有源头活水。"文学作品要打破自己的时代界线而生活到世世代代之中，即生活在长远时间里（大时代里)"〔2〕。对刘震云而言，"民间文化是一片海，时代主导思想是礁石，海能淹没礁石"〔3〕。"时代主导思想"可能是官方文化也可能是精英代表的主流文化，而民间文化历经朝代更替延续千年，才是真正有力量的东西。精英文化总带着或多或少的自恋和自我优越感，没有以开放的心态看到众生在精神上最终都是平等的。在《土塬鼓点后》中来自法国的钢琴演奏家理查德·克莱德曼和李堡村民间敲鼓艺人奎生在表达生命感觉这一点上同样伟大。精英与民间，雅与俗之间并没有泾渭分明的界限。茫茫天地间，无所谓高低贵贱，大小你我，写出这片大地上更多人内心的荒凉和抒情，写出受读者大众喜欢的"畅销"和"长销"的作品，才是一个作家应该努力的方向。无论在雅文学还是大众文化领域，他都有信心在读者的喜

〔1〕 沈浩波：《刘震云访谈》，《东方艺术》1999 年第 2 期。

〔2〕 巴赫金：《答新世界编辑部问》，《巴赫金全集》（第四卷），河北教育出版社 1998 年版，第 366 页。

〔3〕 周罡，刘震云：《在虚拟与真实间沉思——刘震云访谈录》，《小说评论》2002 年第 3 期。

爱中确证和继续创造自身存在的价值。在大雅大俗之间，他已经获得了一种微妙的平衡。作为一位创作风格多变总能与时俱进的作家，刘震云无疑会在拥有更多读者的同时进一步突破自我，把对时代的思考和艺术的表达推向一个崭新的高度。

（原载《中国作家》2012 年第 2 期）

# 生活的强者、城市边缘人与“新新人类”
## ——当代知识女性文学形象的变迁

从二十世纪八十年代以来，中国在政治、经济、文化等各方面开启了现代化的进程。而现代性的体验对于城市中活跃的知识女性来说，尤为鲜明强烈。当代知识女性上承“五四”以来的启蒙精神，中借改革开放三十年春风化雨，内接自身独特的成长历程，其文化精神和城市精神一起成长，笔者认为当代女性文学形象大致经历了三个阶段的精神嬗变。

### 一、八十年代初张洁小说中“生活的强者”

张洁的小说在八十年代初对现代女性精神塑造起着不可忽视的作用。《方舟》中的女主人公，都是被正常的生活轨道抛出来的“大女子”，自尊独立，优秀刚强。她们是在改革开放之初、中国大地百废待兴之时，以个人全部的精力和热情，投入职业生涯的第一代知识女性。三个离婚女人，梁倩、荆华和柳泉，分别是导演、理论工作者和翻译，性格各异，职业经历不同，每个人身后都有着荡气回肠的故事。在她们身上，不仅承担着几千年来“女人是第二性”的这种传统因袭偏见，同时沉闷腐败的社会生活也给她们的生存投下阴影。因为对男人世界共同的失望，她们走到了一起。在这个“寡妇俱乐部”、以女性为主导的家庭中，唯一的男人就是柳泉没有成年的小儿子。

在当时的中国，“离婚”是一种和世界决裂的姿态。不管离婚的原因是什么，没能和男人世界达成应有的妥协，出走本身就意味着一种反叛。离了婚的女人，在时人心目中地位聊处于妓女和良家妇女之间。“一个离了婚的女人，不属于自己的丈夫，那就属于所有的男人。”〔1〕于是她们在社会上打拼，不管是上司还是生意伙伴，甚至帮点伸手之劳的陌生男人，也想趁机占点便宜；她们要自己扛面袋、换煤气罐，所有家庭力气活自食其力；她们的孩子在学校里要承受小朋友们的凌辱和围攻。张洁写出了她们内心的苦闷、孤独、挣扎和发泄。在个人情感支离破碎的世界中，三个女人用柔弱的肩膀，共同支撑起一个“家”，在寒冷的夜里互相关怀、取暖。既然没有人为她们遮风挡雨，那么自己含着眼泪，也要坚强。

因为走出家庭，她们把更多的时间和精力投注于事业。但是即便长得好看，她们也绝不以色相取悦男人获得事业成功，为此宁可多走弯路。她们是各个岗位上默默无闻的建设者，干着更多的活，挣着较少的钱，获得几乎没有的名；但无疑也都是生活的强者。她们在各自的职业生活中表现得既踏实又出色，在当时还不讲职业伦理的中国，作为较早的一代职业女性，她们以自身的知识、智慧和才情献身事业而无所求。如《乔厂长上任记》中的女工程师童贞，《人到中年》里的女医生陆文婷等，这一代女性用自身孤独奋斗的身影，诠释着自立的内涵。她们也许曾经有爱，但是由于种种原因爱而不能，只好在古老的爱情伦理边缘止步，终生默默地守

〔1〕 参见《收获》1982年第2期。

望,承受着孤独(《爱,是不能忘记的》);她们也许曾经为人所负,但并没有因此怀疑爱情,依然在内心用等待诠释着永恒(《祖母绿》)。男人带给她们的疼痛,社会带给她们的创伤,传统带给她们的重负,她们都合着生活的苦酒一并咽下。她们沉默坚强,细心柔情,在各个岗位成为时代生活的中坚力量。

在这一代知识女性身上,更多的不是女性性别意识的觉醒,而是独立自尊的人格的觉醒。她们有女性的敏感脆弱,更有知识分子的冷静从容。既然女人的名字不是弱者,要做生活的强者,就要勇于承担生命之重。她们的最高理想就是在男人世界中靠自我奋斗获得认同。她们也是真正意义上的好女人,虽命运多舛但内心渴望健康常态的人生,向往纯洁忠贞的爱情。这一代女性形象总体来说其精神位于传统与现代之间。对于传统道德,她们的态度是保守的,她们大多是现代的淑女,宁可痛苦一生不会越雷池一步去做情人。对于社会主流价值,她们总体上是归附的,以实现自我与造福社会为荣,因此她们的人生态度是积极入世的、健康进取的。她们发现自我,实现自我,而不过度自恋,张扬自我。

## 二、九十年代初陈染笔下的“城市边缘人”

第一代知识女性看上去很现代,骨子里却很保守。这种古典精神随着现代性的深入开始遭遇下一代人的反拨,九十年代文学中出现了与前辈完全不同的知识女性形象。八十年代知识女性都是普通青年,认同主流价值,而九十年代知识女性在文学中的形象,更接近于文艺青年,蔑视主流价值观,徜徉于幻想世界。她们叛逆、孤傲、忧郁、感伤,有着精神分裂症患者的一切前兆,蔑视那些容易和生活妥协的人。陈染笔下倪拗拗和黛二们脱离人群,逃离社会,是天生的城市“边缘人”。她们出身在优越的家庭,受过良好的教育,生活中也没有遇到过特殊的大风大浪,却因为敏感对生活绝望,对人世任何事情提不起精神。她们人在此世,而心永远“生活在别处”。陈染曾引用一位外国哲学家的话:“我们处在两个世界之间,一个已经死了,另一个无力出生。”〔1〕

如果说张洁的主人公是入世的,那么陈染的主人公就是避世甚至出世的;如果说1980一代知识女性是孤独的,那么到了1990这一代就不仅孤独,而且颓废;如果说1980一代女性精神是古典的,那么1990一代的精神就是浪漫的。如果说前辈人勇于承担生命之重的话,这一代新女性形象在于难以承受生命之轻——一种失重的感觉。在倪拗拗们的眼中,生活中的大多数人是那只愿意妥协的胖猫,而她们却天生是宁愿饿死的小麻雀。“沉思默想占据了我日常生活的很大一部分。在今天的这种‘游戏人生’的一片享乐主义的现代生活场景中,的确显得不适时尚。”〔2〕她们从异国到北京,从这个城市到那个城市,在城市与人际之间漂泊,似乎天生喜欢离群索居。像古今中外所有的“零余者”一样,手头无钱,心头多恨,愤世嫉俗而又曲高和寡。她们的感觉异常灵敏,灵魂更加精致。她们不肯与浊世同流合污,“为了防止失声叫喊,我们哼唱和倾诉;为了逃避黑暗,我们闭上眼睛。”〔3〕她们是天生的怀疑主义者,而非前辈那样的理想主义者。“我知道,被任何一种光芒所覆盖的生活,都将充满伪饰和谎言。”〔4〕她们像上帝遗落在人间的天使,或者披着隐修衣的现代修女,她们高度自恋和自闭,显得与周围世界格格不入。

尽管如此,她们与前辈八十年代知识女性并非没有精神上的联系,也许前者正是她们精神上的母亲。在陈染的小说《私人生活》中,“我”爱恋

〔1〕 陈染访谈:《性在精神上应体现美好和诗意》,《北京青年报》2001年2月13日。

〔2〕 同上,第7页。

〔3〕 同上,第1页。

〔4〕 同上,第4页。

的对象——优雅迷人的和寡妇的桌子上,放着一本《方舟》,也许不是偶然的。可以说陈染一代是读着张洁的小说长大的。如果说八十年代知识女性形象侧重人的觉醒,那么这一代知识女性,更侧重性的觉醒,尤其是女性主体意识和生活感觉的觉醒。《私人生活》的倪拗拗对父亲的世界绝不认同,在她看来父亲、公狗索菲亚·罗兰和 T 先生是一个物种,而保姆奶奶、母亲、和寡妇和“我”是另一个物种。父亲播下了生命的种子却以专制的方式对待家庭,而口口声声说爱我的启蒙老师 T 先生,带走了我的童贞,也带给我堕落的情欲和成长的阴影。与对男性世界的疏离憎恨相反,女性世界于我而言充满了温情。我同情奶奶的被驱逐、遗弃,对母亲充满了依恋,我也深深爱着从小到大伴我成长的和寡妇。这个不幸的女人有着贵族的血统,病弱、细腻、忧郁、深情,她以成熟女性的温爱待我,我是她寂寞人生唯一的伴侣,我的毛衣从小到大都是她倾心织就。她没有儿女,对男人世界绝望,我们相依为命,少年的我曾诚挚地表示将来愿意为她养老,这让她感动得泪流。在我长大之后,我意识到她的存在是上帝温柔的赐予,她仿佛一直就在那里等我长大,等着和我生死与共长相厮守,而当我终于觉醒想要在她那里实现灵肉合一的完美之爱时,她却在一场意外的大火中丧生。

几个月的时间,三个最亲密的人,我和这个世界相连的脐带,都被强有力的命运之手剪断。世界发生了变化,相爱的人在大风中失散,孤独敏感的“我”在这样的打击面前,几近失心而疯狂,于是彻底幽闭到一个自我的世界。

无疑,“我”精心构筑的感觉世界是唯美的、感伤的,却也充满了虚幻的、病态的色彩。它像温室中的花朵,无法面对真实的人间风雨。八十年代如火如荼的热情在倪拗拗的感觉世界里,只留下如烟如梦的迷茫,仿佛染上了一种高贵的洁癖,她以冷眼旁观的态度对待现实。时代像一列疾驰的火车,义无反顾地驶向未知的远方,那里容不下顾影自怜者的迷梦。倪拗拗们追求完美的爱情,但总是中途夭折;向往纯美的人生,而周围弥漫着难以忍受的龌龊,正如作者所言,“我”是一个残缺的时代里的残缺的人。

## 三、世纪之交卫慧小说中的“新新人类”

与陈染的主人公在精神上一脉相承,卫慧的“上海宝贝”也是彻底文艺范儿的,甚至带着新世纪的波西米亚风格。倪可和倪拗拗同姓,只不过陈染的主人公是这个世界执拗的不合作者,而卫慧的主人公早已经超脱到对一切无可无不可。她们不是弃世,而是玩世,是新世纪的弄潮儿。陈染的小说中有一股幽怨,在卫慧那里变成豁达。倪可的第一偶像就是大名鼎鼎的情色作家亨利·米勒(Henry Miller, 1891—1980)。作为上海这座现代化国际化大都市中的“新新人类”,倪可们既是文艺的,又是入世的,是前两代知识女性精神的合题。她们文艺而绝不感伤,相反却充满了娱乐至死的精神。

“上海宝贝”是真正都市文化的精灵,全球化时代消费主义的意识形态裹挟着每一个人卷入其中。咖啡馆、酒吧、歌厅,游泳馆,高级休闲交际会所,家庭假面舞会,生日派对,上海中产社会的俊男靓女们养尊处优,吃穿不愁,所剩的好像只有追逐爱情,挥霍时间。“我和我的朋友们都是用越来越夸张越来越失控的话语制造追命夺魂的快感的一群纨绔子弟,一群吃着想象的翅膀和蓝色、幽惑、不惹真实的脉脉温情相互依存的小虫子,是附在这座城市骨头上的蛆虫,但又万分性感,甜蜜地蠕动,城市的古怪的浪漫与真正的诗意正是由我们这群人创造的。有人叫我们另类,有人骂我们垃圾,有人渴望走进这个圈子,从衣着发型到谈吐与性爱方式统统抄袭我们,有人诅咒我们应该带着狗屁似的生活方式躲进冰箱里立马消失。”〔1〕

---

〔1〕 卫慧:《上海宝贝》,春风文艺出版社 1999 年版,第 137—138 页。

作为这个城市的“新新人类”,倪可们没有八十年代知识女性面临的道德压力和事业压力,也没有1990一代倪拗拗们因不合群而带来的不安全感和社交压力。相反她是天生的社交动物,如果没有性爱、没有派对,她便没有了灵感和激情。对感官享受的着迷让她醉生梦死般地合群。对于倪可来说,生命不会再是沉重的,因为她有能力让一切举重若轻;她也不会嫌世道肮脏,因为让堕落开出恶之花就是她的天性。她们吸毒、饮酒、乱交,享受瞬间的耗尽和感觉的迷狂。她们的生活方式充满了削平一切深度、游戏人生的后现代精神。

如果说张洁的主人公重在独立人格的觉醒,而陈染的主人公重在女性意识的觉醒,那么卫慧的主人公则更看重女性生命欲望的觉醒。世俗的人永远也不知道她“心中的恐惧,还有死也不会克制的欲望,生活对于她永远是一把随时会走火会死人的欲望手枪。”〔1〕在文化上,倪可和倪拗拗一样有着敏感精致的灵魂,她的父母是高级知识分子,她自己出身名校,熟读中外名著,听精致高雅的欧美古典音乐,出入于各种高级休闲会所和酒吧。也许她在文化上的激进和前卫不亚于苏珊·桑塔格。然而文化的先锋带来的却是行为的放纵。道德只用于束缚那些不能解释道德的人。倪可们把世俗道德看作保守的迂腐和平庸的恶俗。她们反对主流价值观,“把车子开得飞快又危险,在这种刺激的边缘纵情缠绵就像在刀刃上跳舞,又痛又快乐。”〔2〕在欲仙欲死的人间迷梦中,在浮世男女尽情交欢的床上,人间一切道德都被解构了。

倪可的周末派对召集的是“骨子里都很酷,为崇尚享乐与浪漫的死硬派。”〔3〕游戏规则所谓“1+1+1”是把一朵玫瑰献给自己认为最漂亮的人,把一首诗献给自己认为最聪明的人,把一个自己献给你认为当天晚上

〔1〕 卫慧:《上海宝贝》,春风文艺出版社1999年版,第149页。
〔2〕 同上,第148页。
〔3〕 同上,第126页。

最可爱的人，这是赤裸裸的精神和性爱游戏。钟雨们为之苦苦等待守望一生的古典爱情，倪拗拗们为之痛苦迷惘的灵肉合一的完美爱情，在这里都被弃之敝履，灰飞烟灭。中国人、德国人、美国人、前卫艺术家、IT 界的白领，各种肤色各色灵魂粉墨登场。仿佛张爱玲《沉香屑 · 第一炉香》里梁太太的家庭晚会。而梁太太摇身一变成了上海的马当娜或者倪可。葛薇龙当年对晚会派对的堕落尚有挣扎，而倪可们却主动出击乐在其中。也许倪可的骨子里就是一个知识分子版的马当娜。

倪可翻转了古往今来女人在爱情中的被动角色，一跃而居上位，成为现代性中的强势主体。她"野心勃勃，精力旺盛"，而男友天天则"沉默寡言，多愁善感"〔1〕。她爱天天，他们发自内心彼此欣赏，在精神上相互温暖。他们之间存在着一种超越肉欲之上的真实爱情。为了从海南毒贩子手中救出病弱的天天，她拿着巨款只身涉险，胆大心细，有情有义。她是一个真心的恋人，她明白自己对天天的爱，也明白自己在天天心中的位置。"如果你的左脚痛，我的右脚就痛起来，如果你被生活窒息，我的呼吸同样将会停止。"〔2〕但正如史铁生《务虚笔记》中的诗人 L 一样，她同时也是一个无可救药的好色之徒。在爱侣与情人之间，她过着灵肉分离的二元生活。按照昆德拉的解释，"同女人做爱和同女人睡觉是两种互不相干的感情，前者是情欲——感官享受，后者是爱情——相濡以沫。"〔3〕倪可把天天定义为爱情，把马克定义为情欲。和廖一梅《悲观主义的花朵》中的女主人公性道德观相近，倪可也认为和男人上床天经地义，不小心爱上某个男人才是耻辱。所以她刻意标榜自己和马克之间没有爱情，然而事实并非那么简单。值得注意的是，这种异国情调的情爱纠葛并不是卫慧一个人眼中的风景，在王安忆的小说《我爱比尔》中，艺术学院的女学生

---

〔1〕 卫慧：《上海宝贝》，春风文艺出版社 1999 年版，第 1 页。
〔2〕 同上，第 144 页。
〔3〕 同上，第 3 页。

阿三对美国人比尔身体的迷恋正可与此遥相呼应。

应该看到，上海宝贝不仅是浪漫的放纵的，也有进取的、认真的一面。倪可爱她的写作，为了天天的期许，也为了自我实现，她像八十年代知识女性一样懂得个人奋斗。就此而言，她的性格中一面是马当娜，一面是她的表姐朱砂。“朱砂和几乎所有的白领女性一样在端庄娴静的外表下藏着一颗敏感而丰富的心，她们往往对自己的事业恪守职责，一丝不苟，对自己的私人生活亦抱有很高的要求，她们竭力朝心目中的现代独立新女性形象靠拢，即自信、有钱、有魅力。”[1]如果说倪可的形象尚有些另类的话，那么朱砂则代表了今日中国大城市大多数知识女性的生活理想诉求。而卫慧在后记中称自己之所以冒天下之大不韪以半自传体写下这一切，是因为“我无法背叛我简单真实的生活哲学，无法掩饰那种从脚底心升起的战栗、疼痛和激情”[2]。她把这看成是自己为青春寻找到的不同寻常的意义，是一种纪念和一个开始，也是让自己继续对这世界保持好奇和爱的一个重要理由。

随着全球化浪潮以及本土现代性步伐的深入，女性生活的版图也在不断扩大，其生活样式也更加光怪陆离。知识女性文学形象的变迁既与其各自作者的出身经历有关，也折射出她们身后时代精神的光谱。从生活的强者，到城市边缘人，到新新人类，知识女性在文学中的形象从主流到边缘到另类，在大众印象中越来越非主流，在自我认同上越来越有个性。这是随着时代的发展越来越有思想、能创造、懂品位、会生活的一群。男人改造着世界，女人改造着男人，而知识女性在改造世界的同时改造着男人。她们越来越有魅力的存在，将继续成为现代化都市中不可或缺而又值得玩味的亮丽风景。

（原载《博览群书》2013 年第 3 期）

---

〔1〕 卫慧：《上海宝贝》，春风文艺出版社 1999 年版，第 109 页。

〔2〕 同上，第 156 页。

# 出走与回归
## ——帕蒂古丽乡土散文叙事中的身份认同

帕蒂古丽的作品充满了人文的深度，跨越天南海北的空间和大半个世纪的时间，种种矛盾尽管压抑至深却无处不在，点点滴滴折射在她带着血色和泪光的文字中，或隐或显体现在她对故乡、对爱情、亲情等富有矛盾和张力的书写中，这反映了作者作为一个敏感的作家，对民族身份和自我身份认同的双重焦虑。刘亮程在给帕蒂古丽散文作序时写道，“同样写新疆，李娟写帐篷外面，是大自然的和人类心灵的和谐之美；帕蒂古丽写帐篷里，是人间复杂情感和绵长岁月中的精彩故事。”帕蒂古丽是写乡情、亲情、爱情、友情的好手，然而她的乡土人文叙事从无矫揉造作和无病呻吟。《隐秘的故乡》中，大梁坡成为一个“原乡”，通过那里人们的生老病死、柴米油盐、悲欢离合的故事，我们看到一个“混血的村庄”多民族混居的原生状态和区隔共融；在《散失的母亲》中，与母亲的意外失散和对她的经久追忆带给“我”锥心刺骨之痛，在对母亲的找寻中作者试图找回一个未经分裂的自我。

著名诗人与批评家郑敏在谈到穆旦的诗歌时曾经认为，“他的诗充满了他的时代(主要是上个世纪四十年代)，一个有良心的知识分子所尝到的各种矛盾和苦恼的滋味，惆怅和迷惘，感情的繁复和强烈所形成的语言的缠扭、紧结。”[1]穆旦的诗歌语言体现了新批评学派的追求，诗歌语言是强烈的痛苦和热情的化身，内涵几乎要突破文字，满载到几乎超载，借此张力和冲突实现艺术的内在协调。我读帕蒂古丽的作品也有这样的感觉，她的文字充满了一个剧烈变动的时代，一个少数民族女孩，一个有清醒自我意识的知识分子所感受的各种矛盾和痛苦，焦虑和扭结。这种痛切直抵心扉，她对良知的逼视和审问连自己也不放过。正是心灵的在场和对生命的本真描述，才使得她的叙事感人至深。

## 一、故乡：出走与回归

在帕蒂古丽的散文中，有心理和地理意义上的一个故乡——新疆。然而在新疆，她的生命跨度在三个不同的地方留下痕迹，一个是父亲的故乡——南疆的喀什噶尔，这是她认祖归宗叶落归根百年血脉所系；一个是她出生并长大的地方，北疆沙湾县的大梁坡，那里是她写作的灵感之源和后半生心系之地；另一个是她青年时代工作多年的西北边陲小镇塔城，塔城的红楼白雪，安静的街道、难忘的故人让她无数次午夜梦回。这三个地方都是她精神上的故乡，然而在她成名之前，她的生命轨迹却是一次次从这些精神的故乡逃离，正如鲁迅青年时代的座右铭：走异地、逃异路，寻求别样的人们，这是她和父亲一直努力的目标和方向。

大半个世纪以前，是父亲的开明和前卫改变了自己和儿女们的人生

[1] 参见郑敏：《诗人与矛盾》，选自《一个民族已经起来——怀念诗人、翻译家穆旦》，江苏人民出版社 1987 年版。

轨迹。父亲在青年时代便凭着对时代的敏感，将家里的土地和粮食全部上交，独自一人背井离乡隐姓埋名来到北疆的大梁坡，在这里娶妻生子开拓新的生路，并一直默默耕耘终老至此。正是父亲的眼界和胸怀使得儿女们从小经受的教育和熏染不同，“我”和弟弟妹妹们都上汉语学校，都心灵手巧聪慧过人，长大后远离故土自谋生路天各一方。父亲让“我”们学习汉语，融入主流叙事。他的决心和试验无疑是成功的，在兄弟姐妹身上都收到了不错的效果。然而一个人终其一生可以学会多种语言，适应多种生活，甚至在自己认为需要时可以改变身体发肤的颜色，然而其精神的血脉却依然留在故土原乡。

古丽的书写就是对这种身份认同和文化认同的深层次思考。她是感性的，母语文化对于她来说是不曾魂牵梦萦但是命中注定的归宿，两代人的漂泊，她和她的父亲，离故乡的方向渐行渐远，然而却最终走不出由土地、语言、血缘构筑的精神牵连，这是大地深处恒久跳动的血脉，无论对于离家多么远的游子，这是永恒的召唤。他的父亲经历了一个世纪的漂泊，魂归故乡。而在四月的喀什噶尔，作者见到她的堂弟，她的亲人，就像回到了童年最初的梦境。“那个养老院里半疯的维吾尔女人，她用精神分裂症患者的呓语，让我在一股莫名引力的作用下，一步步走向她，吸引我不顾一切地投入她的怀抱。她抱住了我，抚摸我的脊背，那种久违的母爱蚀骨穿肉而来，仿佛她宽柔的怀抱，天生就是为安放我缺失的感情而生。她等在那里，多少年来，等着我来找她，等我扑向她，就像扑向我失散多年的母亲，我复活的母亲”〔1〕。就双语写作而言，哈金或者严歌苓用英语写作和帕蒂古丽用汉语写作，这没有什么本质的不同。在全球化的时代，汉语是这个国的主流，英语是这个世界的主流，为了融入主流文化，所有的族群和母语持有者都在经历这种双语、多语抑或失语的阵痛。

---

〔1〕 帕蒂古丽：《隐秘的故乡》，北京时代华文书局2013年版，第174页。

也正因如此，在帕蒂古丽这位最成功的语言学习者身上，我们可以看到她痛切的真实，真实的尴尬，在文化裂缝中生存的困境。她的心灵永远向着大梁坡的土地，永远着迷南疆喀什噶尔那片神奇的风土；她的人却漂泊在路上，嫁到江南，适应当地文化，直把他乡认作故乡。在古丽看来，真正的生活是一种习惯和习俗长久的延续，而并非快速地模仿一种习俗和习惯，快速地模仿不可能代替传统。“模仿是中断了自己固有的生活方式，代之以另一种大相径庭的生活，快速地模仿必然导致盲目和仓促，无法细细回望传统。过去的方式被偷换和挪走，就会导致传统被隔断，文化出现断裂而无法延续。人一出生就开始了模仿，但这只是人本能地适应生存的应对方式，肯定不是人类的终极追求”。〔1〕

尽管如此，帕蒂古丽毕竟通过写作完成了她精神上的还乡。她让北疆天山下的大梁坡和南疆的喀什噶尔成为许多人心中的原乡。那混杂着干草的气息、羊儿的秘密，十二木卡姆忧郁的歌唱、大河坝的沉默和荒凉的风景，开始进入陌生人的视野，人们开始了解那里的人们，好奇那里的生活。所有的文化交流都不是单向的，必须建立在互相了解的基础上，而古丽的书，是一个开始，她是天生负有使命的人，因为语言的天赋，她将在两种文化之间架起真正的桥梁，让西域以外的人们，通过她，走进另一个族群的精神生活，理解他们的苦难和承受，适应和坚守，流浪和皈依，叛逆和深情。

## 二、母亲：散失与找寻

如果说对故乡的出走与回归体现了作者对民族身份认同的多重焦

〔1〕 帕蒂古丽：《隐秘的故乡》，北京时代华文书局 2013 年版，第 188 页。

虑，与母亲的失散与找寻，则体现了作者自我身份认同的分裂和危机。在任何一个孩子的记忆中，有母亲的地方就是故乡，而母亲在塔城的意外走失，则使得“我”和这个边陲小城的缘分似乎走到了尽头。母亲去了，连着母体的脐带断了，握在亲情手中的风筝线断了，我义无反顾离开故土远嫁江南一去几十年，到功成名就之后才在岁月深处蓦然回首。然而与母亲的散失成为“我”心中永远的痛，不管身在何处，“我”常常在夜深人静或独自一人时默念起母亲当年的样子，会恍惚觉得终有一天母亲会在江南找到我，母女会重又相逢拥抱在一起，甚至不知多少次“我”会把街头包着绿格子头巾的老年妇女误认作散失的母亲。

“我”也曾一遍一遍猜想母亲当年出走的原因：也许她是在精神分裂的无意识状态中走失的，去寻找她梦想中的生活；也许母亲是在体恤儿女艰辛的清醒状态中走失的，她不愿意自己的存在成为儿女的拖累。她在五十岁左右的时候走失，在一个祥和的春节过后的午后神秘走失，自此之后枉顾儿女们撕心裂肺的呼喊和经年的多方找寻，母亲在茫茫人海中消失再也没有回来，这使得儿女们的余生沉浸于愧悔和憾恨当中。每到姐妹兄弟相聚，母亲的走失仿佛都是巨大的黑洞，每个人都讳莫如深不愿提起，然而这件事却又像一根长刺扎进儿女们心里。那一刻的疏忽似乎确证了这个家庭一直以来对母亲存在的忽视，一直以来对母亲疾病的歧视。

母亲当年是一个从甘肃天水逃荒到新疆北疆大梁坡的回族少女，温柔美丽，心灵手巧，她在十八岁时爱上了我四十岁的维吾尔族父亲，她勇敢地冲破年龄、家庭、种族的重重阻力嫁给了这个多才多艺、富有魅力的老单身汉。“母亲把窈窕的身段、柔软的肩膀，浑圆的腿和修长的手指，都再造一般遗传给了我”〔1〕。然而每个温顺善良的女人背后，都或多或少拖着一个癫狂的影子；每一位典范女性天使般的谦逊外表之下，都隐藏着

〔1〕 帕蒂古丽：《隐秘的故乡》，北京时代华文书局2013年版，第175页。

无可遁形的根深蒂固的自我。以后是怎样的岁月、艰难的日子、残酷的政治运动、错综的世事人情让有缘相遇的人相爱相杀,让母亲在婚后几年就失去了正常的心智。

西方女权主义和女性主义文学研究领域颇具影响力的学者桑德拉·吉尔伯特(Sandra M. Gilbert, 1936— )和苏珊·古芭(Susan Gubar, 1944— )在《阁楼上的疯女人:女性作家与19世纪文学想象》一书中,挖掘出了一种旨在颠覆的女性诗学范式:黑暗与悖反、毁灭与自我毁灭。可以想象,母亲承担着父权、夫权、教权的多重压力,她是阶级、种族、性别多重压迫之下的牺牲品,在她根本无法理解的社会和家庭关系的双重夹击下,她失去了美貌和理智,走向了毁灭和疯狂,成为"我"们家"阁楼上的疯女人"。在作者看来,精神分裂的母亲已经变成了两个人,她身上不仅寓居着一个母亲,还寄居着一个仇敌。作者痛切地忏悔到:"母亲得了这个病,与其说是治不好的,不如说是我们强加给她的,是我们一直让她停留在这个疾病状态中,没有人试着带她走出来,哪怕用一点点的努力。正是我们的绝望,让母亲再也没有机会做真正的自己。"〔1〕

母亲的走失让"我"不断回想起她的温情、她的慈爱、她的体恤,她的那些貌似语出惊人却有着罕见正常人思维的话语,这些生活片段活灵活现如在目前,时常逼着"我"重新打量我们之间的母女关系,重新认识母亲,从而也重新认识自己。同样经历了不幸的婚姻,经历了天南海北生活的磨难,作者没有成为第二个母亲,她有勇气走出了文化与民族上的失语困境,她不仅重新回到了故乡,而且重新做回了自己。正如作者所言,"认同是双方面的,一个人对另一种地域文化的认同,恰恰伴随的是他人对自己身份的认同"〔2〕。多年之后,在熟稔多种文化也拥有多种文化的认同

〔1〕 帕蒂古丽:《隐秘的故乡》,北京时代华文书局2013年版,第187页。
〔2〕 同上,第204页。

之后，“我”替散失的母亲活在人世，和她一起变老，体味她的苦楚，时常不自觉模仿她的样子。“我”试图在逐渐老去的自己身上找回当年的母亲。“这些年，我用母亲的声音祷告，我用文字把亡人跟我的生命连接，我一直用另一个人的身份生活。我想事做事的架势很古怪，愤怒的时候是我爹，疑神疑鬼的时候是我妈。我不是我自己的时候，反而更像我自己。”〔1〕母亲通过走失而在“我”的心中涅槃重生，“我”通过追寻母亲而重新确认了自己的存在。

无疑，矛盾是痛苦的结晶，而张力显示出思辨的高度。帕蒂古丽的散文大多有着精巧的内在结构，而又不动声色地将强烈动荡、矛盾冲突的感情熔铸其中。人与命运、人与自然、人与自我的纠结就这样悄无声息地在纸上上演，作者的笔时而力敌千钧，时而举重若轻，而读者却往往在她看似幽默、悲悯、克制、和缓地叙述中找到一种恰当地代入感，这就使得作者的人文叙事能收到一种“于无声处听惊雷”的效果。通过对故乡的出走和回归，对母亲的散失和找寻，帕蒂古丽的乡土散文叙事带给我们这样的启示:无论是作为维吾尔语的优秀女儿，还是作为汉语的优秀女儿，在这个大时代，每一个真诚的书写者都将以自己的精神漂泊为代价，在痛苦中开出想象的花朵，让写作成为你的宿命，让你的故乡，成为许多人真正了解的地方；让你的亲人和族群，在这个世界真正的存在中，走出孤独，找到认同。

（原载《博览群书》2017 年第 3 期）

〔1〕 帕蒂古丽:《隐秘的故乡》，北京时代华文书局 2013 年版，第 191 页。

# 无言历史，有恨人生

## ——《圆圆曲》人物形象的另一种解读

吴伟业的《圆圆曲》为人们提供了另一种方式进入历史现场，摇曳多姿而又风情宛然。它通过细腻流畅的文笔，让我们透视迷离倥偬的历史深处埋藏的烟花巷陌故事。历史的宏大叙事铺张扬厉，个体的肉身叙事悱恻缠绵，站在历史横断面上的那个“大我”与经历人生悲欢离合的那个“小我”之间，总是既存在着千丝万缕的联系，又有着难以弥合的断裂，这样也就给了后人以无限言说的张力。男男女女，是是非非，恩恩怨怨，离离合合，亘古情仇，沧桑一瞬，历史是沉默的书页，任人翻动，大爱无言。无言的历史深处，演绎并“涌现”着一幕幕有恨人生。

### 一、吴三桂：英雄 vs.叛徒的双重想象

福柯说：历史是一种权力话语。胡适也说过，历史是任人打扮的小姑娘。从这样的观点看来，任何忝入历史的人物，都难逃“被讲述”的命运。

《圆圆曲》以前，吴三桂的事迹在民间流传，有多种版本；《圆圆曲》以后，对其的解释及过度阐释，任何朝代都不绝如缕。就像袁崇焕故事的不同版本背后，埋藏着权力更迭的秘密，很多真相抑或假象无从追寻一样，很多被称作历史的“事件”在某种程度上可能都是意识形态话语的有意塑造，吴三桂的情况也不例外。

在明末清初的历史动荡中，吴虽向来举足轻重，然而其功过却人言言殊。历史上的吴三桂，真的成了一个“二花脸”。不同的解读呈现着吴三桂个性的复杂，以及他所主动或者被动卷入的那一段历史的复杂，还有就是各个时代不同统治阶级意识形态对这个故事重新利用的复杂。现在，我们要追问的是，作为较早的一个流传版本，《圆圆曲》对吴三桂的形象塑造起了什么作用？也就是说：我们接近《圆圆曲》去看作者，作为吴三桂的同时代人——吴伟业眼中的吴三桂。从《圆圆曲》的产生年代考据，吴伟业对吴三桂的历史定位应该是较早的，直到作者吴伟业死后，男主人公吴三桂还没有过世，也还没有反清。因此，我们有可能相信吴伟业的评价在当时是一个很有代表性的评价，当然这个评价在以后也变得更有生命力和有影响力。它奠定了后代关于吴三桂故事的一个基本话语型。

那么吴三桂在《圆圆曲》里是怎样一个形象呢？吴三桂本人为什么不喜欢这个形象，又在自己生年默许了这个形象的流传呢？我们回到文本，恍惚间又回到了当年的历史现场。在金戈铁马的杀伐声中，一个人物向我们走来。他，既是一个叛徒，又是一个英雄，集英雄和叛徒的双重人格于一身，历史的机遇，人生的遭际，注定让他与众不同。

我们先看英雄的一面。既是英雄，他的人生就大起大落，有声有色，司马迁在谈到《史记》人物列传入选传主标准的时候，曾谈到自己选的都是“扶义俶傥之人，不令己失时，称功名于后世”。也就是说，抓住机会，让自己在风起云涌的大历史中崛起，由边缘卷入中心，用雄心(野心)或者个人魅力点亮人生，在风云突变中纵横捭阖，追求属于自己的人生份额。有能力，有魄力，有胆识。

鼎湖当日弃人间，破敌收京下玉关。
恸哭六军俱缟素，冲冠一怒为红颜。

如此一气呵成的快节奏叙事先声夺人，如激流泻下长川，开篇用长镜头、远阔的画面向我们推出了一位横站在历史断面上的英雄。他崛起于困境，受命于危难，指挥若定，扭转乾坤，金戈铁马，气吞万里。这就是用一只手能挽住历史的人物，尼采的 superman，充满激情和强力意志的人物。萨特说，存在就是一种选择。有尊严的人，会让他的人生显出光彩，就在于在历史的紧要关头，他会做出和别人截然不同的选择，“六军尽哭，有人敢怒”，大多数人的悲哀可能只是通向死灭；行动，少数人的行动，才让一切可能向人生敞开。

红颜流落非吾恋，逆贼天亡自荒宴。
电扫黄巾定黑山，哭罢君亲再相见。

“冲冠一怒”到底是为“红颜”还是为“君亲”，这里存在着一个文本的裂缝，涉及对吴三桂的基本评价，作者在这里的回答相当暧昧，而这种暧昧态度恰恰顺应了历史本身的暧昧和人性本身的复杂。笔者认为，红颜流落、逆贼天亡和哭罢君亲这三个原因共同促成了吴三桂在山海关开关的选择。在这三个理由中，最后一个理由最容易理解。为君亲复仇体现了国家大义，是历代孝子贤臣之理所当为，每个人都生活在一个权力场中，对命定的责任无法逃避，吴三桂也不例外。他曾为帝国镇守山海关多年，他的家族故旧都是清廷多年的宿敌，虽然敌军大军压境,自己凶多吉少,目前自己代表的这个王朝也已经内外交困,摇摇欲坠,但是如果有足够的精神支撑,这个不肯轻易服输的人,未尝不想拼死一搏。

对于当时镇守山海雄关的他来说,内有起义军攻城略地,势如破竹,外有清廷大军压境,他面临的是一个二难选择,要么降匪,要么降敌。在这个问题上他刚开始还曾有过犹疑。甚至有一段时间,他已经接受了大顺的招降书,准备投靠起义军。但他在回师北京的山海关一路,却看到了起义军处处的倒行逆施,这些现实帮他做出了最后的决定:回师开关,宁可降敌不可降匪。在他看来,敌人许诺他分江而治,说明八旗贵族还按常理在出牌。

如果说君臣大义,是传统道德理想对吴三桂这个深深浸淫于其中的人本能的呼唤;那么红颜流落,含恨蒙羞,为此"冲冠一怒"更是肉身叙事中热血男儿应有的选择;在这里最容易忽视的是历史本身,每个个体盲动的生命意志,总是和历史大势之间构成一重紧张关系。吴三桂的眼中,天下多变,最大的真理就是审时度势,顺时而动。

如果说此时的吴三桂变成了炙手可热的山芋,正准备将自己待价而沽的话,那么,为了把自己卖个好价钱,他更相信规范化的"市场",清廷代表了这样的规范和秩序,这是很无奈的事情;虽然,这将意味着由于他的风向突变,历史将被改写,一个新的政权将入主中原。在阶级与民族的矛盾之间徘徊的吴三桂,最终让自己贵族的社会理想压倒了民族的嫌隙之心。他要在乱世中做一桩有利于自己同时也有利于秩序重建的双赢交易。

英雄气短,儿女情长,审时度势之后,他倒戈相向,一不小心就成了叛徒,并且一叛到底,反叛叙事构成了他的一生。在当今流行的电视剧《江山风雨情》等大众文化文本中,吴是一个有情有义的复杂英雄;然而,在历代民族主义者和好多历史学者的解读中,这个人又是一个像诸葛亮说的魏延一样——“脑后长着反骨”的人物。他一生不停地反叛,先反清投靠大顺政权,又忽然倒戈反大顺投降清廷;一度为清廷效命万死不辞,追击南明旧日同僚凶狠如同骁勇的鹰犬;然而又在饱受清廷封疆皇恩多年之后的花甲之龄打出旗号“反清复明”。他的生存选择,对于中庸敦厚的民族文化传统来说,无异于是一个异数,一个不和谐的音符。一般的情况是,如果人们看不出他反叛的对象有什么错,那么反叛本身就成了错。于是叱咤风云一世豪杰,终以“汉奸”“叛徒”的面目被写入正史,永远钉在了耻辱柱上。

对于他的不停地反叛,以及最后注定的失败中孕育的悲情,不是所有的人都能理解,我仍试图从个体肉身叙事与历史宏大叙事矛盾冲突中解读这一现象。个体盲动的生命意志和历史理性之间最终会发生冲突,顺应了历史大势,这是青壮年的吴三桂;逆历史潮流而动,这就是晚年的吴三桂。命运的天平这一次似乎无可逆转地倾斜向了他的敌人一边,他还是那个英雄,却不再骁勇如虎,他老了,面对着自己无力扭转的沧桑巨变,面对着生命弱化的现实,内心承受着英雄失路的巨大悲哀,他颓然倒下,死不瞑目。

康熙错了还是吴三桂错了呢?谁都无法说清。穿越历史的迷雾,我们只看到一个人,他,有着强力意志,他一生想着与其媾和的权力曾经许诺给他的一个诺言,他妄图凭借着自己的骁勇,和已成主流的权力话语分庭抗礼,——分江而治,是一个巨大的画饼,够他半生充饥。而今,时势变了,他也要死了。到他要死的时候,江已经不是那条江,人也不复是那个人。他的悲哀,是一个人,欲在黑暗中展翅长飞,却最终不能冲破自我的悲哀。站在乌江边上的项羽说:天将亡我,我何渡为?半生征战大漠的李广不是也临死仰天长啸,感叹自己辗转沙场多年,克敌无数却终难封侯吗?人生,最终有限;个体,无论他多么有力量,都无法冲破历史规定的牢笼。

## 二、陈圆圆:错怨狂风扬落花

一个女人泪水涟涟地走进了中国历史。她的出场千娇百媚,楚楚动人。身前,是"侯门歌舞出如花";身后,是"门前一片横塘水"。如花美眷,似水流年,在青山绿水的江南,她滋养着青春,也滋养着心事,青春伴随着寂寞一起疯长。有着倾国倾城姿色的她,或许也有过大富大贵的梦想。"梦向夫差苑里游,宫娥拥入君王起。"沉浸在多少关于未来的想象,她打发走了一个个让思念发霉的日子。"横塘双桨去如飞,何处豪家强载归?"命运的风向标急转直下,自然自由的状态成为过往。随着北上的大船,她的命运驶向历史的长河险滩,将在哪里搁浅,将在哪里停靠,她无法左右,也无法预测。"此际岂知非薄命,此时只有泪沾衣。"面对黑沉沉的夜空,不可知的前途,她所能做的,唯有一任泪水寂寂滑落。

如果说此时的吴三桂变成了炙手可热的山芋,正准备将自己待价而沽的话,那么,为了几千年的文化传统中都是"第二性",她们的价值要靠他们身边所依附的那个男人来规定和确定:女人是"被观看、赏玩"的对象,很少有独立自主的人格和尊严。在中国"藤缠树"的古老的爱情模式里,男人是一棵大树,时时仰望天空;而女人的一切幸福,莫不仰仗于这大树的荫蔽。她必须像古老的藤条一样,柔软而又坚韧地依附于身边这个巨大的"他者",没有任何自主的选择。陈圆圆少年家遭不幸,堕入风尘是一种沦落;而此时的她,在已经有了足够的生活基础后,还被人"强载而归",像一件物品一样从一个男人手里送到另一个男人手里,也是一种沦落。对于男人来说,所有的家国历史构成一个刚性结构,在这个系统里,他一出生就是被规定好的,如果一个人想像贾宝玉一样选择自由的生活,从父辈祖辈规定好的人生轨道里逸出,那他就会动辄得咎,轻则碰壁。吴三桂就是这样一个敢于冲撞秩序的强力人物,然而他还只有飞蛾扑火,无可奈何地走进命定的悲剧,被打入历史的另册。

男人尚且如此,女人自不必说,个体的选择空间就是更加狭小逼仄了。一方面,女人软弱的肩膀承担不起历史的沉重,她总是身居历史的后院而不是前台;另一方面,男人们用生花妙笔涂改的历史,又总是不肯低估女人的作用,总要某个女人对某个事件负责。在陈圆圆和吴三桂的故事里,没有人关注陈圆圆本人作为一个主体卑微的存在,在这里她是失语的,无声的。历史永远只是权力话语,是有权者书写的历史。对于一部男人的历史来讲,风华绝代的陈圆圆,也只不过是卖唱歌笑的尤物,她在历史上的存在止于身体,无法延伸到精神。她只是推动历史的一个元素、男人意志的催化剂而已。她的漂泊和沉沦,她对流浪和安居的双重渴望,在这里完全被遮蔽了。人们统统看到了"恸哭六军俱缟素,冲冠一怒为红颜","全家白骨成灰土,一代红妆照汗青",却忘记了一个女人沦落风尘、身经乱世、匹马战场的凄楚和仓惶。在每一个相遇相知相聚相散相离相失的非常时刻,作为女人的陈圆圆是怎么想的也无人问津。《圆圆曲》的文本在这里出现了沉默和空白,这"沉默"和"缺无"恰恰向我们昭示了很多:陈圆圆,虽然她是传主,是女主人公,但是她怎么想恰恰是最无所谓的;她对于历史来说,无足轻重;她对于自己的命运来说,只能随波逐流。"错怨狂风扬落花,无边春色来天地。"一段错位的历史和随着这段历史带给她的在世的显赫声名,对于她来说又能意味着什么呢?是换来无边寂寞还是无边春色,可能并不重要。在每一个寂静的夜晚,古寺中青灯下当记忆像沉渣泛起的时刻,只有像狂风中的落花一样飘零的微薄的生命,和一世欢愁破碎的身心需要自己去体贴,去安顿。

《圆圆曲》在陈圆圆的故事里借助用典又嵌入了西施的故事——"前身合是采莲人,门前一片横塘水",绿珠的故事——"便索绿珠围内第,强呼绛树出雕栏"。这些女子无一不在历史上留下"记号",然而有别于男人可以有相对的自由意志主宰历史，她们只能被动地服从命运；男人可以发号施令，她们只能脉脉无语；男人可以做时代的弄潮儿，她们只能听天由命，随波逐流。他们是每一个特定的历史时刻必须的牺牲和献祭，为国为家为爱为人独独不能为己。聚散随缘，红颜薄命，他们与相爱的男人曾经是力与美的结合，就像陈圆圆和吴三桂。然而有“白皙通侯最少年，拣取花枝屡回顾”的心动，有“早携娇鸟出樊笼，待得银河几时渡？”的缠绵，有“斜谷云深起画楼，散关月落开妆镜”的美好，也就有“恨杀军书抵死催，苦留后约将人误”的无奈，“相约恩深相见难，一朝蚁贼满长安”的惊惧，“蛾眉马上传呼进，云鬟不整惊魂定”的仓惶，“香径尘生鸟自啼，屧廊人去苔空绿”的怅惘。不管怎样，历史中这些美丽的倩影让坚硬的历史叙述里融进了款款柔情，剥掉宏大叙事的泥坯，它让女性个体的肉身叙事重新在人们的想象里焕发出光彩。

## 三、吴伟业：英雄美人 vs.才子佳人

吴伟业透视吴三桂和陈圆圆的故事，需要有一个独特的视角，也就是perspective，这在一定程度上决定了他对男女主人公的情感态度和价值评判。关于《圆圆曲》的主题，历来有三种说法，一种是谴责说，说是通过婉转的笔法在谴责吴三桂投敌卖国的罪恶行径；一种是讽刺说，说对吴三桂的行为在进行间接的讽刺，为一个妓女作传说明这个女人很重要，而这个女人的重要性恰恰是通过爱她的男人在历史上的作为来凸显的；还有第三种说法就是传达一种人生的感伤，无所谓讽刺，也无所谓同情，他只是按照自己的理解将这件事记下来，传达他本人对于人事荒忽、历史倥偬的一点个人感慨。

笔者比较认同第三种观点。中国古代的爱情有两个传统模式：一个

是英雄美人,一个是才子佳人。美人和佳人养在深闺是无人识的,所以自唐宋以后,最风致深婉的爱情往往发生在秦楼楚馆。看唐诗宋词的天空就可以明白,到处翻飞着这样的风流韵事。歌女或妓女这个阶层的红颜知己,对于文人墨客们的存在来说是不可或缺的,与妓女的交往,大大点亮了他们或平庸或失意或得意的宦海仕途生活。陈圆圆这个阶层的女子接触最多的就是文人,在诗词酬唱、歌酒赠答中,他们彼此提升了友谊,增进了了解,有的也发展出了缠绵悱恻的爱情。江南历来有“秦淮八艳”的说法。“秦淮八艳”指的是秦淮河上的八个南曲名妓,故又称“金陵八艳”。到底是哪八个人?有关资料上说法不尽一致。明朝遗老余澹心在《板桥杂记》中记载为:柳如是、顾横波、马湘兰、陈圆圆、寇白门、卞玉京、李香君、董小宛。看这个名单,我们就可以想出一幕幕荡气回肠的爱情故事,比如柳如是和钱谦益,李香君和侯方域,董小宛和冒辟疆。这些故事里的男主人公无一不是风流才子,女主人公无一不是色艺双全的红粉佳人。作为这个熟悉的社交场中之人,吴伟业本人可能并不熟悉陈圆圆(邓欣悦:《为一代兴亡存照》),但是他和陈圆圆当年的“浣花女伴”卞玉京交情甚笃。由此可见:

传来消息满红乡,乌桕红经十度霜。
都曲妓师怜尚在,浣沙女伴忆同行。
旧巢共是衔泥燕,飞上枝头变凤凰。
长向尊前悲老大,有人夫婿擅侯王。

这一段倒是颇有几分实事的影子,女伴讲述这个故事的时候有几分艳羡,几分嫉妒,才子听故事的时候却难免生出几分怜惜,几分同情。也就是说,吴伟业和陈圆圆这个阶层的女子天然比较有亲和力,这是其一。

我们看到,在《圆圆曲》的叙述中,圆圆的出身美丽,居所风景宜人,沦落风尘颠沛流离之后,还能迎来“无边春色来天地”的中年运气。文中对圆圆形象基本上是正面描写,没有讽刺,也没有轻蔑和敌意,有别于当时一般道学中人的立场。文本中着力刻画了她的女儿柔情:“家本姑苏浣花里,圆圆小字妖罗绮。前身合是采莲人,门前一片横塘水。”出色才艺:“夺归永巷闭良家,教就新声倾座客。座客飞觞红日莫,一曲哀弦向谁诉?”青春希冀:“许将戚里空侯伎,等取将军油壁车。”和被“强载归”“匹马还”的惊定无奈。

其二,我们看到,陈圆圆的遭际也是吴伟业本人的生存体验,乱世中“百无一用是书生”,吴三桂那么强悍尚且进退失据,留下青史骂名,何况手无缚鸡之力的一介书生。江山易代之际,吴伟业自己的生命也被历史大潮所裹挟,不由自主。清军入关之后,“挟其诗文美艺渡江而入仕者”(林语堂:《吾国与吾民》)多是这些江南后生。

像吴三桂一样,吴伟业在民族大义和仕途功利的二难选择中也经历过挣扎,欲拒还迎,欲说还休,羞羞答答十余载之后还是在清顺治十年被迫出仕,成了“两截人”(袁行霈:《中国文学史》第四卷)。也许吴伟业的姿态并不是简单的忸怩作态,他有着自己的苦衷。没有哪个朝代像明代那样一下子产生了那么多的遗民。顾炎武、王夫之、黄宗羲,复社、几社等文人,他们坚持斗争了数十年,最后都不得不偃旗息鼓看“无可奈何花落去”;还有的态度扭转得好,回头者仕清,能“似曾相识燕归来”。他们大概已经想清楚了:夷狄之人,只要继承了我的文化大统,便已经没必要再去追究“非我族类,其心必异”。王夫之起兵反清那么多年,到晚年的时候也看到了这个徒劳,他已经不再干涉他的儿子仕清。历史理性在这里再一次显示了它的伟力,黑格尔说“存在的就是合理的”,个人的坚持相对于历史走向来说是那么微末。不管是清统治者的高压政策还是怀柔安抚,都使过江诸人随着时光的流逝能够慢慢接受了现实。

然而,不再采取行动复国不意味着就能安顿心灵不怀旧,对于很多文人来说,“故国不堪回首月明中”的心灵创伤是持久存在的。笔者认为,吴伟业的《圆圆曲》就是这样一部个体擦拭心灵之作。因为,作者的人生,也像男主人公一样在历史的选择面前进退失据,也像女主人公一样在命运的急流险滩里随波逐流。这里的主调是一种浓浓的感伤,“不由自主”在文本的上空回荡盘旋,久久不去。每个人的选择都不由自主,走向命定的归宿,看起来风风光光,红红火火,背后一眼能眺望得到的,却是那无底的虚无。

君不见馆娃初起鸳鸯宿,越女如花看不足。
香径尘生鸟自啼,渫廊人去苔空绿。
换羽移宫万里愁,珠歌翠舞古梁州。
为君别唱吴宫曲,汉水东南日夜流。

“时间是哲学的永恒命题”(李泽厚:《美学三书》),人生短暂,时空永恒。英雄撬不动历史,才子拗不过君王,女人逃不出男人的掌心,所有的人挣不脱命运的轮回。英雄美人,千古江山,换羽移宫,汉水东南;才子佳人,万叠心曲,都只不过化作沧海一瞬,往事成风,一去不返。于是,“大写”的历史里“小写”的人生,留在诗文美艺里一段段悲欢离合的故事,以及故事里的事,莫不投注了个人的遭际,时代的身影,一代代流传下来。至今被人们不停地翻唱,任“白头歌女在,闲话说玄宗”。

(原载《名作欣赏》2009年第11期)

# 丰饶尽头的荒凉

## ——《丰乳肥臀》中的反人文主义书写与后现代精神

莫言的小说主要有两个系列，一个是浪漫历史，一个是残酷现实。《丰乳肥臀》位于其写历史的“红高粱家族”叙事的顶峰，是被作家本人不断引为自豪的一部作品，诺贝尔文学奖评委会主席佩尔·韦斯特伯格也多次强调，莫言的小说中，《丰乳肥臀》最让他着迷〔1〕。就像马尔克斯的马孔多镇、福克纳的约克纳帕塔法郡、沈从文的边城、鲁迅的鲁镇一样，莫言以天马行空的想象，杂糅民间故事与口述历史，在这部小说中展示了一块土地一方人的生存。莫言是写故事的能手和驾驭语言的巨匠，他以极端的想象、极致的描写、污秽的童话和魔幻的真实，让我们在他滔滔汩汩的叙述中，既体会到西洋油画般细腻富丽的美感，又在他精雕细刻的每一个场景里，走进中国古典意境“意在言外”的审美空间。那些灵动飘忽、乱云飞絮般的意象，那些高潮迭起、意出尘外的故事，山川草木，日月星空，

---

〔1〕 参见《没人像莫言那样打动我》，《环球时报》记者专访诺贝尔文学奖评委会主席佩尔·韦斯特伯格，人民网—《环球时报》，2012年10月22日。

万物有灵,莫不有情,这是一个充满魔幻的栩栩如生的世界。追随他铺陈的描写和灵动的叙述,你会在浮云苍狗历史变幻之间,在那辽远的天空和沉默的大地深处,充分感受到地火运行一般涌动的生命热力和红高粱般丰饶繁复、波澜起伏的美。

## 一、非理性与反人文:浪漫主义的历史书写

对"浪漫历史"的书写使得作者高扬非理性的旗帜,而把人文主义一再提倡的对人欲的节制看成虚伪的教条。"丰乳肥臀"书名即惊世骇俗不拘一格,作者坦陈献给书中"我"的母亲,感恩于"我"的母亲历尽苦难对儿女们无私的丰饶的哺育,以及她和她的女儿们旺盛的生殖力和生命欲望。在莫言看来,"高密东北乡无疑是地球上最美丽最丑陋、最脱俗最世俗、最圣洁最龌龊、最英雄好汉最王八蛋、最能喝酒最能爱的地方"[1]。他深爱他笔下那些有着强烈的生命意志和欲望的男女,他们敢爱敢恨,敢作敢当,躲避着瘟疫,反抗着奴役,寻找着粮食,争夺着权力。在她们身上,无论男人女人,都弥漫着尼采的酒神精神,他们抗争、哭号、奔走,野合、经历,忍耐。无论爱恨情仇,绝不矫揉造作,都是真性情。莫言以拉伯雷一般的狂欢话语,绘声绘色地写了"我"的母亲苦难的一生,"我"的或美丽聪敏、或热情奔放、或一身仙气或纯真善良的姐姐们,"我"的身份不同,但经历和命运迥异的"鹞子式"人物姐夫们,还有他(她)们生长出各式各样欲望与际遇的现代传人。

有别于人文主义者主张走出历史的暴力循环,倡导和谐清明的理性和静穆庄严的美感,《丰乳肥臀》中充满着对力的呼唤与对美的礼赞,然而

〔1〕 参见莫言:《红高粱家族》,人民文学出版社 2007 年版。

这里的力是扭结的,美是艰难的。在历史的舞台上变幻着走过那些有着生命意志的强力人物,他们个体内在的生命力与历史理性的强力之间,形成力的冲突,也造成人物命运的扭结,结果当然是“成王败寇”的古老逻辑。但作者愿意倾力描摹的毋宁是那些失势的悲情英雄。“我”的母亲上官鲁氏曾经预言大姐夫沙月亮和二姐夫司马库们,都斗不过身为游击队政委的五姐夫鲁立人。沙月亮是鸟枪队长,汉奸,无恶不作,然而为了娶走大姐来弟,他用整个后半夜的时间,在银色的月光下,在我家院中所有树上,吊满他亲手打来的兔子,然后带领我的大姐不辞而别远走他乡。母亲因此不看好他,认为他儿女情长成不了大事;然而母亲也因此认了这个女婿,认为他有情有义,内心残存着善良。在这里,人文理性和历史理性、人的性格和历史际遇之间形成扭结的丰满的张力,充满了神奇色彩,这些张力推动着一个个故事“滚雪球”,或者说“滚火球”一样的往前走,让小说叙事铺张扬厉、如火如荼而又精力弥漫、酣畅淋漓。

从二十世纪初年我的外祖父辈在山东高密抗击德国人,历经抗日战争、国共内战、土改、“文革”、写到改革开放的八十年代,作者展开长达将近一个世纪的历史画卷,颠覆了官方历史“宏大叙事”的虚妄,走进了普通民众肉身感受的“小历史”的真实。“我”的二姐夫司马库是莫言倾注心血塑造的人物,他是旧社会地主家的二少爷,娶了四个老婆;也是抗日战争中组织乡勇炸桥保卫家乡的民族英雄,国共内战中曾经耀武扬威的国军首领,土改时的还乡团头子,无疑这样的人物是复杂的,面目是斑驳的,他是“阶级敌人”,但是莫言毫不讳言自己的喜爱,把他塑造成一个懂礼讲理、敢作敢为、有情有义的人。最感人的是司马库失势后,隐在乡村外的土祠中,因救危难中的儿子被民兵在暮色中围攻,不得不洒泪跪别岳母那一段。暮色苍茫,山高水长,两个小儿女刚刚死去,他知道这样的情势下这样的托孤分量有多重,也许自己亡命天涯、再不回来,也许岳母为了这个小儿将后半生永无宁日,甚至付出生命。作者此刻以周围的景物写了男子汉心中巨大的心理冲突和他的侠骨柔情。

莫言善于与他的人物一起在每一个离别,每一场抉择,每一次行刑的关键时刻,感受风的温热,泪的重量,花的开放,爱的轻狂。然而在莫言的笔下,美是沉重的,闪耀着惊世骇俗的光芒。他笔下的人物和命运从不云淡风轻,而是嘶鸣着、尖叫着,呐喊着、滚打着向前,他展示内心激烈搏斗之后的渊默和平静,那历经世事沧桑之后的大美无言,那承受无数生命坎坷之后的大爱无声。我的母亲上官鲁氏一生育有九个几乎完全不同父的子女,为了几千年压在妇女头上的生子传后的重负,她青年时代被迫"像个母狗一样翘着尾巴四处求种"〔1〕,中年以后终于得遇瑞典传教士马利亚的珍惜和爱情。"我"母亲除了是个半生污垢、有争议的女人,还是个杀人犯,她曾经半是蓄意、半是失手打死了自己的婆婆上官吕氏,还默许自己的大女儿来弟与鸟儿韩亲密交往等。然而就是这样一个在传统道德的审视下并非无可指摘的女人,在每一个生死攸关的关键时刻,以自己的坚忍、勤劳、勇敢和善良,保护着自己的儿女,哺育着自己的儿女,也包括那些不断送来的女儿们的小儿女——小小的司马梁和鲁胜利们。无论灾荒还是逃亡,多么艰难,多少流离,她沉默坚忍,永不言弃。在"我"心目中,母亲是污秽与圣洁的统一体,她的爱像大地一样丰饶,像圣母一样纯洁;然而她的苦难像大地一样沉重,像圣子一样贮满了牺牲。

## 二、去道德与归虚无:后现代的精神荒凉

无疑,莫言在《丰乳肥臀》中建立起来的生活世界和历史世界是原始质朴的,充满着野性生命的呼唤,就像北方茂密的高粱地一样,洋溢着生

〔1〕 参见莫言:《丰乳肥臀》,工人出版社 2003 年版。

命力,燃烧着火一样的激情,但必须看到,由于作者止于客观描述和揭露,不做价值评判,这片高粱地中的风景同时也是藏污纳垢、泥沙俱下的,红火的背后充满了扭曲和荒诞,丰饶的尽头是一片难言的荒凉。《丰乳肥臀》让沉重的历史碾过人们的肉身,也让赤裸的肉身以各种姿态亮相在历史的舞台。那大量大段“重口味”的性爱描写,那传奇到离奇的人物命运,都让人们对小说的现实品格和理想价值表示怀疑。

同是新历史主义的书写,《活着》的主人公因平凡苟且患难相守折射出民间朴素的情义和本质善良,《白鹿原》以书名向白、鹿代表的儒家传统士绅精神频频回首,《古船》写了实业家在历史变幻中的创业艰难和内心挣扎。而《丰乳肥臀》与其说歌颂生养与哺育的母亲,不如说在赞美那些月黑风高之夜的杀人者父亲。作者以全知全能的视角来叙述故事,对翻云覆雨、朝来暮往、左右历史的强力人物,只做叙述,不去追问。在这里,人只有生命力的强弱之分,没有善恶美丑之别。《丰乳肥臀》再现了历史中与人心中沉重的杀伐和暴力,混淆了正义与是非的界限;绘声绘色、不遗余力地描述各种变态扭曲的性爱奇观,极端地冲击传统的伦理,彻底地反道德。他的人物是追随生命本能的世俗男女,要么创造,要么沉沦,他们是尼采的酒神崇拜与本土的流民精神共同的儿子。

文中的“我”作为叙述者,一直仰慕我的二姐夫司马库,然而对他乘人之危占有大姐并在影院的黑暗中向六姐的大腿伸出手去,“我”只有嫉妒,没有厌恶。甚至“我”的母亲对于司马库和大姐的乱伦关系也是视而不见;“我”也并不谴责我的大姐夫沙月亮,诚然就在他拼命追求“我”大姐的时候,他手下的四个鸟枪队员轮奸了我的母亲,并且间接逼死了“我”的父亲马利亚牧师。甚至对“我”的三姐夫鸟儿韩,我的五姐夫鲁立人,作者的态度都是不做评判。有时借书中人物大姑姑之口,“我”甚至以他们为荣。因为上官家的女婿们,都是呼风唤雨的人物,无论哪一部分军事势力来到高密东北乡,其中必有一位耀武扬威的姐夫作为我家的保护伞,这是姐姐们的魅力所在，也是上官家不同于普通人家的荣光。我的姐夫们有着异于常人的生命意志、功名热望、武功身手或韬略谋划，她们注定是历史的中心，大时代里逐鹿的英雄，而无力的文弱的“我”只是历史的旁观者。我爱我的丰乳肥臀的姐姐们，也爱有权有势、有情有义、江湖味十足的姐夫们，不管他们成功还是失败，他们真真切切地活过，在人间风风火火走一回，只让生命耀眼，不求万古流芳；只计功业利禄，不问伦理道德。

从后现代的观点来看，道德不是固定的，而是变动不居的，道德只是一个时代的风俗，道德只用来束缚那些不能解释道德的人。莫言的强力人物不受道德的捆绑，非常决绝地把几千年中西文明提炼出来的精华、世界各大宗教都愿意认同的基本共识——节制人欲，看作道德家的虚伪。作品主题高扬生命意识非理性的大旗，放出男男女女身上欲望的魔鬼，这不仅与中国传统儒家温文尔雅的人文精神背道而驰，甚至也极端反叛现代西方文明的主流叙事——人文主义传统。

丧失了所有这些价值皈依之后，《丰乳肥臀》只有荒凉到彻底的绝望，没有和解，其叙事底色保持了八十年代以来先锋小说后现代的奇诡。莫言是马尔克斯的魔幻叙事、拉伯雷的话语狂欢和福克纳的冷漠旁观共同的学生。因为作者丧失了价值维度的审视和追问，小说中只有人物，没有主人公。这些人物于历史风云变幻中“走马灯”一样从前台走过，在名利场中飞蛾扑火般追寻爱欲，他们活着或死去，但没有灵魂。

小说后半部“我”作为母亲和马洛亚牧师的私生子，是东方文化和西方文化“交合”的产物，本来读者有理由期待在“我”的身上能凤凰涅槃，长出既适应本土文化又顺应世界潮流的“新人”。然而“我”作为母亲一生的最爱，直到故事结束一直只是一个无力的叙述人，历史的旁观者。“我”以惊奇的吃力的眼睛，注视着大地上的隐忍、牺牲、杀伐和堕落，无计可施。“我”对母亲的爱，以及自己大半生的磨难和遭际，被牢狱生活锈蚀的青春，都不足以激发起我重新做人的勇气。我在“独乳金”那里禁不住诱惑红尘颠倒，又受到鹦鹉韩妻子的拉拢利用而后惨遭抛弃，刚刚幸运地倚靠司马梁的雄厚资本和鲁胜利的官场恩泽，红红火火经营起“独角兽”乳罩公司，好不容易积累的资产又因糊涂娶妻不慎落入觊觎已久的敌人之手。颠倒错乱的人生，拥挤破乱的车站，走进我生命中的女人，无数个人生的十字路口，“我”的生命中充满了破碎与偶然，一切都没有逻辑也无可理喻。我陷入泥潭，被剥光衣服，被恶狗追食，在母亲的坟前痛哭。年过四十的“我”，做人一直持守着善良和温存，孤弱就像是上帝的羔羊。但在这个腐败污浊的人世，处处跌跌撞撞，举步维艰。唯有献身于主的事业，才是我的出路。

上官金童的重操父业去做牧师和贾宝玉的出家一样，都落得“白茫茫一片大地真干净”，隐喻了作者对此世救赎深沉的绝望。这块丰饶繁复充满神奇故事的沃野，我的家乡，高密东北乡，生我养我的地方，却是一块不再适合生长希望的地方。救赎在彼岸，救赎在宗教，救赎在西方。像所有的后现代叙事一样，莫言的《丰乳肥臀》没有给此世留下精神的出口，没有一个人物适合在这块土地上不靠杀人越货，不靠坑蒙拐骗、贪污腐败，而靠诚实劳动，能够清白正直、扎扎实实的生存。像八十年代的先锋小说一样，作者把现实看得完全虚无，采取彻底弃绝的态度。就像当年贾平凹的《废都》以情色男女的过度描写最后留下一片心灵的废墟一样，《丰乳肥臀》以如火如荼的笔墨展现了脚下这片沸腾的土地，然而当红高粱点燃的激情褪去，人们一眼眺望到这丰饶的尽头，竟是一派荒凉。

（原载凤凰网读书频道《读药周刊》2012 年第 88 期）

# 粗野的温柔

## ——评亨利·米勒的《北回归线》

本雅明(Walter Benjamin, 1892—1940)曾称波德莱尔(Charles Baudelaire, 1821—1867)是十九世纪“发达资本主义时代的抒情诗人”,亨利·米勒(Henry Miller, 1891—1980)则不无自嘲地称自己是“流氓无产阶级的游吟诗人”。巴黎这个梦幻般的城市,这个既文雅浪漫又藏污纳垢的地方,是一切精神流浪汉的原乡。成书于1934年的《北回归线》,作为记录米勒和他周围艺术青年旅居巴黎生活的“自动写作”,扯起另类的大旗,将反叛进行到底,他们酗酒、狂欢、写作、乱交,胡思乱想也奇思怪想,愤世嫉俗也惊世骇俗。作者粗野而又温柔的笔尖,掘进人性黑暗的荒野,一览无余地呈现出那残酷真实的一面。它就像美丽原始的罂粟,既奔放又妖娆,可以说这本书是米勒以自己的方式献给巴黎这座梦幻之都的另一部“恶”之花。

## 一、粗野的冒犯书

无疑,《北回归线》是冒犯的,粗野的,也元气淋漓,充满着生命的力量。作者开篇坦言,“就‘书’的一般意义来讲,这不是一本书。不,这是无休止的亵渎,是啐在艺术脸上的一口唾沫,是向上帝、人类、命运、时间、爱情。美等一切事物的裤裆里踹上的一脚。”〔1〕这本书曾一度想命名为《醉酒巴黎》或者《我歌唱赤道》,最后定名为《北回归线》,是作者在极热的生活状态中向极冷的人间世情的探索,北回归线分开了生者与死者的行列。“我像一个游荡的鬼魂,坠入刻毒人性的冷墙中,我是一个白色人影,在高纬度的寒冷中住下来。”〔2〕不读亨利·米勒,你不知世上其实只有两种人,一种人是普通人,一种人是很难归类的艺术家们。这特立独行的一群,狠狠撕下人类一切道德文明的假面,赤裸裸的屹立在风沙扑面的原野,任人唾弃、指责。正如作者所言,他们是“同人类并驾齐驱的另一类生物,他们是那些没有人性的人”。普通人过正常的生活,循规蹈矩,生儿育女,一直到老;而艺术家们永远是青年,他们“受已知的冲动驱使,用狂热和激情鼓动人类,把这团生面变成面包,把面包变成酒,再把酒变成歌曲”〔3〕。他们像青春不羁的野马,身上有恶棍的品质,行为总是在“越界”——越过世俗的道德藩篱,这也许就是生活和艺术上“先锋”(avant-garde)的本义。的确,他们的生活就是一场冲在前面的战役,在向人类生活未知之域探索的进程中,他们让自己成为人生这一实验室里的试验品。“把自己的肚肠翻出来”,供人围观和分析。在“我”的眼中,“世界像个毒

〔1〕 亨利·米勒:《北回归线》,袁洪庚译,译林出版社 2013 年版,第 2 页。
〔2〕 同上,第 237 页。
〔3〕 同上,第 214 页。

瘤,正在一口一口吞噬自己”,“整个发臭的文明世界像一块沼泽地,处于这个深渊的底部”,而作者和朋友们的行为则是越过深渊的一道恶意的微笑,他们将人类同情心、爱和怜悯这些渣滓像红酒一样一口喝干,将已有一切制度和成规踩在脚下,踏在血泊中。

在人类文明的发展史上,不管是宗教戒律还是人文理性,都在前赴后继地劝说人们驯服欲望,尤其是性欲。而米勒的主人公却把性欲看成是一种积极的力量,一种生命本真的冲动,是一切创造力的核心。基督教的清规戒律和常人意义上的道德,在他们看来都是虚伪无趣的教条,是软弱和怯懦的代名词。“我”和“我”的伙伴们宁愿追随尼采超人的生命意志,追随拉伯雷的戏谑精神,不遗余力地诅咒文明、解构道德,戏耍宗教,蔑视理性。他们以强有力的阳具和无所畏惧的冷漠,把中产阶级僵硬正统的价值观撕个粉碎,丢在风中。

作者像拉伯雷一样大谈食色男女,大谈屎、尿、膀胱、屁、阴道这些看上去不雅的字眼,他几乎把所有的女人都称作婊子,把所有的人类都首先看成生物。他坚信人类的没有起色,认同朋友卡尔“是个骨子里的势利小人,一个有贵族派头的讨厌鬼”;喜欢妓女热尔梅娜“是个地地道道的婊子,连好心肠都是婊子式的,无知,淫荡,全心全意投身于本职工作”,反感另一个妓女克洛德扭扭捏捏、冷冰冰、文绉绉的资产阶级淑女气〔1〕。他嘲笑一切伪理想主义者,把那个追随甘地的印度青年,描述成一个在妓院里饱受羞辱的胆小好色之徒。而对自己为谋生计误入的外省感化院生涯,他则避之犹恐不及,“一星期后,我觉得已在这儿呆了一辈子。这就像一场可怕的噩梦”,“我的确是清白的,不过不爱做学问,没有天主教徒的柔肠,清白而又无情,像在我之前驶出易北河的人一样。我眺望大海、天

〔1〕 亨利·米勒:《北回归线》,袁洪庚译,译林出版社 2013 年版,第 44 页。

空,眺望不可理喻却又相距不远不近的一切。"[1]在常人看作天堂的地方作者感觉无异于地狱,宗教的教条束缚了"我"的想象力,压抑"我"的天性,"我"宁愿居无定所,也不愿再留在上帝的使者身边。

虽然热爱性交和那些性感的女人们,他们却躲避爱情犹如躲避瘟疫,书的结尾借"我"帮朋友菲尔莫尔逃离家庭的牢笼,隐喻了他们对待常态婚姻爱情的态度:他们最害怕只留在一个女人身边,被爱情的温柔陷阱俘获。在这个意义上,他们都是毫无愧色的不义之徒,宁愿承受无尽的漂泊,承受不堪承受的生命之轻,也不愿失去冒险和实验生活的自由。他们四处流浪,从法国到美国,从外省到巴黎,活得快乐也颓废,忧郁也癫狂。

正如作者所描绘的,他们是人群中的困兽。除了写作就是喝酒、做爱,是没有女人和酒就活不下去的一群。他们走在巴黎的大街上,幽暗的巷子里,各种求欢买醉的场合,也走在真实与幻觉的边缘;他们身上有同性恋者、吸毒人群、精神分裂症、妄想狂、恋物癖或自虐狂的种种症状。在这里,不癫狂不极端不具有污染性的,简直就不能称之为艺术。

就像鲁迅笔下的狂人一样,他们身上有着精神先锋的特色。只关心食色男女和艺术,对其他所有的人所有的事情都非常冷漠。他们是自私自利、自命不凡、极度自恋的一群。作为艺术家,他们肚子里孕育着作品,"滑稽可笑地蹒跚而行,大肚子上压着全世界的重量"。由此,艺术家的生活方式使得他们认为有理由蔑视人类一切的行为规范和道德准则,让自己变成彻头彻尾的流氓还自我欣赏。

## 二、温柔的怀乡病

艺术与道德、真与善的追求之间本来就存在着冲突,有史以来的唯美

---

〔1〕 亨利·米勒:《北回归线》,袁洪庚译,译林出版社 2013 年版,第 236 页。

主义者，都主张艺术至上，把生活看成是一场虚伪的做戏，把艺术看成袒露的真实。不管是萨德侯爵（Donatien Alphonse François, Marquis de Sade, 1740—1814）还是王尔德（Oscar Wilde, 1854—1900），劳伦斯（David Herbert Lawrence, 1885—1930）还是纳博科夫（Vladimir Vladimirovich Nabokov, 1899—1977），他们的生活方式和艺术理念都屡屡冒犯众怒常情，其作品常因挑战伦理底线、亵渎文明而饱受争议，然而他们同时也以自己精细的生命感觉和语言天赋，诠释存在的诗意，追寻唯美的爱欲，拓展艺术和生活的边界。米勒从小饱读西方现代主义的文艺名著，喜欢斯特林堡、爱默生、梵高和马蒂斯，他无疑属于这个艺术家星群。

我理解，他们身上都有浓烈的浪漫主义乌托邦情结，把性爱、自由、激情和创造力看成世间最可珍贵的东西，义无反顾地走在通向艺术峰巅的朝圣路上。对于常态人生来说，他们是一群病态的人，都染上了一种不可救药的怀乡病。他们是未来主义者、超现实主义者，也是宁愿身披树叶兽皮吟啸而行的原始人，他们奇特的乡愁指向的是不复存在之物和无法到来之物。他们既怀念文明以前的原始天真，也畅想着未来的某种绝对自由的生活可能。他们的乌托邦既在过去，也在未来，因此只有捣毁现在。

米勒的好友兼情人阿那伊斯·宁（Anaïs Nin, 1903—1977）在《北回归线》的序言中说这本书有“狂妄的放纵和疯子似的欢欣，充满活力，趣味横生，它已超越乐观或悲观的范畴，在极左和极右之间不断来回摆动”，可谓一语道破天机。极左和极右对非理性的推崇和要求行动的激进本一脉相通。作为马蒂斯和梵高的爱好者，米勒是艺术领域的切·格瓦拉（Ernesto Guevara, 1928—1967），《北回归线》带着永远革命、不断反叛的青春冲动。这本书在美国于六十年代解禁，并迅速成为当时青年们标榜个性自由和性解放的枕边书，也许不是偶然的。

同时，作为艺术上的浪荡子，他们内心同样是善感的，温柔的。对他们所寓居的城市，对他们独特的生活方式，充满了赤子般的情愫。正如阿那伊斯·宁所看到的,“作者叫我们最终战栗不已,痛苦已不再有隐秘的藏匿之处”。在“我”无所畏惧的放纵面具背后有痛苦,任性佯狂的行为艺术表象下是颓废,为了标榜绝对冷酷的硬汉子风格,“我”以乐观遮掩着悲观,用希望对抗着绝望。“我”的内心充满了无政府主义的冲动,对文明本身抱着虚无主义的态度。表面上我们是触犯社会禁忌的文化暴徒,内心里“我”又敏感脆弱,是这个世界的边缘人。

面对着巴黎令人眼花缭乱的富足,“我”们是这个社会的零余者,过着波西米亚般的生活,手头无钱,心头多恨,经常吃了上顿没下顿。然而稍有法郎,便及时行乐,醉生梦死。但“我”由衷地喜爱巴黎的罪恶和繁华,爱这个斯特林堡、马蒂斯、兰波、福楼拜曾经居住过的城市,虽然“巴黎像个婊子”,只是远看迷人,近距离接触却给人空洞的痛苦,但是“我”更反感纽约代表的美国精神,那高傲冷漠的建筑和精致利己的实用主义。“塞纳河仍在泛滥,浑浊的河面被灯光分割成一条条的。”“我”每每看到黑色的湍急的水流就会欣喜若狂,更加坚定了不离开这片土地的热望。因为只有在这里容忍各种各样的人,各种各样的生活方式,这里是我梦想中自由的原乡,“我是一个自由的人,我需要自由。我需要独自一个人呆着,需要独自仔细想象我的耻辱和失意,需要阳光和街上的铺路石,但是不需要人陪伴,不需要同人交谈。”[1]艺术家是孤独的,他们看世界的眼睛是野兽的眼睛,然而里面注满了忧伤。

作者珍爱巴黎岁月的轻狂,时刻以善感的心灵捕捉着这个城市的诗意瞬间,并以自己独特的生存汇入它浪漫主义的合唱。《北回归线》虽是一本小说,却随处可见精辟的议论,流泻着充沛的激情,散发着浓郁的诗意。米勒以散文的笔法写小说,全书由 15 个部分构成,你可以挑拣任意一章读起,他没有连贯的人物和情节,整部作品的构思像散落在地上的五光十色的珠子,而珠链藏在作者的手中。它充满了坦率的抒情,深邃的识

〔1〕 亨利·米勒:《北回归线》,袁洪庚译,译林出版社 2013 年版,第 60 页。

见、意识的流动,神奇的幻觉以及长了翅膀的想象。作者可以面对守夜人、大教堂、皮条客或打字员这样一些小人物小事物浮想联翩,用海德格尔凝视梵高的《农鞋》那样持久专注的目光,用片鳞飞羽般闪闪发光的语言,表达自己的世界感受。

米勒的文字如昆德拉一样轻逸、冷峭,每一段议论都像诗,像蓝空下的一汪深水,贮满了晶莹的思想。他的比喻信手拈来,极具冷幽默和反讽色彩。他写"妓院里没有主顾的姑娘们,都静静地坐在皮椅子上,像一窝黑猩猩一样默默地搔痒",他描绘一顿美美的午觉就像"在我的脊椎之间垫进了天鹅绒"。他讨论陀思妥耶夫斯基、斯特林堡、马蒂斯等人的文字都用语俏皮生新,于不经意间透着睿智和轻灵。作者借书中一位主人公之口说出"我对生活的全部要求,不外乎几本书、几场梦和几个女人"。我和我的同伴们在时间的表面游泳,世界一百多年来一直在濒临死亡。人类是一群古怪的生物,充满了丑恶和刻毒。而生活就像爬满了虱子的阴暗的卧室,人生就是不断要在自己身上搔痒直到抓出血来,每个人都是十足的利己主义者。

书的结尾,送走朋友,"我"独自陷入沉思。塞纳河从"我"身边也从"我"身上缓缓流过,"在法国这样一个陌生的国度里,在将生与死划分为两部分的子午线上行走,这样才明白在前面等待你的将是何种难以预测的景观。带电的肉体、民主的灵魂!洪水浪潮!"[1]"我"感觉自己站在一座高山的顶峰,然而高处不胜寒。一本书的结束把作者带到了所有人的面前,把艺术家的肉身和灵魂放在了献祭的展台上。不读这样一本书,你也许无法挑战自己的阅读极限,呼吸到高山仰止的冰冷炽热的气息,无法意识到庸常生活的堕落,无法领略那弥漫在文字里的粗野与温柔。

(原载凤凰网读书频道《读药周刊》2013年第100期)

---

〔1〕 亨利·米勒:《北回归线》,袁洪庚译,译林出版社2013年版,第266页。

# 逃无可逃与人间温度

## ——读爱丽丝·门罗的《逃离》

爱丽丝·门罗(Alice Munro, 1931—　)生活在加拿大安大略省的小镇,她的人生在平静中读过,求学、教书、结婚、生子、离婚、再婚,和家人一起安度晚年。在自我和周围人物的成长过程中,她静静地品味着时光的流逝,生命的残酷,人与人关系的微妙、扭曲和复杂。她写的就是自己最熟悉的生活,写尽这些平凡生活的百态百味,挖掘平淡中的诗意。她的每一部短篇都是对过往人生的一次意味深长的回望,一路娓娓道来,却又不断让人拍案惊奇,在无限怅惘中为命运偶然而感叹嘘唏。看门罗的小说,容易让人想起于坚那一路的诗歌:平淡如水,云起风过的日子,阳光太亮了,平静得让人无声哭泣的日子,总有某种温柔的真实的悲哀流淌其间,让人哽咽,也许偶尔会远眺天边,心下茫然,又着实什么都说不出。

### 一、平淡的至味

与去年诺奖得主莫言小说波澜壮阔的奇丽相比,门罗的短篇写得波澜不惊的平淡,却于平淡中写出了生活内在涌动着的暗流。她不写大事件大历史,而是写小人物小故事;在反抗与屈从之间,再现并省察每一个女人的日常生活、内心生活。那个女人,是你,是我,也是门罗。在这个意义上,她绝不是魔幻现实主义的,而是古典现实主义的,她的小说重新回归了乔治·艾略特(George Eliot)和简·奥斯丁(Jane Austen)所代表的传统英文写作传统,不乏艾略特式对平静生活的反思和温情,也有福克纳(William Faulkner)小说无动于衷之下的惊悚和悲悯。

F.R.利维斯(F.R.Leavis, 1895—1978)在《伟大的传统》中,曾经把乔治·艾略特的伟大之处归于"强烈的对人性的道德关怀,这种关怀进而为展开深刻的心理分析提供了角度和勇气"。门罗的过人之处也在于对道德的关注,对平静生活的省察。好的小说家,总是日常生活深刻的观察家和思想家。她从不急于下判断,而是总能如实地冷静描述,她总能看到那些正常生活表象之下的扭曲。门罗的每一部小说,都能让我们在这个意义上重新发现生活——那些习以为常的东西,是怎样存在着问题的。《沉寂》中,一生强势的女主持朱丽叶,一定不明白为什么她从小爱若明珠、期许甚高的女儿,却从她身边"逃离"而走;而《激情》中,生性纯良的好青年莫里,也一定困惑,为何未婚妻要在即将订婚时背叛自己。每个人一生最长打交道的都是身边的亲人,那些相伴的岁月,考验着彼此的契合和爱心。在家长的溺爱和期许中,也许包含着自私和专制;而看似幸福的一对情侣,也许性格却并非相合。作者以精细的文笔,巧妙的构思,迂徐有致的叙述,让我们对这一切有所觉悟。她充分展示了人性的复杂微妙,人间关系的百转千回、错综扭结。在《侵犯》中,她借主人公的口说道:"生活的要义,就是要满怀兴趣地活在这个世界上,睁大你的眼睛,要从你遇到的每一个人的身上看到各种可能性——看到她的人性,要时刻注意。"门罗就是这样一位敏感的观察者,带着女性特有的细腻和作家独具的匠心。她自己也说,"我想让读者感受到的惊人之处,不是发生了什么,而是发生的方式。"她精心描述事物发生的方式,写出人生的逶迤多变,人性的复杂,命运的偶然,以及生活的可能。

## 二、逃离的激情

然而,门罗并非传统英式道德的忠实信徒,实际上整部《逃离》,都可以看成反思日常生活的逸出常轨之作。与平淡的循规蹈矩生活相比,作者更倾心于那些正常中不易察觉的反常,她喜欢聚焦于逸出常轨的事件,注目那些超出常规、特立独行的人物。人是不可思议的动物,越是生活平静,越是渴望偶然。于是,普通人生活中那一次次的逃离,便充满了未知的风景,既无从预测又无法抗拒。一个妻子,忽然想从家中出走,尝试离开丈夫去外地过全新的生活(《逃离》);一个女儿,没有任何先兆地离开了从小相依为命的母亲,之后便再没回来(《沉寂》);一个女孩,在订婚前日,和未婚夫的哥哥一起出逃了一个下午(《激情》);一个学究式的姑娘,因为火车上邂逅的中年男子,而毅然改变了自己的生活轨道(《机缘》)……她的主人公总是能突发奇想,追随感觉和心灵,盲目而又任性地走在幸与不幸的边缘。"逃离"因而充满了魅惑,逃离的结果,不管是像卡拉那样回归正轨,还是像佩内洛普一样永远消失,在精神上都永远无法复归原有的平衡,生活中毕竟有什么东西在不动声色中,悄然地改变了。因而每一个故事的结尾,看似漫不经心,戛然而止,却充满了无限的怅惘和感伤。

门罗的女主人公,在精神上更多是浪漫主义的传人,作者能欣赏平淡生活的至味,也能由衷赞叹燃烧的生命激情。那些萍水相逢、稍纵即逝的爱情,像流星一样划过天际,像火光一样点燃生命。男女主角也许不是什么惊天动地的大人物,却总是有着同样的对生命的热情。他们喜欢幻想,有时一意孤行。是同样的浪漫,使少女时代的卡拉逃离父母,与克拉克同居;又使得少妇时代的她,不可遏止地想逃离克拉克,寻求新的生活。在《逃离》中,作者没有说出的远比说出的更触目惊心。虽然卡拉逃离了,又在对未知的恐惧中主动回来。她到底爱自己的丈夫还是爱着远方?她到底是厌倦透了还是始终依恋着现在的生活?在某些情况下,女主人公甚至连自己都弄不懂自己。这使得一次次逃离,难免坠入一个个窠臼。短篇结尾处,令她无法做到彻底逃离的丈夫,为什么容不下那只羊呢?难道他是在嫉妒妻子和小羊之间的感情?门罗的小说结尾总是能出人意表,耐人寻味,给读者以留白的空间。也许小羊消失,不必追问来由,就像生活中的神性消失,只在内心隐痛一样。然而在永恒的挣扎、无声的困境中,日子便注定静水流深,自我也注定已然不同。她不再遥望远方的白雾,她会想象那只小羊的头盖骨,她会更容忍或者更难容忍毫无气量的丈夫。她出走了,又因听从心灵的召唤而回来;她回来了,却难保精神从此不日日出走。作为一个理想主义者,卡拉和她想要的"真实的生活"之间,永远有一段真实的距离。

门罗的作品中有一种令人吃惊的平静,不动声色地道出了生活中某些残忍的东西,她留心注目于时光中的人生之熵变。"逃离"因此既是往日问题的沉积和总爆发,也潜藏着未来生活的转机。那些有着强烈生命热情的人,需要与之相匹配的对手。遇上了,便倾心相许;不遇,便心如枯木。门罗期许的男主人公,常有美国西部牛仔般的复杂阅历,摇滚歌手一样的艺术气质,性格颓放而又深沉。《激情》中的两兄弟,气质大相径庭,恰成鲜明对比。弟弟莫里就像《飘》里的阿希礼,有着圣徒一般"黄金的品质";而哥哥尼尔却更像瑞德,充满着恶魔般的魅力,不乏豪放而又体贴入微。格雷斯追随心动爱慕哥哥而拒斥弟弟,恰恰是因为对弟弟身上乏味的中产阶级理性没有好感。她是一个喜欢赤脚在海滩上尽情嬉戏,喜欢让秋千荡起老高的率性女孩,她不喜欢未婚夫莫里所代表的无声无色、中规中矩的好人生活,所以尼尔的出现仿佛电光石火,一下子让她找回了真实的自我。在这个意义上，每一次逃离，也意味着对本我的回归。

## 三、宿命的感伤

听从本能和感觉去行动，自然也要承担后果。人是为了念想而活着，每一次人们走近或远离一个人，其实都是为了寻找新的生命支撑。正是这些超出常规生活之中的意外，为每个人的生命敞开了异度空间。门罗让我们看到在这些意外和偶然中，是如何孕育了必然的因素。在对一个个故事的讲述中，她充分展示了逃离的魅惑，甚至也不无悲伤地看到，那一次次的反抗或者顺服，逃离或者回归，是怎样于无意中埋藏了宿命的种子。人生在熵变的过程中，逃离是一个门槛。这一边，是习惯了的乏味；那一边，是诱惑着的变味。那些令至情至性女子一心奔赴的男人们，在岁月中，有的渐渐现出琐碎与强硬，以至于让妻子以私生活小节敲诈亡人的家属(《逃离》)；有的虽然能如常相守大半生，但却与旧日情人藕断丝连，这让当年那场最勇敢的爱情多少掺杂了反讽的意味(《机缘》)。时光改变了感觉，岁月腐蚀了心情。逃出的，飞向无地与虚空；回来的，莫不坠入怅惘与平庸。逃离因而只是一个悖论，一种状态，无论成功与否，都无法保证救赎。

正如戴维·塞西尔勋爵所言，生活纷繁混乱，而艺术则井井有条，小说家的难处就在于勾勒出一部条理分明的作品，同时却也是一部令人信服的生活画面。门罗完美地解决了这一难题。在她的笔下，每一个故事中的生活都是枝叶丰满的，恰恰是这些普通生活中流露出来的纤细韵味，那些具体而富有实感的生活场景，让人回味无穷。火车上，大海边，加拿大的小镇，用莎翁的出生地命名的斯特拉特福城的唐宁街，那剧场的寥落，路灯的迷茫，陌生男子的殷勤，斯特柔嘉诺夫红酒晚餐的氤氲气氛，火车站特殊的离别,让曾置身此境的“她”岁岁年年追怀不已《播弄》;而满脑子独特思想的在读女博士朱丽叶,凭着一股热情和好奇去赴陌生人之约,沿途的风景,有着冰面的湖,她眼中的鲸鱼湾,温哥华西海岸狭长的码头,神奇的白雪,树木、大海和岩石,那些与她原有生活不搭界的热诚的人们,也许注定了她将要和这里的一切发生缘分(《机缘》)。

在平静之下,在无意识之下,我们和门罗一起体味素朴生活中那些温柔的悲哀,纤细的诗意。我想每一个女人读这样的小说都是沉重的,因为你知道她写的就是生活本身。每一对人间夫妻莫不多少互虐,每一段人间关系莫不内在地悲怆流离。如果想走,有千万个理由和千万次机会可以逃离,然而人们安于命运送到身边的这一个,承受着逃离的熵变和无法逃离的诱惑,安于互相咬噬刺痛之后仍残余的温暖。这委曲求全中的悲凉和炙热,不多不少,正是人间的温度。

(原载凤凰网读书频道《读药周刊》2013年第109期)

# 体验、对话与仰望

## ——读《冯至评传》

蒋勤国先生的《冯至评传》史料翔实，态度沉潜扎实，自由出入于中西古今哲学、艺术、诗学理论之间，实践了狄尔泰的"体验诗学"的研究方式；用印象批评的写法，文本细读的方式、充满感情的笔墨，对冯至诗歌及散文、小说等作品做出了颇具才华的解读，将文本看做传者与传主之间的一场精神对话；通过比较、鉴别与分析，厘清德国浪漫派、存在主义哲学以及中国古代儒家、道家学说对冯至诗歌及思想的影响；以学术知性阐释冯至诗歌的个性与特色，以敏锐的文本洞见推进了外界对冯诗的研究，具有开创型的价值。总体而言，这是一部很好地"重现"诗人一生经历，细心、广博、精到地解读诗人作品的诗歌评传，但并非一部在"大历史"（黄仁宇语）框架中正视诗人生存困境、深度解读启蒙一代知识分子精神世界的精神评传。传者对传主的态度"仰望"多于"审视"，在把诗人一生放进二十世纪的历史长河里予以关照，作为一个精神样本和一种文化症候，探讨中国知识分子走过的精神历程方面，仍存在有待深入之处。

## 一、诗人传记:作为一种生命体验

苏格兰文豪卡莱尔有句名言:A well-written life is almost as rare as a well-spent one.可以译成:“写得精彩的传记几乎像活得精彩的一生那么难求。”[1]文学家传记天然具有文学研究的性质,从一定意义上说,诗人评传就是一种体验诗学。主张方法论阐释学的德国哲学家威廉·狄尔泰在其名作《体验与诗》[2]中,对莱辛、歌德、诺瓦利斯和荷尔德林的一生进行评述,他把诗人放进他们各自的时代,以充满热情的笔触论述了几位启蒙之子不同的成长经历和精神面相,及其各自写作风格的成因与相互影响。狄尔泰认为,自然科学从外部说明可实证的世界,人文学科则从内在理解世界的精神生命。所以人文学科的落脚点在于通过“移入”“模仿”和“重新体验”,达至对客观精神的基本理解。因此写名家评传是生命与生命的对话,灵魂与灵魂的相遇,钱理群的鲁迅研究著作名为《与鲁迅相遇》,蒋勤国的《冯至评传》也可看做作者与冯至的精神相遇。传主与传者“生命的相遇”的基础往往是人格气质上的相投——而这又往往源于相似的生命经历。这种遇合不仅要有同情的理解,还要有深入对方灵魂的热情,将自己代入对方的生活之中,亲身经历那样的一生;同时需要传者有对诗歌的充沛理解,并且有与传主相差不大的精神体能和思想高度,才能达到将传主的一生写得如其所是。

传记是对别人一生的“重写”与“再创造”,要通过一种生命体验把别人的一生当作自己的一生来过,在别人的一生里照见自己的见识和才华。

---

〔1〕 傅孟丽:《茱萸的孩子——余光中传》,上海远东出版社 2006 年版,余光中所作序文。

〔2〕 参见狄尔泰:《体验与诗》,胡其鼎译,生活·读书·新知三联书店 2003 年版。

在《中国现代文学批评史》中，温儒敏将李长之的批评称为“传记批评”，因为李长之擅长为作家写传，并且写得眼光独到而又文气纵横。蒋勤国先生写冯至评传，就像李长之先生写《鲁迅批判》和《司马迁之风格与人格》一样，在自己最好的年龄，投入了最大的热情，行文一气呵成，叙述节奏跌宕起伏，文笔朴实优美，布局疏密有致，诗人一生经历的童年孤独、青春浪漫、中年沉潜以及晚年的淡泊都让人读后历历在目。作者时刻注意评传“在地性”地贴近诗人思想的原貌，并不时加入自己的洞见和感悟。比如冯至先生在《昆明往事》中提到：如果有人问我，你一生中最怀念的是什么地方？我会毫不迟疑地回答是昆明，如果他继续问下去，在什么地方你的生活最苦？回想起来又最甜，在什么地方你常常生病，病后反而觉得很健康，在什么地方书很缺乏，反而促使你读书更认真，在什么地方你又教书、又写作，又忙于油盐柴米而不感到矛盾，我可以一连串地回答，都是在抗日战争时期的昆明〔1〕。当代读者很可能不明白为什么最战乱最艰苦的西南联大时代反而诗人最追怀？在《冯至评传》中，作者拉长了这段昆明时光，用优美的语言，丰富的想象，慢镜头地回放，为我们“重现”了这段烽火峥嵘中的流金岁月。作者精到地指出：一部《十四行集》，正是诗人为和他的生命“发生深切的关联”的人和事物所留下的感谢的纪念。“颇有田园风味的环境气氛，使秉有一颗宁静恬淡情怀的诗人能和尘世的喧嚣保持距离，而与尽情展露的大自然的风声雨声、云形树态保持直接的接触。观察山坡上的飞虫小草、鸟兽活动，缅怀自己所崇敬的圣哲名人，从书本上接受前人的智慧，从现实中体会人生的真谛，昔日的诸多经验与现实的复杂感受融合交叉在一起，使冯至或感念万物，或回味历史，感兴每富于沉思”〔2〕。只有再次进入此情此景，读者才能体味诗人当年那种极佳的

---

〔1〕 参见冯至：《昆明往事》，转引自《白发生黑丝：冯至散文随笔选集》，中央编译出版社2012年版。

〔2〕 蒋勤国：《冯至评传》，光明日报出版社2015年版，第124页。

写作状态和生命状态。

诗人是时代之子，传记批评要很好地把诗人的一生放进时代的历史长河中予以关照，对诗人的成就和地位给予恰当的评价。《冯至评传》正是这样把诗人和时代看成鱼与水的关系，写出了诗人立体的、浮雕式的一生。传记式批评在西方的主张者是泰纳，他倾向于对诗歌做社会心理学的实证批评。作为一种古老的批评方法，它类似于中国古代的“知人论世”和“以意逆志”之说。尽管当下“作者已死”（罗兰巴尔特语），“文本之外无物”（德里达语）的后现代新说红极一时，但在一定的常识范围内，任何读者都无法做到完全无视对“生蛋的母鸡”（钱锺书语）的关注，尤其是那些“抹去了诗与生命之界”（郑敏语）的诗人，如屈原、李白、杜甫、闻一多、徐志摩、冯至、海子、顾城等，“传记因素”显得尤为重要。诗评家陈超在论述食指、北岛这样的诗人时，就重申了这一维度：“因时代的特殊性使他们位于特殊的文学史坐标点，离开当时历史语境中的‘传记因素’，虽然无损于他们的作品本身的价值，但将无法对其理解透彻。”〔1〕诗人冯至三十年代求学德国海德堡，曾经对克尔凯郭尔、雅思贝尔斯等存在主义大家的哲学产生浓厚的兴趣，存在主义的现实感作为他生活的重要维度，存在主义哲学对命运恭顺地聆听，包括存在主义诗人里尔克对万物与自然谦卑的态度，与德国浪漫派诗人诺瓦利斯诗歌中关于生命与宇宙和谐的体验，都对他的写作和人生产生了深远的影响。正如穆旦所说：“一个深刻的诗人的诗总是和现实相结合着；他的概念与感觉都必根植于他的社会生活的土壤中。即使他受着某种哲学的影响，那最终原因也必是为他的生活感受所决定着的。”〔2〕

同时，诗人不仅是时代之子，也是上帝派来的精灵，他敏锐地捕捉存

〔1〕 陈超：《食指论》，《文艺争鸣》2007年第6期。

〔2〕 参见高秀芹、徐立钱：《穆旦：苦难与忧思铸就的诗魂》，北京出版社2007年版。

在的秘密,面对不可言说之物做出言说。这意味着艾略特所说传统与个人才能之间的辩证关系是存在的。诗中的"这种感情只活在诗里,而不存在于诗人的经历中,艺术的感情是非个人的"〔1〕诗歌声音代表了一个时代的声音,响在过去,也响在未来。冯至的"我的寂寞是一条长蛇,静静地没有言语"、艾青的"为什么我的眼中常含泪水,因为我对这土地爱得深沉",海子的"黑夜一无所有,为何给我安慰"等诗句,将上世纪二十年代的迷惘、四十年代的悲情、八十年代的求索蔚然纸上。作者在《冯至评传》中不仅有声有色再现了诗人的一生,也重新回顾了属于诗人的大时代,突出在时代的风云际会中,同道中人、阅读范围、时代精神以及个人经历对冯至诗歌风格形成的影响,其观察和辨识相当细微深刻。比如,他不仅看到德国浪漫派对冯至精神及风格形成的影响,也难能可贵地注意到德国浪漫派外国的诗人比如民主诗人海涅、匈牙利诗人裴多菲对诗人的感召力。作者通过详实地考证指出:"尽管迄今为止尚无人提及过裴多菲对冯至诗歌的影响,但我们有充分的理由认为裴多菲是一个在冯至的诗歌创作历程上发生过一定作用的诗人。"〔2〕鲁迅译的裴多菲名诗《自由与爱情》中的牺牲精神、以及裴多菲早期抒情诗中的简练民歌风格,间接启迪了冯至从平淡的生活中发现诗意。

"我们的生命在这一瞬间,仿佛在第一次的拥抱里,过去的悲欢忽然在眼前,凝结成屹立不动的形体"〔3〕。"什么能从我们身上脱落,我们都让它化作尘埃:我们安排我们在这时代"〔4〕。冯至写于四十年代的《十四行集》尽量在节制中隐约可现时代的风雨,当时不管是倾向左翼的艾青,

---

〔1〕艾略特:《传统与个人才能》,见《艾略特文学论文集》,百花文艺出版社 1994 年版,第 11 页。

〔2〕蒋勤国:《冯至评传》,光明日报出版社 2015 年版,第 85 页。

〔3〕冯至:《十四行集》,第一首《我们准备着》,转引自蒋勤国《冯至评传》,第 125 页。

〔4〕冯至:《十四行集》,第二首《什么能从我们身上脱落》,转引自蒋勤国《冯至评传》,第 125 页。

还是有基督教文化背景的现代诗人穆旦,还是受德国浪漫派和存在主义哲学影响的冯至,都在产生于民族危亡之际的歌唱中不由自主夹杂了生命的浪漫与苦涩,他们都在那时在不同程度上变身为时代的思考者和预言家,这些诗歌看似咏物抒情,但字里行间却有某种的知性品质,矛盾和坚硬并存。可以说,在对十四行集的品评中,《冯至评传》做到了将“诗”与“人”双向关照并相辅相成,这不仅发掘出冯至诗歌的无限能量,也以诗人多彩的人生反过来佐证并补充了其作品。

## 二、印象批评:作为一种精神对话

《冯至评传》作为一种诗歌批评文本,对于大多数冯至作品的解读,采取的是印象批评的方法。印象批评是一种创造性地表现批评家的主观印象和瞬间感受的批评方法。它依据审美直觉,关注文学作品的审美特性;它否认作者“客观意图”的存在,强调批评家的阅读感受,印象批评重视阅读印象,是一种斯坦利·费什意义上的“强读者”批评模式。印象批评的提倡者法国作家法朗士很坦白地说“批评家应该声明:各位先生,我将借着莎士比亚、借着莱辛来谈论我自己。”[1]他认为“好批评家是这样一个人:叙述他的灵魂在杰作之间的奇遇。”[2]二十世纪三十年代中期,李健吾追随法朗士等人提倡的西方印象主义,也继承中国古典感兴式审美批评传统,强调批评中创造的心灵对文本的鉴赏和体味,主张批评是一种“自我发现”。《冯至评传》的作者蒋勤国先生也曾经写过《李健吾评传》(待出版)相关论文,他对文本解读的印象主义风格无疑深受李健吾影响。

---

〔1〕 卫姆塞特,布鲁克斯:《西洋文学批评史》,颜元叔译,中国人民大学出版社 1987 年版,第 457 页。

〔2〕 李健吾:《自我与风格》,《李健吾文学评论选》,宁夏人民出版社 1983 年版,第 214 页。

首先，评传中对大多数冯至诗歌的解读，基于朴素的阅读印象，推崇批评主体的创造性与个性色彩。作者的文本细读既基于文本，无一字无来历，又在阐释中融入了作者自己的感受和情思。比如在谈到为什么鲁迅称冯至是“中国最为杰出的抒情诗人”时，作者写道“冯至那些哀而不伤、忧而不怨、温柔缠绵、格调清丽不俗的爱情诗，使鲁迅对新诗的感觉陡然一新。冯至诗作尤其是爱情诗中那种缠绕不去的深沉的寂寞，不被人理解和接受的苦恼、历经磨难而仍执着的追求深深的引起了鲁迅心灵的悸动和共鸣，更为曾切身体会到爱的寂寞和痛苦的鲁迅所深切的理解，这是鲁迅高度评价冯至的又一个原因。”〔1〕

其次《评传》文本批评注重阅读的直觉印象和影响的精神溯源。作者认为，“冯至以自己真挚的情感、奇妙的想象通过环境和气氛的烘托，生动地表现出层次复杂而又分明的丰富感受。在文字上并不太加修饰，不欲明言而又想有所倾吐，比较冲淡、平和。语言看似直叙，诗境却是幽曲的，给人以沉重的仿佛之不去的沉重感，这正是冯至的爱情诗歌幽婉动人的重要艺术表现”〔2〕。从郭沫若的《女神》，到博士论文的诺瓦利斯研究，冯至的诗歌风格深受十九世纪西方文学主流浪漫主义的影响。诗到浪漫主义不再素朴，开始感伤；内心也由古典的宁静和谐走向精神的分裂和迷狂。冯至早期叙事长诗《吹箫人的故事》《帷幔》《蚕马》《寺门之前》等作有中世纪的颓废感伤，神秘幽暗，甚至某些变态的情调，这无疑来自对德国浪漫派的翻译和模仿，浪漫派把诗看成是对神秘无限的追求，是作家天才灵感的产物，歌颂自然和人性。这无疑也影响到冯至《十四行集》的写作；其次冯至诗歌也受到晚唐诗和宋词的意境氛围影响，同时儒道两家哲学也给他在思想上以补充和纠正，因而总能在入世和遁世间寻找一种心灵

〔1〕 蒋勤国：《冯至评传》，光明日报出版社2015年版，第97页。
〔2〕 同上，第43页。

的平衡，评传作者一一分析并厘清了这些影响源流。

再次，《评传》文字追求语言的优美，重视语言的审美特性，并将冯至的诗歌恰当地镶嵌在作者充满诗情的评说文字中，感悟与洞见并存，并使得两者相得益彰。最后，评传作者也像印象批评的大多数提倡者一样，注重不同时代、不同作品、不同作者之间的比较、分析和鉴别。比如作者将冯至的诗歌风格与同时代的诗人徐志摩、卞之琳、戴望舒等做对比研究。“冯至的爱情诗，既有别于郭沫若坦真率直、情烈如火的爱情诗，也不同于‘真正专心致志做情诗’的‘湖畔’诗人们的天真烂漫、稚气大胆；既不同于轻灵飘逸，在柔和的旋律中时露过多甜腻韵味的徐志摩，也不同于朦胧如雾、似真似幻复似真的戴望舒；既不似刘梦苇那样热烈而凄苦，更不像李金发那样伤感而至于颓废。”〔1〕他发现了冯至在写作上的克制，并将这种克制和德国浪漫派倾泻无度的感伤做对比；而在和海涅诗歌的比较中，则认为是冯至“更显痴迷，更见缠绵”〔2〕。

印象批评虽然是一种“强读者”的阐释模式，但并不意味着作者可以凌驾于传主及其作品之上，可以天马行空地任意理解、想象和评价作品。理解首先是一种“还原”。以狄尔泰为代表的方法论阐释学认为，我们能够通过恰如其分地理解，克服“时间距离”，重现生命的“原初之境”；而主张本体论阐释学的伽达默尔则认为，“时间距离”和“先在之我”无法回避，任何理解者对“生命”和“自我意识”并没有一个很清晰的把握，任何理解都具有有限性，包含了“先入之见”。所有的理解都是一场对话，在对对象的理解里包含了大量的自我理解。“理解其实总是这样一些被误认为是独自存在的视域的融合过程。”〔3〕毋宁说，印象批评是在文本基础上和传主的精神对话。第一个层次是作者与传主之间的对话；还有一个层次是

〔1〕 蒋勤国：《冯至评传》，光明日报出版社 2015 年版，第 42 页。

〔2〕 同上，第 84 页。

〔3〕 伽达默尔：《真理与方法》（上），洪汉鼎译，上海译文出版社 1999 年版，第 396 页。

传主和时代之间的对话。传记大家朱东润先生认为“对话是传记文学底精神”,有了对话,读者便会感觉书中的人物如在目前。正如余光中所说:“如果传记是作家的外传,则作品可谓作家的内传:作品应该更贴近作家的心灵。透过传记,我们看见作家的生活。透过作品,我们才能窥探作家的生命。”〔1〕因此,印象的批评本质上是一种隐喻性质的表述,是用一个文学印象去阐释与说明另一个文学印象。他绝不是一种武断的批评,而是作者以丰富的学识,自由出入于古今中西的艺术传统中间,以直觉的方式进入作品,以瞬间“妙悟”“体验”和“灵感”,凝定成批评的神来之笔。在一个生命对另一个生命“恭顺聆听”(海德格尔语)的基础上,展开卓有成效的“精神对话”,扩大生命之间的彼此理解,从而增进人类整体的理解水平。

## 三、仰望还是审视:作为一种心灵史研究:

就目前的诗人传记来看,主要存在着两种相对的传记叙述的角度:一种是仰望式的“树碑”立传,一种是采取旁观或审视型的“祛魅”研究〔2〕。仰望型传记往往着力选取诗人一生中的“正面”素材,夸大渲染,力求树立起诗人作为思想家、泰斗或者大师的光辉形象;审视型传记则常取材诗人生前不愿披露的一些亲历者见闻,做出一种路易·阿尔都塞意义上的“症候阅读”,从而去掉笼罩在诗人头上的神秘光环,恢复诗人作为一个普通人平凡真实的一面。无论仰望还是审视,求真务实是严肃的传记文学的生命线。所谓评传,就是要求对作家的‘传’与对作品的‘评’并重,把作家

---

〔1〕 傅孟丽:《茱萸的孩子:余光中传》前言,上海远东出版社2006年版。

〔2〕 王永:《还原,想象,阐释——中国现当代诗人传记研究》,首都师范大学博士学位论文,2008年。

的人生和作品当作一个整体来省察和观照,“做到‘传’亲切、真实、全面、丰赡,‘评’客观、公正、权威、系统,传与评相互协调,互相映衬,从而引领读者深入地认识作家及其写作的全貌,达到对作家的人生经历、行为方式、精神品格和艺术境界的深刻认识和准确把握”〔1〕。正像冯至所说,“诗人的人格是怎样养成的,他承受了什么传统,有过怎样的学习,在生活里有过什么经验,致使他、而不是另一个人,写出这样的作品?这些,往往藏匿在作品的后面,形成一个秘密,有时透露出一道微光,有时使人难于寻找线索。这秘密像是自然的秘密一样,自然科学者怎样努力阐明自然,文学研究者就应该怎样努力于揭开这个帷幕”〔2〕。诗人评传的内部要素既包括对诗人诗歌的细读,对其诗歌史地位与成就的定位,还包括对诗人生平与精神历程的理解。

传记作者对冯至的一生做出了基本公正的评判,作为一个杰出诗人和知名学者,作为翻译家、教育家以及社会活动家,冯至先生的思想斑驳复杂。传记作者如实批评了作者五十年代诗歌的艺术性问题,也独具慧眼地看到是里尔克的榜样力量和雅思贝尔斯的生存哲学,使得冯至走出孤独中的个体,懂得人应该承担自己的命运,同时也注意到冯至思想在精神裂变过程中体现出的自我治愈力量,借助存在主义哲学,“冯至已经成熟为一个独立的生存者”〔3〕。杨义在读丁亚平的《浪漫的执着——萧乾评论》过程中,悟出“文学研究是讲究坚实的原始材料和新颖的现代观念之结合的,结合之道存乎感悟性之中”。《评传》的不足之处在于,在运用新颖的现代观念进行论述方面,作者的思想知识视野稍显狭窄正统,比如作者对民国氛围的感受和认识、对民国人物评判多有教科书色彩。其次,在对冯至等诗人前辈的精神世界进行探究分析时,也大体采取了“仰望”

〔1〕 参见谢有顺:《中国当代作家评传丛书》“序言”,郑州大学出版社2005年版。

〔2〕 冯至:《山水斜阳》,黑龙江人民出版社1999年版,第59页。

〔3〕 蒋勤国:《冯至评传》,光明日报出版社2015年版,第115页。

而非“审视”的视角，传者对传主由衷的仰望由《冯至评传》结尾《献给冯至先生的歌》可见一斑。[1]

总体而言，这是一部很好地重现诗人一生经历、细心、广博、精到地解读诗人作品的传记，但并非一部在黄仁宇所言“大历史”框架中正视诗人生存困境、深度解读启蒙一代知识分子精神世界的精神评传。诚然，这是冯至先生较早的一部传记，在作者开始写作的九十年代初，出现这种情况也情有可原。首先，传记作者要避生者讳，作者同传主及其亲人保持联系是一柄双刃剑，一方面有亲炙之谊就像获得了一种写作上的郑重授权，同时传记写完获得传主首肯也是无上荣光；但另一方面也许就因此失去了恰当的审视距离，与传主接触过多容易使得“仰望”多于“审视”，无法从旁观者的角度做出心灵史的研究。其次传者也要避时代之忌讳，因为不管是诗人郭沫若、何其芳还是冯至，学者冯友兰、朱光潜还是王力，这些“文革”后“归来”之人在面临人生重要选择时多半也是身不由己，我们不能把时代的问题完全归咎于个人，但也不能完全推诿置身其中的个体责任，不做任何追问和反思。尽管传者和传主往往有相似的精神气质和生平经历，但是在很多现代学界认为呈现出二十世纪知识分子精神症候的地方，在传记作者看来也并非是不成问题的。比如作者直言了诗人《杜甫传》的缺失，“《杜甫传》也有一些不足和值得商榷的地方。由于过分强调‘力求每句话都有它的根据，不违背历史’，因而写得过于拘谨，远没有显示出冯至的学识、才情和笔力。至于受当时政治氛围的影响，结尾‘画蛇添足’地加上一段与传记本身无关的文字，显也与全书游离和脱节。”[2]诗人写于“十七年”时期的一些充满热情但难免阿谀之嫌的政治鼓动诗，艺术上相当粗劣，对此传者也做了淡化处理，没对其中任何一首做文本细读，这也

〔1〕 蒋勤国：《冯至评传》，光明日报出版社 2015 年版，第 259 页。

〔2〕 同上，第 204 页。

许本身就是一个态度。

1991年春天，八十七岁高龄的冯至总结自己一生的精神历程，曾写下了最后一份诗歌体的《自传》，相较于各种充满溢美之词的评传总结，这个自传的心灵底色也许更真实些：

> 三十年代我否定过我二十年代的诗歌，
> 五十年代我否定过我四十年代的创作，
> 六十年代、七十年代把过去的一切都说成错
> 八十年代又悔恨否定的事物是这么多，
> 于是又否定了过去的那些否定。
> 我这一生都像是在“否定”里生活，
> 纵使否定的否定里也有肯定。
> 到底应该肯定什么，否定什么？
> 进入九十年代，
> 要有些清醒，
> 才明白，
> 人生最难得的是“自知之明”。

如此看来，冯至沉静、持重的外表，舒缓、优雅的文字后面，永远有一个多面相的分裂的自我，这个“自我”至今仍然未完成。对这些精神问题进行追问仍然有待于后来者，因为后来者不仅站在前人研究的基础上，而且面对的是传主身后这个更开放也将更开明的世界。

（原载《中国诗歌研究动态》第17卷，学苑出版社2016年版）

# 自媒体催生的平民神话

## ——以女诗人余秀华为例

女诗人余秀华的一夜"爆红"成就了一场庶民的狂欢。自媒体时代，各种网络事件层出不穷。在这之前，王菲离婚、文章出轨、马航失事、姚贝娜病逝等一系列事件都曾被一夜刷屏，"各领风骚三五天"。与此前的凤姐、木子美、芙蓉姐姐、犀利哥、百变小胖、庞麦郎等草根明星、网络红人相比，余秀华的"一夜成名"有着明显的自发性、偶然性、不可复制性和可持续性。事件发生之初，很多业内人士怀疑"余秀华热"背后可能也有专职炒作的幕后推手，但很快当事人的澄清与事件的进一步发酵证明，这一切似乎确实事出偶然。当然，如果我们要追究这偶然中的必然因素，首先就会发现，一个诗人一夜成名的背后必定有多年的真诚爱好与写作积累，其写作特质也必定击中了我们这个时代文化的敏感神经；其次，不容忽视的是，余秀华的"爆红"也暗合了媒体议程设置和大众文化传播的若干规律。没有自媒体时代病毒一样的网络传播，余秀华写得再好也无法一夜成名。

## 一、博客与伯乐:自媒体时代的自我呈现与被发现

2015年1月15日,一首名为《穿过大半个中国来睡你》的诗在微信朋友圈被刷屏,其作者湖北荆门的一个普通农村妇女、业余女诗人余秀华迅速成名。其家中连日来数十家记者盈门,她一度无人问津的诗集被多家出版社争着出版,她本人被请到北京参加盛大的新书签约仪式,并从容做客凤凰卫视"锵锵三人行"。余秀华似乎在短短的几天时间里汇集了全中国网民的宠爱,成为诗歌的宠儿,多少作家日日夜夜默默写作所梦想的成功,对于她而言,不期而至。不同于罗玉凤(凤姐)、芙蓉姐姐、木子美等网络红人,余秀华的成功出于偶然,并且是不可复制的。她背后并无营销团队操作,她的一夜走红恰恰得益于这个自媒体时代的推波助澜。网民们并非带着戏谑和审丑心理在消费余秀华的故事,而是带着敬意和同情。她不是一个可以被消费的娱乐明星,没有主动暴露自我、主动迎合媒体的行为。余秀华在做客"锵锵三人行"时的侃侃而谈,她对待专家同行尖锐批评所持的平和态度,都恰恰说明:她是一个智商情商都不低、并有着精神景深的人。这是一个"灰姑娘"得遇诗歌"王子"而一夜成名的故事,而"灰姑娘"之所以被"王子"发现,使得"灰姑娘"才华和身后故事得以呈现,自媒体时代的博客写作首当功不可没。

余秀华从小身患脑瘫疾病,身体行动不便,很早就辍学成家,因为身体疾患无法正常参加体力劳动,在业余时间她把写诗当作自己残缺人生的全部寄托。从1998年开始写起,已经坚持了十六年。2007年,在诗友的帮助下,余秀华家里有了第一台电脑,她的写作可以不再那么吃力,而是借敲击键盘通过电脑终端和这个世界联系在了一起。2009年,她在朋友的帮助下开通了自己的博客,取名"云端梦呓"。是自媒体时代让"媒

体”仿佛在一夜之间“飞入寻常百姓家”,变成了个人的传播载体。让每一个人成为在线的公民,从“旁观者”转变为“当事人”,每个平民都可以拥有一份自己的“网络报纸”(博客)。

自媒体(外文名:We Media)又称“公民媒体”或“个人媒体”,是指私人化、平民化、普泛化、自主化的传播者,以现代化、电子化的手段,向不特定的大多数或者特定的单个人传递规范性及非规范性信息的新媒体的总称。自媒体平台包括:博客、微博、微信、百度官方贴吧、论坛/BBS等网络社区〔1〕。自媒体传播的主要特点是平民化与个性化,并且由于省略了新闻生产的“把关人”角色,自媒体发表的门槛也比较低,并且易操作,写完就可以及时发出去。人们自主地在自己的“媒体”上“想写就写”“想说就说”,每个“草根”都可以利用互联网来表达自己想要表达的观点,传递自己生活的阴晴圆缺,构建自己的社交网络。

余秀华像自媒体时代的大多数网民一样,精心耕耘着自己的“网上家园”,让那些心中流淌的诗意随时有发表的机会,她也经常通过参加诗歌论坛和QQ群发言,活在远方的诗歌亲人——自己以及诗人同道构筑的精神空间里。而2014年的秋天,《诗刊》编辑部的编辑刘年就是在午后闲逛诗歌博客时,无意中看到了余秀华的诗,击节赞赏并惊讶不已。“一个无法劳作的脑瘫患者,却有着常人莫及的语言天才,不管不顾的爱,刻骨铭心的痛,让人对上天和女人肃然起敬”〔2〕。他在向《诗刊》同事推荐余秀华时激动地说,这是他看到的70后女诗人中写得最好的之一。

由此可见,首先余秀华的成名很大因素在于她的自媒体呈现。“社会正从机构向个人过渡,个人正成为新数字时代民主社会的公民”这是2006年美国《时代》周刊对年度人物“你”下的定义。Web2.0正以我们所没能

〔1〕 参见百度百科:“自媒体”词条。

〔2〕 刘年:《多谢了,多谢余秀华》,《余秀华诗集后记》,转自作者新浪博客,2015.1.18,http://blog.sina.com.cn/s/blog_3f7d31760102vas7.html。

察觉的方式改变了我们的生活,它在网络媒体领域掀起一场又一场革新,互联网的发展及普及,已经使全球成为一个公共信息平台,让人人成为记者,人人成为媒体,变成了可能〔1〕。其次,这是一种原生态的呈现,与大多数网络红人相比,余秀华并没有刻意想过利用网络出名。她把诗歌看成存在的意义本身,她的诗歌和她的人生完全同构在了一起,因此这种本真的呈现方式最能打动人心。在某种意义上,诗歌是她的精神寄托,甚至终极关怀。她曾经写道:“于我而言,只有在写诗歌的时候,我才是完整的,安静的,快乐的。即使我被这个社会污染的没有一处干净的地方,而回到诗歌,我又干净起来。诗歌一直在清洁我,悲悯我。”〔2〕余秀华对诗歌和生存关系的理解,极好地再现了她对生命独特的理解,以及她在表达自身观念时的语言天赋。而《诗刊》编辑刘年作为自媒体时代的“伯乐”,一个诗人,对余秀华的诗歌和生存的关系感同身受;作为资深编辑,他同时也看到了余秀华其人其诗的文学价值和新闻价值。余秀华并非刻意的自我呈现和《诗刊》编辑的慧眼发现,成为整个事件传播的“蝴蝶效应”中蝴蝶翩翩扇动的翅膀。

## 二、微信公众平台转发:意见领袖的认同与推介

2014 年 9 月,《诗刊》的“双子星座”栏目和湖北的《汉诗》都刊登了余秀华的诗作,引起的反响不大。11 月 10 日,《诗刊》将已刊发的余秀华诗作以《摇摇晃晃的人间——一位脑瘫患者的诗》为题发布在其官方微信平台上,转发量很快破万次,影响开始扩散。十多天后,另一个微信订阅号

〔1〕 朱咏竹:《自媒体时代网络草根名人的社会功能分析》,西南大学硕士论文 2013 年版,第 1 页。

〔2〕 余秀华:《摇摇晃晃的人间》,《诗刊》2014 年,第 12 期。

“读首诗再睡觉”推送余秀华诗歌《你没有看见我被遮蔽的部分》，阅读量上了七万。《诗刊》编辑部决定再助推一把。12 月 17 日，他们和另外两个机构邀请余秀华等五个在底层艰辛写作的诗人到中国人民大学一间教室，参加一场名为“日常生活，惊心动魄”的诗歌朗诵会[1]。这次活动之后，《人民日报》和《新华网》都用大篇幅相继报道了余秀华的诗歌和事迹，余秀华和其他几位业余诗人一起，由此进入了媒体的视野。

根据拉扎斯菲尔德的两级传播理论，大多数公众获取信息并接受影响的主要来源并不是大众传播媒介，而是一小部分其他的公众。这一小部分人与媒介关系更加密切，频繁接触报刊、广播、广告、微博、微信、论坛等新旧媒体，对有关事态更加熟悉在行。这一小部分人被称作意见领袖(opinion leader)。意见领袖是两级传播理论的核心，因为两级传播顾名思义就是指信息先由大众媒介传播到意见领袖那里，然后再由意见领袖扩散给社会大众的过程[2]。尽管《诗刊》编辑部在发现余秀华的价值后，将她的诗和随笔在《诗刊》博客及微信发布，激起了互联网新媒体领域更大范围的一轮阅读和转发，然而《诗刊》的纸媒和微信号受众毕竟是一个小众群体，在一个消费至上的时代，真正关注诗歌的人寥寥无几。

事情出现巨大的转折，以至于成为一次不大不小的网络事件，得益于旅美诗人、学者沈睿的推荐。沈睿是美国俄勒冈大学比较文学博士，现任美国亚特兰大一所大学的教授。作为一位诗人，文学批评家，女性主义者，她在余秀华事件的两级传播中起到了意见领袖的作用，她的赞赏和力荐文章掀起了余秀华在公共传播中的第二轮热潮。作为《诗刊》小众中的一员，沈睿是在 2015 年 1 月 11 日晚睡前刷朋友圈时，偶然看到了《诗刊》对余秀华的推荐文章，她当时受到极大地震动，继而追踪到了余秀华的个

---

〔1〕 刘功虎:《余秀华“爆红”过程还原》,《长江日报》2015 年 1 月 30 日。

〔2〕 李彬:《传播学引论》,新华出版社 2003 年版,第 82 页。

人博客，并为她的诗歌天分和不幸命运慨叹不已。在沈睿推介余秀华的那篇名文中，她热情地称余秀华为“中国的艾米丽·狄金森”，盛赞她的诗歌“出奇的想象，语言的打击力量，与中国大部分女诗人相比，余秀华的诗歌是纯粹的诗歌，是生命的诗歌，而不是写出来的充满装饰的盛宴或家宴，而是语言的流星雨，灿烂得你目瞪口呆，感情的深度打中你，让你的心疼痛”。而她本人长年旅居海外，和余秀华素不相识，她写余秀华的诗歌评论纯粹出于对余诗歌本身的惊讶和喜爱。

如果说《人民日报》和新华网这些主流媒体刊载余秀华的故事，是出于传播关于“身残志坚”“自学成才”的正能量的需要，那么沈睿对余秀华的解读，则主要出于女性主义者和女诗人之间的惺惺相惜。王国维曾引尼采的话说“一切文字，余爱以血书者”〔1〕，余秀华的诗歌是和着泪与血的文字，写得热烈而美丽，在中国女诗人都追求温婉细腻风格的当代，它迥然是个异数。正是余诗对情爱的大胆追求和独特理解，那些生之撕裂、爱之疼痛深深震撼了这位女性主义批评家。

## 三、消费社会的娱乐传播：自媒体编辑的“标题党”智慧

2015年1月12日，诗评家沈睿的文章《什么是诗歌？余秀华——这让我彻夜不眠的诗人》被苏州“同城网”一名员工王小欢改题为《余秀华：穿过大半个中国去睡你》，并在他自己经营的微信公众号“民谣与诗”上发布，两三天内迅速形成刷屏之势，单在这个平台上转发量就有一百多万次，算上微信至少二十倍的“乘数效应”，总转发量在千万次以上〔2〕。由此可见，余秀华诗歌被网友一夜刷屏，沈睿诗评是一个契机，王小欢的改

〔1〕〔2〕 王国维：《王国维文学论著三种》，商务印书馆2009年版，第33页。

题转发又是一个契机。被微信疯转、让诗歌影响溢出诗歌圈子之外，很大因素得益于这个火辣辣的题目。沈睿的原题简单朴素，显然不如改后的标题吸引眼球，而自媒体编辑王小欢的灵机一动在这里起了关键作用。

首先，从表面来看，“标题党”的智慧，迎合大众流行口味，符合自媒体时代大众文化的传播规律。无疑，对于大多数普通人来说，业余时间看朋友圈主要为了娱乐休闲，所以一些耸人听闻的题目，夹带着官场秘闻、明星艳史、养生之道、心灵鸡汤等，更容易为人们所注意、转发。这是一个讲求注意力经济的时代，在网络信息的海洋中，措辞平淡往往会无人问津，而“标题党”之所以能大行其道，恰恰是因为那些煽情、惊悚的语句，涉及金钱、暴力和性的内容更容易在瞬间引起众人的兴趣，从而赢得点击率。改后的诗歌标题集大胆与性爱于一身，“农妇”与“诗人”之间的巨大落差本来已经足够引起人们的好奇心，而“脑瘫病人”与“性爱主题”合在一起，更迎合了大众对疼痛进行奇观消费、以彰显同情获得虚假满足的心理。

其次，从深层来看，作为诗歌的标题，这样改也不无精彩之处。诗人残缺的身体和昂扬的精神构成强大的悖论，在标题中一览无余，造成诗语本身的冲击力。余秀华的普通农妇、脑瘫患者的个人身份和“穿过大半个中国去睡你”的爱情姿态形成了巨大的张力，人们惊诧于一个长年生活在乡间、没有受过任何西方教育的普通农妇，竟然有如此鲜明独立的个性，对情爱有如此强烈的要求和表达。这种跨越人山人海、大胆告白、舍我其谁的气势，反转了中国古典爱情的含蓄幽婉，也颠覆了中国妇女几千年来在性爱中一直处于被动的角色。可以说，没有爱情的痛苦，余秀华写不出这么多炽烈的抒情诗；没有这个大胆的题目，余秀华的诗歌才华也不可能引爆我们这个精神匮乏的时代。

最后，从传播效果来看，固然“标题党”迎合了消费社会的娱乐口味，让人难免觉得媚俗，但聊胜于让一个好诗人淹没于时代洪流之中。事件之初业内很多媒体同行怀疑“余秀华现象”是否是预谋炒作，王小欢是否就是余秀华事件背后的推手，但是通过记者后续的采访可以看到，在“余秀华—刘年—沈睿—王小欢—公众”这个递进传播链条上，王小欢和她前面的人都不认识，在这件事成为媒介热点之后他们之间也没有联系，吸引他转发的是作为媒体人的直觉。他为余秀华的诗歌才华和身后故事所感动和兴奋，因此迅速通过微信征得了沈睿同意，巧妙地改动了标题，短短一天时间便迎来了微信朋友圈山呼海啸般的转发之势。王小欢的随机转发进一步确证了这件事的自发性和偶然性，“余秀华热”是很多意外因素叠加的结果，事件背后并无利益之手在拨弄。自媒体时代，正是无数像王小欢一样的诗歌爱好者、评论者、发现者、报道者，使得余秀华被一夜刷屏，成为自媒体时代的草根诗歌女神。自媒体中每一个自我都是脆弱的、柔软的、渺小的，像鸡蛋一样，但他可以通过自身平台发言、点赞和转发，创造出无限的可能性，“鸡蛋，有时候也有象征意义。人们经常拿来跟石头碰的，就是这东西。……人们在反思中发现，这个时代最缺少的不是粮食、石油、住房和钱，而是真诚的诗意”〔1〕。无数的鸡蛋凑在一起，就点石成金，汇聚成民意的洪流，孵化出新的力量和文明。

## 四、公共传播中的议题升温：大众文化的认同与精英学者的争议

进入微信时代以来，诗歌第一次引发了全民的关注，诗人余秀华迅速成为一个神话般的人物。在分众传播的意义上，余秀华的故事和她的诗歌赢得了社会上不同阶层、不同口味受众的认同，也引起了诗歌圈内圈外不同向度的争议。

---

〔1〕 刘年：《多谢了，多谢余秀华》，《余秀华诗集后记》，转自作者新浪博客，2015.1.18，http://blog.sina.com.cn/s/blog_3f7d31760102vas7.html。

主流媒体把她看作“中国的海伦·凯勒”，对她的认同首先基于她的不幸人生和个人奋斗，这是一个身残志坚的励志故事；而大众文化中的青年人则喜欢她诗歌的抒情品质，把他看作“活着的女性海子”，余秀华诗中如海子诗歌般的忧郁和抒情、知性和孤独恰好击中文艺青年的敏感神经，它清新、通俗，直抵人的心灵，像来自田野的风，正符合流行文化的口味；另外，大众文化中的普通平民则把余秀华看作是个有才华的穷人，她的崭露头角证明了蕴含在平民中的实力，对她的高调转发既有对不幸人生的善意祝福，也有对“草根”出位的起哄狂欢。在自媒体平台，“每个人都具备了发布信息、设置议题和参与公共讨论的能力，每一次转发、点‘赞’和评论都是一次信息的阶梯式、裂变式传播”〔1〕。于是像被哄抬物价一般，在大众文化的视野中，余秀华在一夜之间被塑造成了文化英雄：她出身草根，身患疾病，少年辍学却坚持写作，没有任何背景，凭借诗歌在 39 岁时一举成名。她的成功让普通人感觉每一个人都是有希望的，每个人的身后都是一部传奇。

在精英学者话语圈中，余秀华的诗“到底写得好不好”却引起了争议。自媒体时代，争议常常是引发关注的春药。余秀华的诗歌早在《诗刊》发表时并没有引起广大的关注，因为还没有争议产生，尤其是没有名人介入争议，直到著名诗人和批评家沈浩波、沈睿、臧棣等人陆续说话，才迅速形成了一个事件。关于余秀华诗歌质量的争论主要围绕她的写作是小众的还是大众的？是先锋的还是媚俗的？她的诗歌打动人心是因为她感情表现的疼痛尖锐，还是因为她袒露人生的大胆生猛？沈睿认为余秀华是像艾米丽·狄金森一样被埋没的孤独的天才；而精英学者中的男性诗人沈浩波则认为余秀华的诗歌其实写得并不好，热捧余秀华的人是因为同情

〔1〕 许航：《相聚却孤单：微时代的公共交往》，《文化研究》第 19 期，社会科学文献出版社 2014 年版，第 147 页。

其身世而降低了对她诗歌的评判标准。“不同层面的读者,在余秀华的诗歌中各取所需。但殊途同归的是,这是一场对平庸诗歌的赞美运动”。之后沈睿又撰写《沈浩波走在去经典的路上和男性文人的酸脸》,并接受《新京报》的采访,认为中国有些男诗人自恋得厉害,矛头直指沈浩波;并针对网络上流行的《残疾农民女诗人作品走红网络 网友质疑抄袭》[1]的一篇文章,把普姓男诗人的原诗和余秀华《穿个大半个中国去睡你》放在一起对比解读,她认为大众能自己判断余诗是否存在抄袭,是否比“原诗”写得更好。

男沈(“中国沈”)和女沈(“美国沈”)像打擂台赛一样,在公共视野中和微信平台上经过了第一轮抗辩,微信朋友圈火速转播,话题一下子升温,戳中了时代兴奋点。自从海子和顾城死后,人们好久也没有这么尽兴地谈论过诗歌,这让整个微博、微信自媒体在连续几天的时间内一直弥漫着“诗歌嘉年华”的氛围。紧接着又有著名诗人巫昂站出来为沈浩波打抱不平,同时另一方马上接力沈睿力挺余秀华的是知名诗人廖伟棠,他认为大众喜欢的诗人也可以是好诗人,判定余秀华的诗歌为“把苦难煲成了鸡汤”,可以说是局外人站着说话不腰疼[2]。而任教于北大中文系的诗人兼学者臧棣则居中而论,认为“关于余秀华,真正的问题不是我们怎么看她,而是我们怎么反思我们自己”[3]余的写作伸张了一种沉睡中的生命权力,余是一个很有天赋的诗人;但严格要求来说,她的语言意识还不够丰富、平衡。当然余秀华的诗歌能得到这么多专业诗人的认真对待和评价,不管是褒是贬,都再一次促进了这个公共议题的升温。

还有一种争议也使得“余秀华热”一波三折,看点频出。这种讨论不

---

[1] 刘元:《残疾农民女诗人作品走红网络 网友质疑抄袭》,腾讯文化 2015 年 1 月 16 日。

[2] 廖伟棠:《大众喜欢的诗人也能是好诗人》,选自腾讯“大家”微信公众号 2015 年 1 月 21 日。

[3] 参见臧棣:《关于余秀华,真正的问题不是我们怎么看她,而是我们怎么反思我们自己》,选自臧棣微博。

是针对诗歌本身的，而是针对余秀华本人的。号称“与余秀华相交七年的文友”黄旭生认为，余秀华是一个以诗歌为拐杖的独行侠，她经历不幸广结文友，但她对爱情的追求是虚幻而不切实际的，有时难免会让人感到恐惧，避之唯恐不及。“余秀华渴望被爱，表现在日常中，爱就像一把沙子，她抓得越紧，爱漏得越快”〔1〕。正是对灵肉结合的完美爱情不顾一切的执着追求，以及面对人世冷漠希望落空后的难免恶语相向，使得她的人格多少是有些病态的。但是也有人赞美余秀华为人的真诚，认为她正因为不世故才是一个好诗人。腾讯大家专栏作者、文化评论人周黎明把她的“真”和庞麦郎的“假”相提并论，认为余秀华最可贵是她的“真”，“有时真到残酷，有时真到让人脸红，真到浑身颤抖”〔2〕。尽管她和庞麦郎几乎同时出名，但是二人最大的不同就是余秀华一点也不装腔作势。庞麦郎和凤姐、芙蓉姐姐身上或多或少都有妄想狂的精神特质，在一定程度上是我们这个时代病态文化的产物；而余秀华始终写的是自己笔下的人和事，发出的是自己的声音。

在 2015 年 1 月以前，余秀华一直是个小众诗人，不期而至的幸运却让她乘着自媒体传播的飓风，在一夜之间红遍中国。随着她的诗集在 2 月 1 日付诸出版并马上售罄，她没有像庞麦郎等人一样成为稍纵即逝的网络泡沫，而是成为自媒体时代的文化英雄。对于忽然而来的盛名，余秀华比谁都清醒，她认为这一切也就是一阵风，“不用多久，我就会回归到以前的状态。之前我的博客只有 200 个粉丝，现在已经有 2000 多了。我会有越来越多的读者，但是真正理解我的人、懂我诗的人，全世界可能只有一两个”〔3〕。对于那些带着同情和娱乐、欣赏和围观的双重目光关注她的人，余秀华是心怀感谢的，同时也知道这不过是过眼云烟。诗歌最终是

〔1〕 黄旭生：《她对自己有一个清醒的认知》，《北京青年报》2015 年 1 月 21 日。

〔2〕 周黎明：《庞麦郎的劣质与余秀华的真诚》，腾讯文化 2015 年 1 月 19 日。

〔3〕 潘媛、余秀华：《我的身份顺序是女人、农民、诗人》，《成都商报》2015 年 1 月 19 日。

孤独的事业，诗人从来不迎合大众，甚至也不取悦小众，诗歌永远只写给自己。余秀华的诗歌写作彰显了平民的力量，集聚了女性的时代敏感和生存体验，并上升到纯粹的高度；她已经坚持写作了十八年，并且还将宠辱不惊地写下去。这个“一夜成名”的神话似乎提醒我们所有人：在物质至上的消费社会里，一个人还可以通过诗歌写作完成自己；自媒体时代，每个人都是主人公，一切皆有可能。

（本文写作于 2015 年 2 月）

# 第三章　光影之魅

经由诗的连接，情感得以提升；观众也将由被动变为主动，他不再为作者预设的情节所左右，而是亲自参与一个探索生命的历程，唯有能帮他透视眼前复杂现象的深层意义者才为他所服膺。思维的复杂性以及世界的诗意未必要以简单明白的架构呈现，一般直线推演的逻辑就像几何定理的证明一样让人感到不舒服，这种方法的艺术成效显然远不及由诗的逻辑所开放的可能性，允许一种感性和理性的评价。由此可见至今电影仍很少运用诗的逻辑是多么大的错误，它有许多资源尚待开发，它蕴含一股内在的力量，这股力量凝聚于影像中，以感性的形式向观众呈现，引发出张力，直接回应了作者的叙事逻辑。

——安德烈·塔可夫斯基：《雕刻时光》

在这种情况下，消费是交往过程的一个阶段，亦即译解、解码活动，这些活动实际上以显而易见地掌握了密码或符码为前提。在某种意义上，人们可以说，看的能力就是一种知识的功能，或是一种概念的功能，亦即一种词语的功能，它可以有效地命名可见之物，也可以说是感知的范式。一部艺术品只是对那些掌握了文化能力（亦即可以译解符码能力）的人来说才会是有意义的和有趣的。

“眼光”乃是教育再生产出来的历史之物。

——Pierre Bourdieu, *Distinction*: *A social Critique of the Judgement of Taste*

# 物恋与怀旧

## ——影像叙事中的现代性反思

怀旧是人类永远的“乡愁”，现代化的车轮滚滚向前，现代性的体验却五味杂陈。消费社会有一类诗性怀旧电影，比如李安的《色戒》、贾樟柯的《三峡好人》、张猛的《钢的琴》，虽然导演涉及两岸三地，生活经历各异，政治立场不同，对现实的感受千差万别，但是他们的影片都在不同程度上重新焕发了物性的光辉，以“物恋”为线索，指向一种怀旧的叙事。在这些影像叙事中，导演的目光像固执的孩子，聚焦于日常生活中那些平凡而又具体的物象，它们是一颗钻石，一个烟盒，或者一架钢琴，电影以诗一样的视觉语言重现往日时光，带着幽怨、迷离和感伤，在不知像雾像雨像风的现实里凭吊过去。影片主题“召唤”观影者站在历史发展的特定节点向“后”回望，致敬“过去”一段永远逝去的岁月。虽然各自影像怀旧具体指向的“过去”时段不同，却都从政治、经济、文化等不同方面质疑现代化发展的历程，呈现错综复杂而又千差万别的现代性体验，以物质呈现和影像叙事的方式，表达现代生活带给人们的反思和困惑。

## 一、"革命"现代性反思:《色戒》中的物恋镜头与怀旧景观

追溯"物恋"古老的词源学,在美国人类学家威廉·皮埃兹(William Pietz)的研究中,"the fetish"在宗教学及人类学的意义上,更准确的译法应为"物神崇拜"。就像鲍德里亚(Jean Baudrillard, 1929—2007)说的:"'物恋'这一术语经历了一些语意的歪曲。今天,它意指一种力量,一种物的超自然的特质,因此类似于主体中某种潜在的魔力,投射于外,而后被重新获得,经历了异化与复归。"〔1〕"物恋(Fetishism)"在中国主要有两种译法,恰好指向两条完全不同的学术谱系,一个是马克思主义政治经济学的视角,译为"商品拜物教";一个是弗洛伊德精神分析心理学派的译法,译为"恋物癖"。这些译法都可以看出"物恋""物神"崇拜中的物,不仅具有其商品价值,而且具有其符号价值。它们散发着"物性"的光辉,被罩上了神秘光环。马克思主义的"拜物教"理论服从他对资本主义社会"金钱至上"的整体批判,在他看来,商品拜物必将导致人的"物化"乃至"异化"。

《色戒》中女主人公王佳芝就是这样在一枚钻石礼物面前被"物化"的。在女性主义者如劳拉·穆尔维(Laura Mulvey, 1941— )看来,女性在资本主义社会中被商品所物化,其自身也有了身价,等同于用来交换的商品。决定女性自身价值的,不是其使用价值,而是其交换价值,即她们在多大程度上激起男人之间交换的欲望和需求。在这里,宝物钻石的价值可以折合成王佳芝在易先生心中的价值,王佳芝拜倒在"敌人"手中这颗美丽钻石的金色光芒下,沉醉在通往死神道路的爱神目光眷顾里,革命

〔1〕 鲍德里亚:《符号政治经济学批判》,夏莹译,南京大学出版社2009年版,第77页。

同道帮她精心构筑起的精神防线轰然倒塌,"物神"摧毁性的力量可见一斑。在需要行动的关键时刻,她心中爱的天平忽然倾斜,对情人的爱胜过了对同志的爱。她为美丽的"鸽子蛋"一样的钻戒而瞬间眩晕,改变了主意。这颗鸽子蛋钻石属于精美而有价值的宝物,散发出本雅明意义上独一无二的神秘光晕,于是爱的闪电霎那击中了她,而物的光晕笼罩了她。在作为一个女人而非女革命者的王佳芝眼中,钻戒带着"物神"的魔力,证明了易先生内心的温柔:"这个人是真心爱我的。"于是一个关乎自己和同志们生死的决定只在一念之间铸成。朱大可曾经指出,"欧罗巴型的拜物教,更关注器物的文化表现力和艺术价值,而亚细亚型的拜物教,更关注器物的财富表现力和经济价值"〔1〕,而亚细亚式的拜物教更符合马克思对"商品拜物教"的描述。"物神"——一颗贵重而又美丽的钻戒使得王佳芝忘了自己是个理性坚决的革命者,而成为一个不顾一切的忠诚情人。

如果小说原作者张爱玲作为老上海的小女人,本来性格中就有"恋物"的一面,著名导演李安拍摄《色戒》的重心则主要通过"恋物"而"怀旧"——再现往日民国景观,在怀旧的伤情中反思现代性的革命话语。怀旧在现代性视野中是个不断被抒写、表现的母题,而"民国范儿"研究在陈丹青等学者的力推下更加红极一时,民国怀旧包括一些民国老照片和民国影像叙事。《色戒》故事的背景是民国时期的老上海,主人公的爱恨纠结卷入一段多党相争、光怪陆离的历史,而李安的出身背景和成长经历决定了他在理解每一段"革命"历史时所投注的世界性眼光。他通过对旧日民国景观的渲染,把一个酷烈紧张的革命故事演变成一个超越政治的爱情故事。革命的宏大话语让位于个体肉身的小叙事,老上海就像一首浓艳的怀旧诗,在迷影曈曈的背景里让天涯游子有机会通过影像重构历史,实现主体精神性的回归。于是我们看到了香港大学的陆佑堂、激情澎湃

〔1〕 朱大可:《文化批评》,古吴轩出版社 2011 年版,第 284 页。

的抗日学生腔、老上海的雨巷，哒哒的高跟鞋声音，节奏缓慢中透着峻急的男女迷情故事。那“昏黄的灯光、幽深的弄堂、夜归的长路，迤逦的身影、凄迷的歌声，怀旧的感伤默默流动，如饮美酒，似梦似幻。老上海在现代氛围中粉墨登场，构成了一幅特别的怀旧图景”〔1〕。伴随着咖啡苦涩的香味、稀里哗啦的麻将声、女人穿着旗袍的背影以及让人心醉的流动的眼神，张爱玲小说里的“物神”通过影像呈现在人们面前。导演李安在接受采访时谈到，为了拍好黄包车夫拉王佳芝去约会易先生那最后一幕，曾经几费周折，细微到任何一个路人的打扮和眼神，连路边一棵法国梧桐树的姿态都不放过。于是在《色戒》中我们看到人的柔软和着物的光辉，共同造就的那种氤氲缱绻而又危机四伏的末日帝国的现代性境况。

李安以怀旧景观渲染了男女相恋如《花样年华》般的诗意和美感，从而巧妙反转了《色戒》的主题，革命从属于政治，而爱情通乎永恒的人性。观众在对影像叙事的个体“代入”过程中，忘却阶级和党派的标签，超越政治宏大话语，反思作为政治现代性基础的“革命”叙事，从而用个体爱情的肉身叙事质疑并反思了官方历史的宏大叙事。透过交织着香艳、阴谋与虐恋的文本密语，《色戒》主题探索接近前苏联小说家拉夫列尼约夫的《第四十一》——政治中的人性。《第四十一》的女红军中为了革命大义击毙了在孤岛上相守多日的白军恋人，最后抱着恋人的头颅而愧悔不已；在《色戒》中，王佳芝却为了爱情放弃了革命大义，放走了易先生，以至于将自己和同伴一起送上了断头台。这两个故事，结局虽然不同，对于恋爱中的男女却都是彻头彻尾的悲剧。它将有价值的东西（青春爱情中男女）毁灭给人看，也许它的隐喻共同指向：革命是反人性的，政治的革命话语在摧毁个人生活。由此通过主人公在爱与死之间的抉择，用作为自由主义

〔1〕 王瑾、陶东风：《现代性视阈中的怀旧》，《当代中国文艺思潮与文化热点》，北京大学出版社2008年版，第160页。

普世伦理的“爱情”，质疑了激进现代性话语中的“革命”合理性。

## 二、“发展”现代性反思:《三峡好人》中的恋物情结与怀旧叙事

对“物恋(Fetishism)”另一个解释视角是心理学精神分析学派的，翻译成“恋物癖”。弗洛伊德(Sigmund Freud, 1856—1939)在1927年一篇名为《物恋》文章中指出，对于物的迷恋，乃是男孩面对母亲“被阉割”的身体时产生的心理转移现象。也就是，他用对物的迷恋来代替想象中母亲失去的“阳具”〔1〕。也就是说，“物恋”在弗洛伊德的理论视野中实际上和“失去的焦虑”有关。在人们的日常生活中，人们对器物的崇拜包括对平凡之物的崇拜(如钢笔、折扇)、对宝物的崇拜(如首饰、金钱、古董、钟表、工艺品等)和对圣物(如圣杯、舍利子等)的崇拜。也就是说不仅价值昂贵的宝物可以成为物神，一件平凡之物因为灌注了不平凡的感情，也会成为人们心中的依恋的对象。凡物崇拜的对象一般是旧物，烟盒、钢笔、钟表、照片，一双鞋，一个书签，崇拜物带给人深邃充盈的回忆空间。凡物中的旧物崇拜实际是一种恋旧情结的发作，把依恋旧物当作一种纪念。贾樟柯电影《三峡好人》里的“黄果树”烟盒就是这样一种让人难以割舍的旧物。因为这个旧物上留下了当年爱人四川老家的地址，那是主人公韩三明和这个苦命女人之间唯一的一点精神联系，也是十六年前在那场懵懂的命运交错中他们曾经有爱的证明。于是作为旧物的主人，他日复一日面对着自己廉价的收藏，如同面对当年的爱人。这是平民阶层的私人狂欢，他们有限的喜悦，凝视的目光，长久地附着在旧物所代表的往日生活上。怀旧型的恋物者，其实是走不出过去的自己，一段感情，一段回忆，让

〔1〕 周志强:《大众文化理论与批评》，高等教育出版社2009年版，第184页。

他追怀不已,久久徘徊在已然逝去的精神空间里。

正如剧中另一个人物小马哥的台词:“这个时代已经不适合我们了,因为我们太怀旧了”〔1〕。“黄果树”在十六年前是好烟,十六年前的韩三明也正在好时代,而今他已人到中年,却依旧孑然一身。怀旧是《三峡好人》的主题之一,怀旧的对象,指向改革开放之初八十年代的素朴的民风和简单的生活。缔结于那个时代的爱情,如韩三明和麻幺妹,十六年后可以依然痴心不改,三峡千里寻亲;而现代生活节奏中的城市男女,如郭斌和沈红,两年的音信不通已经足够成为分手的理由。前现代因为人情淳朴,所以爱情绵长。贾樟柯的怀旧叙事里有浓重的乡愁情结。城市与乡村,变化与不变,变化中的坚守,是他关注的永恒主题。

《三峡好人》借韩三明和沈红的“寻找”故事,在反思现代化的发展给人们带来的失落和困惑。在滚滚向前的现代化进程中,人们的现代性体验却是多重的。现代性中的人们,被迫流浪在破碎的世界中。《三峡好人》影像镜头所及,一边聚焦于宾馆大厦的繁荣,一边呈现着民房厂房的破败。下岗职工的艰辛,个体小商业经营者的弱势,以及在社会底层蕴积的不满和暴力。很多像小马哥一样的年轻人,在社会上游荡,在现代化进程中他们既是被剥夺者,同时又生活在现代传媒构筑的虚拟幻象中,梦想着自己是三峡江湖中的弄潮儿,以至于稀里糊涂死去也是悄无声息。《酒干倘卖无》声嘶力竭的歌唱和秃头歌星的狂舞,也许不仅只是一种苦闷的宣泄,也在那怀旧的歌词里声泪俱下呼唤着父亲和家园,因为身处现代化的废墟之上,流浪的人们早已找不到精神的皈依。四川和山西,2006 年以来,巨大的发展代价以矿难事件、自然灾害等形式被揭示出来。跨越中国南方和北方,主人公千里寻亲路上的所见所闻成为整个中国城乡发展的巨大隐喻。那些普通的贫民在用沉默坚忍的力量,用内心的乐观和善良

〔1〕 参见贾樟柯:《三峡好人》剧本台词。

对抗着惨痛悲苦的底层命运，他们是沉默的大多数，然而他们的沉默照样提示我们，任何发展都不能不计后果。

## 三、“文化”现代性反思：《钢的琴》中的物神表征和阶级挽歌

本雅明（Walter Benjamin）在《机械复制时代的艺术作品》中指出，所有器物都有一种“膜拜价值”，这种价值起源于上古以及中古时代的宗教仪式，经过漫长的世俗化道路，那些神秘的古墓，宏伟的宫殿、乌黑的念珠，古老的经文等等，其膜拜的灵光逐渐消逝，他们在现代生活中只具有某种“展示价值”。陈列在透明的橱窗或者柜台中，服务于消费社会的“眼球经济”。而电影《钢的琴》中，钢琴作为一种表征，代表一种高雅的生活；钢琴价值不菲，并非“后社会主义社会”中的普通工人家庭所能承担得起，所以钢琴在电影特殊的语境中具有了某种“膜拜价值”。弹奏钢琴也成为一种艺术特权，它可远观而不可亵玩，梦寐以求而又求之不得，所以同时也具有了某种“展示”价值。

《钢的琴》中的怀旧，指向新中国成立初年社会主义建设初期工人阶级的黄金时代。钢花飞溅、铁水奔流则一度代表了“我们工人有力量”。钢铁是无产阶级立身之本，也是一个新兴国家建设发展的基础。故事定格在上世纪九十年代初，男主人公陈桂林是个多才多艺、诚实生活的落魄工人，而夺走他妻子的假药商人则是下海后新富的代表。妻子小菊为争夺独生女儿小元的抚养权时，以钢琴为借口，实际上是质问男主人公的谋生养家能力。钢琴于是成为巨大的“物神”，作为一种社会生活的象征，隔阂开陈桂林和女儿。拥有钢琴意味着能让女儿过上“好的生活”。而男主人公不甘心自己失败的命运，为了得到女儿，他四处筹钱买琴，甚至夜入学校偷琴。最后受到一本俄国文献的启发，在朋友们的帮助下用废弃钢铁为

女儿打造出一架钢的琴。这个故事表面看是一位父亲为了女儿的音乐梦想而不断艰苦努力的励志亲情故事,而实际上却是一曲苦涩浪漫的挽歌。

《钢的琴》中电影镜头反复出现的是一个类似《铁西区》里废弃的钢都遗迹,工人生活聚集的街区,废弃的工厂,灰蒙蒙的天空,白雪覆盖的北国土地、苏联时代旋律悠扬的流行歌曲,以及工人们百无聊赖的生活状态。电影把镜头聚焦于一种特殊的工人文化,一种朴素生活中的善良和温情。理查德·约翰生指出,“早期的马克思主义者假定工人阶级文化具有某种共同的本质,并且致力于发现这一本质,他和伯明翰学派的同事却强调工人阶级文化的异质性和复杂性”〔1〕。导演张猛是1970后生人,故乡就在辽宁,可以说对故土多年物质发展中的文化失落深有感触,《钢的琴》以简朴而有诗意的镜头,凭吊正在逐渐失去的工人文化。“从某种意义上,《钢的琴》也是对新中国大型重工业乌托邦社区建设的一曲挽歌”〔2〕。电影文本对工人文化的美好追忆,依稀可见对伯明翰学派当年发掘工人阶级朴素文化观的遥远致敬,同时也与新左派视角下反思现代性的新时代历史与阶级话语相重合。

沈从文曾经说过,好的艺术作品不是牧歌就是挽歌,作为中国大工业现代性的挽歌,伴随着钢铁时代的谢幕,《钢的琴》呈现了一片废墟上缓慢生长起的温情和绿意。它借工人生活频频回首五十年代工人群体黄金时代的美好时光,又借小菊的回归和钢的琴最后造成与八十年代以后的历史和解。“怀旧走在轮回的路上,没有预设,没有目的,犹如一种潜意识的恋情,是一种生命本能的现象,也是生命的底色。电影把这层生命的底色重新作为认识的对象,以修复、反思和重建的方式呈现出来”〔3〕。陈桂林

---

〔1〕 罗刚、刘象愚:《文化研究读本》,中国社会科学出版社2000年版,第22页。

〔2〕 杨击:《后现代乡愁:〈钢的琴〉的情感结构和叙事策略》,《艺术评论》2011年第10期。

〔3〕 孙萌:《轮回的路径——从〈艺术家〉与〈钢的琴〉看诗性怀旧电影》,《文艺研究》2012年第8期。

最终造成了钢的琴,也同意放弃女儿的抚养权。我们可以想象,即便小元随生母和继父一起生活,有钱的继父能给她带来优越的物质生活,却不见得能给她带来爱和关怀,文化和教养。真正的高雅和教养,与奢侈无关,并不在是否拥有钢琴这个"物神",而在是否拥有弹奏钢琴的朴素高贵的灵魂。这些都不是有钱就能买到的,正如一位著名媒体人所言,一个人"他的品位不在于他买了什么,而在于他的生活风格甚至为人;他拥有的物质不能说明他,他拥有物质的方式才能道出他是个怎么样的人"〔1〕。电影以诗意的方式告诉我们,我们今天抛弃的东西,不见得都是没有价值的,也许空洞的、无止境的消费只是在试图遮掩文化上真正的匮乏。在全球化的时代,在令人光怪陆离的消费社会中,《钢的琴》以向"后"看的姿势,完成了向"前"看的对现代文明的反思。

(原载《文艺评论》2016 年第 2 期)

〔1〕 参见梁文道:《奢华与教养》,http://lxs.cncn.com/81819/n332347。

# 《杜十娘》悲剧母题中的两种爱情观

## 一、金钱与爱欲:《杜十娘怒沉百宝箱》的道德张力

《杜十娘怒沉百宝箱》选自冯梦龙"三言"中的《警世通言》卷32,是其中最为优秀的一篇,也是明代拟话本中成就较高的作品。小说中记述道:明万历二十年间,京都有一名妓,名叫杜媺,因排行第十,人称杜十娘。因与当时监生李甲相爱,从良南下,路遇巨富孙富,李甲为其花言巧语所惑,将十娘以千两白银转卖,十娘伤痛之余,怀抱百宝箱跳水自尽[1]。"三言"是明代文人仿照市井流传的话本小说所写的案头之作,在当时是白话通俗文学。多以市井故事为主,它"极摹人情世态之歧,备写悲欢离合之致"[2]。《杜十娘》体现的是市民阶层的价值观。强调男人在爱情中应该负起道德和责任,彰显杜十娘用死以殉真爱,追求个人尊严。有别于汤显

〔1〕 参见冯梦龙:《警世通言》卷三十二,天津古籍出版社2009年版。
〔2〕 笑花主人:《今古奇观》,转引自冯梦龙《醒世恒言》,北京十月文艺出版社2004年版。

祖的《牡丹亭》给人一个希望的结尾,《杜十娘怒沉百宝箱》是一个彻头彻尾的悲剧,属于古典故事里“痴心女子负心汉”故事原型,在民间广为流传。

这个悲剧让我们看到金钱社会上升的过程中人与人之间的道德冷漠和世态炎凉,并且也有助于人们了解到恋爱中的人们顺从情欲而又不负责任,在当时并非个例。社会上的道德堕落和世风日下并非偶然,在杜十娘这个名妓背后,我们可以看见一个王朝衰颓的身影。小说开头:“万历二十年间,日本国关白作乱,侵犯朝鲜,朝鲜国王上表告急,天朝发兵泛海往救,有户部官奏准:目今兵兴之际,粮饷未充,暂开纳粟入监之例。”〔1〕所谓的“纳粟入监”,指向公家捐纳一定数目的粮食(折合成钱),就可以买到监生的资格。监生,即国子监里的太学生,即可以靠钱财买到。这一方面使得我们看到李甲作为监生家资还是比较富庶的,另一方面我们看到帝国到了卖官鬻爵的时候,已经气数将近。在黄仁宇先生的《万历十五年》年里被反复提到的这位万历皇帝,因反对大臣干预他立后选妃等“家事”,二十五年不临朝,对他的属下官员们采取“非暴力不合作”的态度。每日抽鸦片、玩花鸟、纵酒欢淫〔2〕,慵懒奢侈的皇帝必将产生欺上瞒下的大臣。于是国库空虚、军备废弛,边境异族虎视眈眈。到了打仗的时候,只好卖官鬻爵。黄仁宇先生认为,这样一个王朝的覆灭已经不可逆转。难怪万历年间社会上弥漫着末世颓废与及时行乐的氛围。

其次,中晚明资本主义的萌芽,带来了东南沿海城市世俗文化的兴起;政治思想由高压趋向失控,王学左派的兴起,以及禅宗思想的广泛渗透,大大解放了人们的世界观。既然“心乃天地万物之主也”〔3〕,“心外无物,无事,无理,无善”〔4〕,人们便不再看重僵硬的道德规则,而是看重实

〔1〕 冯梦龙:《警世通言》卷三十二,天津古籍出版社 2009 年版。
〔2〕 参见黄仁宇:《万历十五年》,中华书局 2007 年版。
〔3〕 参见王守仁:《王文成公全书》卷六,上海古籍出版社 2011 年版。
〔4〕 参见王守仁:《王文成公全书》卷四,上海古籍出版社 2011 年版。

践主体的能动性。心学流布天下,解除了理学对人心的束缚,一切依照本心率性而行,也就同时放出了人们心中欲望的魔鬼。“存天理”,“灭人欲”被重新讨论,社会各阶层的感性解放蔚然成风。冯梦龙所生活的江浙一带,手工业和商业尤其发达,商人、作坊主、手工业者、艺人、妓女等,从业人数巨多,生活富庶奢靡。商人附庸风雅,文人买歌逐笑,城市的发达带来了市民阶层的壮大,以及市民思想、市民文学的繁荣。明代中晚期的作品如汤显祖的《牡丹亭》等,都带着一种上天入地追随情欲和个性解放的劲头;而深受心学影响、激烈反抗儒学教条、被后人称为“启蒙思想家”的李贽,本身就是一个狂禅。当时文人“好货”“好色”成风,这使得中晚明的时代精神就像文艺复兴时期的意大利,既看上去一片热闹红火,又着实有些伤风败俗。也难免会有作为帝国的储备官员——太学生的李甲和他的同学柳遇春,大大方方地出入青楼了。

冯梦龙在思想上是李贽的忠实听众,文学上亦深受汤显祖等主情派的影响,为晚明“主情、尚真、适俗”文学思潮的代表人物。小说中的杜十娘是一个勇敢追求个人自由、幸福和尊严的女人。她善良聪敏、美丽决绝、敢爱敢恨,为了爱情“宁为玉碎、不为瓦全”,悲壮得近乎崇高。她的轻生赴死,正如鲁迅所言是把“有价值的东西毁灭给人看”,对玩弄女性的男权社会和重利轻义的市侩世风提出了最深沉的抗议。小说结尾提到她的死激起了岸上围观人众的道德义愤。“当时旁观之人,皆咬牙切齿,争欲拳殴李甲和那孙富。慌得李孙二人手足无措,分途遁去。李甲在舟中,看了千金,转忆十娘,终日愧悔,积郁成疾,终身不痊。孙富自那日受惊,得病卧床月余,终日见杜十娘在旁诟骂,奄奄而逝。人以为江中之报也”〔1〕。并且安排曾经资助十娘赎身的柳遇春终得善报,日后路过此地时在江中拾到一小匣珠宝,这些情节让市民故事“奖善惩恶”的道德通俗性尽显无遗。

〔1〕 参见冯梦龙:《警世通言》卷三十二,天津古籍出版社2009年版。

它把悲剧的主要原因归结于十娘的遇人不淑和李甲的始乱终弃(当然也有孙富的挑拨),是在金钱与爱欲之间,李甲的选择呈现出的个人道德欠缺应该对十娘的横死负责。

## 二、理想与现实:《花魁杜十娘》的存在之维

杜国威导演的《花魁杜十娘》却没有让这故事仅仅成为简单迂腐的道德说教,而是联系当代社会生活现实,更深刻地切入了存在主义的主题。它以独特的电影语言诠释着"存在就是一种选择",每个人都要为之负责;"他人即地狱",交流之不可能,以及爱的尽头是一片荒凉;并且进一步探讨在理想与现实之间,两性对爱情关系的不同理解。

电影前半部分加进了很多现代文化的因子,场景热闹,对白精彩,而且舞蹈和背景音乐都充满了喜剧色彩,震撼人心。影片伊始那个花红酒绿的世界,仿佛为李甲精心打造的新婚现场,不仅让男主人公睁开了眼睛,来了一次彻底的感性启蒙,连观众都会全身心进入一种很放松的状态。明中叶以后感性的大解放,表现为五颜六色的裙裾摇摆,魅惑人的光影和歌舞,不只是太学生们如李甲和柳遇春,甚至还有官吏,还有和尚,也掩不住道学家嘴脸,忙不迭地去妓院里开荤尝鲜。当然,爱情还是以其原初面貌出现的,并蒂的荷花是纯情,李甲的慌张反添了几分厚道与可爱。最惹人喜欢是十两和他的小狗。他们清白简单的生活,真让红尘颠倒中的杜十娘们羡慕;然而,杜十娘却用一个小小的试探事件轻易间毁灭了这样简单的幸福。电影语言的表现是很独到的,五颜六色的晾衣竿哗啦啦倒下,似大厦倾,一个倾注了少女真情与希望的明天瞬间化为乌有。它让我们看到人性是残酷的,杜十娘轻易地在自己追求幸福的路上亲手剪灭了别人的幸福。一个杜十娘像火中的凤凰,洗尽铅华,涅槃重生;一个清

白而又清纯的小十两，却目光呆滞地走向了对她来说无异于死灭，甚至生不如死的日子。萨特说，他人是地狱，诚哉斯言！杜十娘是十两的恩主，也是最终亲手埋葬她个人幸福的地狱。

前半部分不免闹哄哄，后半部分给人的感觉却可以说是沉甸甸。在注定的悲剧面前，存在显示出荒诞的一面。杜十娘不能做到真正的洗心革面，她走不出自己昨日的阴影，不能真正变成另一个人，虽然那是她梦寐以求的事情。河边送别嘈杂的一幕，江畔花船上的创伤记忆，孙富的调戏，李父的严厉，都是十娘存在的巨大的“他者”。李父甚至毋须说清什么，那方言谁都无法听清，因为它暗示的就是——交流之不可能。杜十娘面对的是一个无声的压抑的世界，或者一个有声的严酷的世界。没有李甲的爱情，她无法生活下去；李甲的爱情也在酒醉之后显示出了它本来的脆弱。十两不过是一个小角色，导演却抓住了这个小角色，让我们看到“爱情本身是靠不住的”这一残酷的真实。十两对李甲不意味着什么，就像杜十娘对李甲不真正意味什么，在生之苦海里，每个人最终要救出的只有自己。在与杜十娘同样经历的幻灭中，人们仿佛看到：爱情是个彻头彻尾的神话。爱情就像鬼，听说过，没见过。

正是男人与女人，道德与情感，理性和感性，金钱与爱情，这些很原初的东西支撑着这个电影往下进行，所以杜十娘死于愤恨、死于绝望、死于幻灭，如果以后的女人们不警醒，这样的悲剧就会不绝如缕地重演下去。不管是在封建社会还是现代社会，不管是良家女子还是风尘女人，永恒的悲剧是跨越时代、跨越身份、跨越古今的。不是性格、不是命运，是人性的悲剧本身，才更显出悲剧的震撼力度。

因此，该片虽然看上去比较通俗，却在大俗与大雅之间实现了某种微妙的平衡。在理想与现实、天理与人欲的关系上，电影呈现出双重肯定的特色。既正视解放感性、爱情生活的美好，也指出了功利主义的金钱理性越来越成为社会生活的主流。中晚明的江南中国与当代社会背景很相似，金钱和爱欲的地位在人们的心目中同时攀升。当二者不可兼得、发生矛盾的时候，在理性和感性之间，对于爱情和金钱，男人和女人往往会做出不同的取舍。李甲对爱情所报的是非常现实主义的态度，更接近凡夫俗子的爱情状态；而十娘立意追求的，是她想象中的理想主义的完美爱情。

电影中李嘉欣扮演的杜十娘不断追问李甲"你到底爱不爱我?"〔1〕但是很明显真爱并不一定要挂在嘴上，就像李甲所言，即便迫于情势说出来也可能言不由衷。深受当时市侩世风影响的李甲认为有了钱就可以有爱，就可以有一切，有了钱他也可以不把父母的严词训斥放在心上，这是典型的市民阶层的计算理性，他对爱情抱功利的、现实主义的看法。而杜十娘最关心的却是:"他到底是否爱我?""爱情到底有还是没有?"李甲认为:既得了女人，风流快活当然好，但也不要因此丢了生活，日子还是要有钱的支撑才能过下去。这个原来还算纯真的世家子弟，在经历杜十娘对他爱的启蒙之后，在明代世俗主义日涨的风气中，越来越倾向于把男女遇合看成很随意的事情，而金钱则永远是生活中的不可或缺之物。于他而言杜十娘的出现只是一个偶然"事件"，让他有机缘领略了男女之间的柔情；而李甲的出现对敏感多情的杜十娘来说，则仿佛已准备了一生，等待了一生。十娘以认真的、理想主义的态度对待爱情。她内心最深的渴望就是有一个人能救她出风尘。虽每天浸淫于欢场生涯，但她心中常存对爱情一种美好的期待，一心一意要在"妓女窝里等待一个有为青年"〔2〕。在她看来，一个女人，无论有多少钱也不算是幸福的，除非她被一个自己也钟情的男子认真地爱过。她的要求也不高"有名有分，有情有义，有始有终"〔3〕。作为被人看作"人尽可夫"的妓女，她发自内心地渴望匹夫匹妇的常态爱情。而当她越竭尽全力去追求这种爱时，这种爱反而离她越

〔1〕〔2〕〔3〕 参见杜国威:《花魁杜十娘》，李嘉欣、吴彦祖、沈殿霞主演，山西电影制片厂，2004年。

来越远，倒是由此带来的幻灭越来越深。

电影《花魁杜十娘》以现代人更广阔的同情心，不把悲剧原因简单归咎于个人道德，而是正视李甲的选择也有无奈的成分。他出身于一个诗书之家，父亲是个朝廷官员，父母的思想正统而保守，以他的家庭背景很难真正接受一个京城名妓做儿媳。毋庸讳言，即便在当代社会，有谁家在京读书的男孩有勇气把从“红灯区”救出的女孩子带回家见父母呢？在李甲看来，十娘“阅人无数”，早该对“人性”尤其是“男人性”有透辟的认识。在一定程度上说，他也和别人一样认为“一失足成千古恨”，既成妓女便无资格高调谈爱情。如果他娶回十娘，那晚妓院醉后失身就会被他看成永久的痛，他会认为自己将一生都被这个工于心计的女人左右，牵着鼻子走。也许不必等到杜十娘年老色衰，就会有别的女人再次走进他的生活。即便如此，按照生活的庸常逻辑推演，李甲也并不是多么大奸大恶的坏人。这个形象很真实，真实得就像我们的邻居，我们的朋友。他的道德只是中人，只是庸人，经不住诱惑的庸人，担不起责任的庸人而已。他只是一个有时软弱、有时善良、有时多情、有时又有些市侩的普通人。

杜十娘为一个不值得她殉情的李甲死了。李甲永远想不透，杜十娘为什么要去死，就像杜十娘永远想不透，李甲为什么会负她。男人与女人，如此不同却能哪怕有一刻刻骨相恋，相恋而又不能常驻，岁月常逝而一意强求爱情永恒，人们对爱情所抱的不切实际的幻想，也许是悲剧发生的主要原因。

## 三、本质主义与反本质主义：古典与现代两种爱情观

“杜十娘”的故事反映了古典爱情必然遭遇的悲剧命运。现代人如何走出这个命运的怪圈，也许我们需要有别于李甲和杜十娘的、或者是介于

二者之间的对爱情全新的理解。这引领我们去思考爱与死的关系、爱情的本质或者爱情有无本质这样的形而上问题。

显而易见，杜十娘所持的是古典的、本质主义的爱情观。古典爱情的典型台词是“我等你，直到垂暮之年/野草有了/一百代子孙/那条长椅上仍然/空留着一个位置”[1]。对于十娘来说，她既然历尽沧桑等来“这一个”，倾尽所有以身相许，便一厢情愿地认为，自己深沉的爱将得到对方同等的回报，以心换心，李甲会自始至终珍爱她，两个人恩恩爱爱，相携白头。古典主义者把爱情看作是像桌子、水杯一样实物的东西，爱情之有无在两人一见钟情的霎那便已注定，此后便不该再有太大的变化。于是同生共死，于是海誓山盟，爱情中的女主人公一旦拥有爱情，就像拥有了一件信物，一件首饰。在杜十娘的眼中“爱情”就像她的百宝箱一样，是心血的结晶，幸运者一旦拥有了它，也便注定应该一生拥有。在她交付自己那一刻，就付出了赎身券，而男主人公只要用一生来把这个券兑现，来回应对她的爱。然而李甲的负心，将她像商品一样卖掉，使她彻底看到了命运的荒诞，她历尽磨难费尽心机经营来的“真爱”不过是一场泡影。她在世人的眼中永远是妓女，永远是玩物，在她最挚爱的李郎眼里，也终于敌不过五千两黄金。如果这份爱情不在了，那么支撑她活下去的唯一希望也就没有了。

正如前人所评“三言”中的作品“极摹人情世态之歧，备写悲欢离合之致”，它极写人情世态的多种可能性，备写悲欢离合的极致，而爱与死正是这种极端的情感。焦仲卿和刘兰芝、柳梦梅与杜丽娘、梁山伯与祝英台、罗密欧与朱丽叶都是这种古典爱情的样板。古典爱情对象必须只有一对一的两个人，牵涉的长度必须是一生，没有一生就让男女主人公在盛年殉

---

〔1〕 邓晓芒：《文学与文化三论》，《史铁生——可能世界的笔记》，湖北人民出版社 2005 年版，第 540 页。

情死去。在那里“爱”常常与“死”连在一起。爱情中的男女不是被人拆散双双殉情,就是一方负心另一方殉情。古今中外,无数痴心女子的故事,都难脱爱与死相连这个固定模式。不管是在福楼拜的浪漫故事《包法利夫人》中,还是在王尔德的唯美故事《莎乐美》中,在福克纳的现实主义叙事《埃米莉亚小姐的玫瑰》中,还是在托尔斯泰的名作《安娜·卡列尼娜》中,女主人公都因追求决绝的极端的爱而走向了死境。他们的死既可以看作是对男主人公负情寡义的报复,也可以看作是对无爱人生的报复。如果上升到生存层面,他们的决绝让我们看到死的尊严、高贵和美丽,也看到爱的尽头是一片虚无和荒凉。古典主义者对爱情持有过于浪漫的不切实际的想法。在陀思陀耶夫斯基的名作《白痴》中,女主人公纳斯塔霞为爱自杀前桌子上放着一本《包法利夫人》,也许不是偶然的。浪漫的爱情观是一种传染病,让美丽的女主人公们连死都置身于幻象之中。

这些美丽女主人公的死有命运作祟,有性格原因,同时不得不指出,他们主要死于对爱情过于狭隘的、偏执的、本质主义的理解。她们对爱情追求纯粹和完美,都犯了一种“高贵的洁癖”。与古典爱情相反,古往今来大多数男女能够相守一生,所持的是另一种实用主义的爱情观,当然也可以叫做反本质主义的、后现代的爱情观。我在这里将它简称为现代爱情观。现代爱情观并非追随李甲式的市侩爱情,让爱服从于现实功利;而是不把爱看得特别高尚,看得可以超越一切世俗,相信能经受世俗生活检验的爱才是真爱。真爱不是一个确定的物件,就像信物一样,一旦两情相许,女人便可将之拿在手上向男人索要一生。这种现代的、也可称之为反本质主义的爱情观,把爱看成一种可能,它永远是敞开的,未完成的,等待着男女双方在日常生活中、在具体行动中去实现。它不是一蹴而就的,而是需要实时更新的;他需要爱中的男女用行动和心血去浇灌。因此这种现代爱情观更注意不仅以自我为中心,而且也尝试以对方的视角看问题,更强调在爱情中的“主体间性”(Inter-subjectivity),男女双方在爱中体味对方的难处,接受对方和自己都具有的有限性,正视爱的不纯粹和不完美,就像正视人性的不纯粹和不完美一样。这样彼此就能以更宽阔,更包容的态度设身处地替对方着想,建立起哈贝马斯所说的“交往理性”(Communicative rationality)。如此才能让爱变成生生不息的生的力量,而不是走向决绝和死灭的前奏。

现代的爱情观能够正视爱情不会永远那么纯粹,那么唯一。史铁生在《务虚笔记》中坦诚地写道:“我只爱你一个人”本来就是“男人的谎言”[1]。十娘死于对爱的一种偏执,她固执地以为,爱就是两个人一见钟情,有了爱就要破釜沉舟从一而终,而他爱上的人也该无论刀山火海对她不离不弃。可怕的是,生活从来是纷繁复杂的,从不像爱情故事那样纯情简单。人们生活在社会中,就要随时邂逅各种各样的人,接受生活的杂质,如同“水至清则无鱼”,滔滔汩汩的浊流而非清流,才是生活的原貌。只要李甲带十娘离开青楼之后不是隐居深山,仍然身处人世,他们的关系就要不断遇到新的诱惑,不断接受新的考验。人世间没有专为一对痴心男女准备的桃花源,随着时间推移,不管是谁的变心或者偶尔动心都是有可能的事情。萨特认为“两性关系是人的二元性生命本身无法拒绝的,生命中必然要发生的关系”[2]。但是爱情中的占有是一种特殊的占有,他指向双方的意识,而非如物件一样的实有。即便身处爱中,每个人也仍然是他自己,因为生命的本体即是孤独,每个人最终是独立的。爱中的男女不必太把自己不当外人,如果永远想到爱侣也是别人,有他的过往,有他的爱好,有他的生活圈子,就会多一些宽容,少一些强求。你就不会把自己以爱为名的权力意志强加于别人,而是尝试动用所有的生存智慧接受这些现实并与之和睦相处。爱情有时不只需要一厢情愿的“移情”,更需

〔1〕 参见史铁生:《务虚笔记》,作家出版社 2009 年版。
〔2〕 参见让·保尔·萨特:《萨特文集》,施康强等译,人民文学出版社 2005 年版。

要一种智慧和理性。史铁生认为“爱情的根本愿望就是，在陌生的人山人海中寻找一种自由的盟约”[1]，这正是精彩的现代爱情观。没有古老的爱情试金石，杜十娘徒劳的试探不过使得自己步步陷入窘境。爱情没有一成不变的固有本质，它只是生命的一个希望，它只是有待实现的一种可能。真正的爱并不一定以死为终点，而是两个人勇于承担生活中的情感、道德和责任，相互包容，相互妥协，共同营造一个可能的世界。

（原载《电影文学》2014年第1期）

〔1〕 史铁生：《务虚笔记》，作家出版社2009年版，第552页。

# 现代性反思视野中的电影《阿凡达》

很多人把《阿凡达》看成是一个外星球版的《泰坦尼克号》,认为导演卡梅隆不过是以煽情故事和科幻奇观取悦全球观众。笔者却认为,卡梅隆在《阿》剧中将故事的寓意向前推进了一大步。《泰》剧中的故事原型是爱情,人类的灾难和遭遇只是作为背景出现来用以检验爱情的伟大,因此是自然在惩罚人类;而《阿凡达》的故事主线索是征服,爱情只是灾难的点缀和使灾难化险为夷的力量,在这里是人类在冒犯自然。所以,《阿》剧就将爱情故事引向了更为深远的表意空间,自然、爱情与政治构成了解读该电影符码的三重门。

## 一、人与自然

克隆是人类征服自然的最新成果,"阿凡达"在影片出现是作为人类智慧的结晶——克隆混血儿。"潘多拉星球"可以看作是一切美丽未开化之地的隐喻。片中的男主人公杰克·萨利就是生活在这样两个世界里，一面是机器、试液、电脑、炸弹和精密仪器、数据分析构成的后现代高科技世界；一面是他和纳威公主妮特丽置身其中的天人合一的自然世界。杰克感受最深的是：他越来越觉得实验室这边真实的世界变成了幻象，而自己借助阿凡达进入的潘多拉世界却变得越来越真实。

阿凡达是导演心目中理想的人的化身，具有现代人的理性的大脑，具有土著人的肉身和善感的心灵。然而由于过度地掠夺自然，人已经变成了欲望支配下的魔鬼，而纳威人居住的地方却是祥和、美丽而又自然的。原始森林诚然凶险却不乏浪漫，走兽和飞禽能与人通过一种神秘的方式进行交感，于是万物有灵。片中那个女科学家格蕾丝博士说这是一个有机联系的世界，所有人的灵魂连着圣树的根须，就像电脑的终端和芯片相连一样。在神秘的地下，有让地球上的殖民者垂涎的矿藏，而这矿藏又是潘多拉星球上万物的生命之源，难怪潘多拉人要誓死捍卫自己的家园。在人与自然的关系中，地球人是技术理性的、强势的，而纳威人是自然感性的、阴柔的。地球上的人类解决问题靠科学和武力，而纳威人解决问题靠感动和救赎。因为地球人已经踏入了精神荒原，丧失了任何信仰；而他们却保持了对宗教的虔诚和对精神的仰望。

古希腊智者时代的普罗泰戈拉认为“人是万物的尺度”，笛卡尔说“我思故我在”，确立了人和人的理性为万物的存在立法，黑格尔曾经将现代性的过程归纳为主体性逐步确立的过程，他说“现代性就是一种主体性”“现代世界的原则就是主体性的自由”[1]，在尼采那里“上帝死了”，人们谋杀了上帝，并且隐匿起了上帝的尸首。于是，妄自尊大的人类成了地球的僭主，以科学和理性为开路先锋，人类为万物打上臣属的标志，让人类的印迹无所不在。在工具理性的日益膨胀下，疯狂掠夺的资本主义精神

〔1〕 哈贝马斯：《现代性的哲学话语》，曹卫东等译，译林出版社，第20页。

使人类将贪婪的双手伸向外星球的空间。导演借这样一个科幻叙事的框架为地球人提供了一个审视自我的他者视角。在生活于“人神共在”世界的纳威人眼里,地球人是那样的自私、野蛮和贪婪。曾经有人说过,1910年前后向着大西洋扬帆起航的泰坦尼克号的际遇正是二十世纪地球人生存状况的隐喻。当现代性开始出发的时候它满仓欢笑、一路繁华,尽情享受生活,却浑然不知冰山将近,厄运将临。这样的危机意识是作为环保主义的导演卡梅隆一直不能忘却的关怀,所以借电影文本作为释放的空间,导演其实是在进行全球现代性的反思:在我们以同一个模式,以同一种加速度一路前行的时候,我们忘记了什么,丢弃了什么,失去了什么。这样的过度发展是否还持续得下去?每个人对我们共同栖居的这个地球,对我们的祖先,对我们的后代,负有怎样的责任?

## 二、爱与正义

好莱坞是一个造梦工厂,《阿凡达》无疑是一个爱情故事的骨架,这是所有人进入阿凡达的第一重门。越伟大的爱情就越平凡简单,它就像纳威公主明亮而又深邃的眼睛。对于异类,她本能的拒斥,但是她无法阻止爱情像圣树的花朵一样在明月之夜盛开。她以为她看到了神迹,于是在救下杰克之后没有赶他走,而是将他留下来教他纳威人的生存技能和对待自然的态度。就像导演自己诠释的那样,“我们应该睁开自己的眼睛,相互理解,看到别人。不同种族的人跨越文化差异,应该相互尊重”〔1〕。爱情的第一步是互相的尊重和理解,对话、交流和学习既是人与人平等交

〔1〕 咫尺天涯:《解读〈阿凡达〉》,http://blog.66wz.com/?uid-216821/action-viewspace-itemid-455318。

往的必然过程,也是杰克所负特殊使命的一部分。于是在一个完全崭新的环境中,双方的接触变得自然而又默契,爱情的花树也就在自然而然中茁壮成长。爱情的底色风云动荡,爱情的表达却无需万语千言,一句“I See You”便已足够。在教杰克驯服大鸟的过程中,尼特丽说的所有的话都可以看成是爱的密码。比如杰克在经过奋力拼搏终于驯服大鸟之后,尼特丽教他尽力向远空飞翔,超越一切障碍,绝不松手,她教的八字箴言是“一次飞翔,一生相伴”。这多像男人与女人之间那郑重的约定,就像男女主人公彼此在圣树下的相爱和结合,一次相拥有,一生不相负。

导演卡梅隆(James Francis Cameron)在接受采访时说过“从某种意义上讲,我所有的电影都是爱情片。跟《泰坦尼克号》一样,《阿凡达》也是讲一个男孩遇到一个女孩,他们发生了恋爱。看两个年轻人的爱情跨越种族、肤色,观众为此流泪,电影就成功了”〔1〕。导演以超凡的想象力将《泰坦尼克号》中穿透时间、超越一切的爱情带到了外星球的广袤空间。这一次,他们不是在夜的海上,而是在无限的太空中比翼齐飞,尽情翱翔。他们心息相通,穿越那些云朵,与林立的悬浮山擦肩而过,感受风力,感受速度,感受梦想和激情。观众在这样的时刻仿佛和男女主人公一样长上了翅膀,随他们在飞。爱能战胜一切——古老的、浪漫的、东方式的生死相依的爱情能战胜现代的、实用理性的、武装到牙齿的美国大兵。在这个没有相信的后现代时代,相信爱情就宛如相信童话一样幼稚,相信爱情能战胜导弹更是滑天下之大稽。而电影恰恰给天天在疲惫之中挣扎的成年人提供了这样一个短暂聚会、任意放松的时刻,让人们被3D的真实感觉吸附进去,与男女主人公一起出生入死并生死相恋。

主持培养、制作阿凡达的女科学家格蕾丝博士说“我不相信童话,我

---

〔1〕 咫尺天涯:《解读〈阿凡达〉》,http://blog.66wz.com/?uid-216821/action-viewspace-itemid-455318。

是科学家”。但是,当爱欲与正义相连,她毫不犹豫地将自己的生命留在了那个童话的世界,这就是爱的力量,由个人情爱到人间大爱。当然,它同时也是信心和信念的传递,就像纳威人为了救活格蕾丝的生命而面对上苍神圣地祈祷:霎那间他们像大地上大树的根须、天空中大树的枝丫一样心手相连,连成一片。那样肃穆的气氛传达出感天动地的赤诚,也许只有他们才是真正与原初同在、与爱同在的一群。捍卫自己生命的家园,勇于向野蛮入侵者说“不”,上苍也为之动容,百兽也出来助战,胜利最终站到了他们一边。纳威人捍卫的是自己生命和生存的权利,这传达了导演心中对自然正义和美好人性的呼唤,传达了一种捍卫生命尊严、追求幸福自由的乌托邦精神。

## 三、文化与政治

《阿凡达》的主题确实关于爱,同时也关乎异样文明,也就是同西方文明理性方式截然不同的东方感性文明。作为一个东方人,我更愿意相信纳威人能在地球上找到他的原型——中东人或者是中国人,都有可能。导演以人道主义的情怀和人文主义的目光,没有把异类文明和宗教一概斥为“原教旨主义”。但是好莱坞大片的全球爱好者却不难辨认出:片中猖狂的地球人实际上就是猖狂的美国人的缩影。地球上的人类对于自然可以为所欲为,他们过度开发资源和毁灭周围的生态环境已经到了令人发指的地步;人类中的美国人尤甚,他们认为自己对于全世界也可以为所欲为,可以把美国文明的样式以强势的方式投射到全球,而不管别的文明对此是拒斥还是欢迎。两种过度行为指涉的对象不同,而弥散期间的狂妄却很相似。如果说工具理性体现为人对自然的过度掠夺,这在影片里首先表现为 SecFor 公司为了开发矿藏,要把美丽的潘多拉星球用炸弹夷为平地;那么世界霸权则体现为西方中心主义者对异类文明的轻蔑,对他者生存权利的践踏。上校迈尔斯在摧毁潘多拉的时候竟然说"消灭这些纳威人和消灭蟑螂有什么两样"。如此对生命的贱视使人变成了野兽,也就变成了"非人"。

亚里士多德认为,有一种特殊的生活方式能够使我们成为万物之灵长,这就是追随有德性的生活,这种生活按照基督教的价值观就是慈善和爱的生活。而丧失了这样基本互惠互爱的伦理,人就变成了疯狂的动物。将其他人斥为异类认为他们不配得到我们的同情,是功利主义思维和工具理性对人性的扭曲。技术,不仅为我们带来了现代化的生活,让我们尽享现代化的方便,它同时阻碍了人与人之间的交往,把人与人的关系化约为冷冰冰的计算理性。正如伊格尔顿所言:"技术是我们躯体的延伸,能削弱我们互相感知的能力。远距离毁灭他人变得很简单,我们不用再听他们死亡时的尖叫。在这个意义上说,军事技术造成了大量的死亡,却抹杀了死亡的感觉。发射导弹消灭成千上万的人,比弄死一名哨兵更容易。"[1]片中 SecFor 公司代表的人类意志是那样铁血、专横和偏执,它要将异类文明的生命之树连根拔起,以利益为驱动力,以科学为武器,以先进和正确的名义,让推土机踏着纳威人的血肉之躯前行。人们在上校迈尔斯身上,看到了几个世纪以来妄图摧毁南美印第安人、澳洲土人、非洲土著部落,以及中国人、印度人安居之梦与精神家园的西方殖民者形象。

从一定意义上说,文化就像那棵巨大而又美丽的圣树,是自然生长出来、有生命的东西,是每一个族群经历几千年历史传统积淀的产物。因此每一种文化和一方土地、一个族群是一个有机的整体,这棵生命之树需要人们世世代代的心血浇灌才满树繁花。它无法在成熟后被人随便移植,更不能肆意连根拔起。"文化像宗教一样最终是价值观、本能确

〔1〕 特里·伊格尔顿:《理论之后》,商正译,商务印书馆,第 150 页。

定性、神圣的传统、确认的身份认同、共同的信仰、象征性行为、超验意识等问题。”〔1〕

长久以来，文化似乎变成了一个和文明对立的概念，文明有先进和落后之分，文化却是特殊主义的保护伞，于是我们在世界各地每天都看到的是对边缘族群文化传统的冲击，并且堂而皇之以先进文明的名义。这样的冲击也导致了最激烈的反抗，这就是当年“9.11”带给我们的深思。邪恶和疯狂有时不仅是一个道德伦理问题，更和每个人生存的环境、文化政治密切相关。因此，《阿凡达》以寓言的方式在提醒我们，尤其是那些强势文化的占有者，怎样尊重他者，善待地球上所有的人类。

（原载《电影文学》2010 年第 15 期）

〔1〕 特里·伊格尔顿：《文化与野蛮：恐怖主义时代的形而上学》，吴万伟译，学术中华网：http://www.xschina.org/show.php?id=13356。

# 生死之谜、绝望之爱与自我治愈之路
## ——《曼荼罗》的三重意义空间

### 一、生死之谜——佛教轮回中的曼荼罗

青年导演管曦的微电影《曼荼罗》(Mandala)是一个双面故事,有着多重的内涵,他的表层是藏传佛教的寻找灵童转世故事,内核则是现代人的精神和信仰危机。它有着东方神秘主义对生死轮回的感悟,又有现代西方科学理性对人的精神与潜意识的关注。曼荼罗是沟通藏传佛教心法和现代精神分析医学心理疗法的桥梁。

曼荼罗的梵文为 Mandala,意指“坛场”。最初是佛教徒为了请经、修法而选择清净的地方以安置佛、菩萨法像的场地。后来密宗修法时用来观想用的佛、菩萨的画像也称为“曼荼罗”。于是,曼荼罗的最初含义便具有内在的神圣性,它是作为超越和接引的工具来导引修行而使用的[1]。曼荼罗的成熟形态表现在藏传佛教中,高僧大德通过在“神秘圆圈”四周

〔1〕 王新生、苑冀:《曼荼罗的象征意义初探》,《湘潮》2007 年第 10 期。

和中央勾画各种典雅、繁华的图案，以表达他们禅思过程的独特心理体验，同时也作为一种修炼的方式以象征性语言来传达“宇宙和神性力量的联系”[1]。它既是一种宗教坛场、仪式、画像，也是和佛经故事有关的一种神秘的花朵，还是精神分析医学中的一种绘画治疗方法。

在微电影《Mandala》中，年轻女画家在美国作画谋生，洛桑喇嘛按照哈达指示的方向跨越千山万水，去寻找恩师得道高僧仁波切的转世灵童。二十三年过去，他的找寻没有任何进展。而这位年轻女画家之所以无意中进入洛桑喇嘛的视野，就是因为她的画作——画作中的观音佛陀曼荼罗画像宁和安详，周围盛开着莲花，象征着圣洁；围绕着海水，象征着普渡的苦难。虽然画像是画在油布上的（油画），但它和得道高僧天心仁波切生前的曼荼罗画像惊人地相似[2]。电影画面中，洛桑喇嘛逆光观察这幅画作，心灵受到震撼与指引，于是不经敲门而闯入女画家的住所，他二十三年的苦苦寻找终于有了归宿。

几乎所有人，无论在家还是出家，有无宗教信仰，都关心生死问题。生死之谜是所有宇宙之谜中，最难解、最恼人，而对个人和社会又至为切近急迫的，它是关于揭谜者自身的谜：人从哪里来？生命源于何处？人只是一架思维机器，还是具有所谓“灵魂”的半神灵？人在宇宙中的地位如何？人一死永灭，还是有来生生世？这些问题中，生死之谜尤其是死后有无续存的问题，关系到每个人最切身、最根本的利益，对它的解答，是人们决定人生态度、人生目标，建立人生观、价值观、伦理观的基石。揭开生死之谜，无疑成为人类智慧面临的首要任务。世界上多数宗教都对生死之谜做出了自己的解答。

在所有宗教中，佛教以教义体系最为丰富深厚著称，与多数主要依感

---

〔1〕 荣格：《人类及其象征》，张举文、荣文库译，辽宁教育出版社1988年版，第221页。

〔2〕 在日本、韩国、越南和中国大乘佛教的传统形式中，观世音菩萨是慈悲的菩萨；在西藏密宗佛教教学，观世音菩萨（观音法门）被认为是一个佛陀，慈悲的佛陀。

情需要仰赖神灵救赎的宗教不同,佛教是以智慧究明自身,以求解脱生死等痛苦为主旨,以“自净其心”“如理作意”作为超出生死的要道。佛教以“缘起”的朴素辩证法观察生命现象,认为众生的存在是非断非常、即生即死而又因果、身心相续不断的无穷无尽的流转过程[1]。

## 二、绝望之爱——世俗情感中的曼荼罗

瑞士心理学家卡尔·荣格(Carl G.Jung, 1875—1961)曾经在自己与弗洛伊德学术上分道扬镳面临精神危机时,无意中画出很多曼荼罗形状的几何图形。并从自身的实践中总结出,具有东方佛教色彩的曼荼罗绘画艺术具有缓解精神压力的功能。在1950年发表的文章《论曼荼罗象征》中将曼荼罗的形态特征陈列出来,认为它们具有以圆为中心的形式以及十字架、星星、四边形和八角形的形式。荣格把它们解释成自性与整体的一种原型表达,曼荼罗的意象通常在分析的过程中,出现于梦或绘画中。

曼荼罗的存在具有普遍性,它的象征形式不仅仅存在于东方各国,在古埃及、中世界的欧洲等西方世界也能见到,它的最早历史甚至可以追溯到旧时期时代。正如弗洛伊德指出文艺作品是创作家的白日梦一样,荣格也认为,画作是画家的白日梦和潜意识的体现。曼荼罗画像出现在女画家的画作中,除了可以有佛教灵魂转世的含义,把曼荼罗画像看作是女画家前世(仁波切)灵魂的记忆,它同时也是女画家自身一种潜意识的象征。

荣格从无意识的精神极出发,将曼荼罗的图形看作一种原型理念。

[1] 陈兵:《生与死——佛教轮回说》前言,内蒙古人民出版社1994年版。

曼荼罗不仅昭示了一个外在的宇宙,也是内在精神小宇宙的宿营。是精神的象征,同时也是心理的象征。曼荼罗代表着形成、转化、不朽精神的永恒再创造;曼荼罗不仅适用于地球,而且适用于宏观宇宙和微观世界,最大和最小的结构变化[1]。就其本质而言,曼荼罗是无意识和本能的外在体现,是一座连接精神和物质两个极端世界的桥梁。

荣格的精神分析医学打通了东方神秘主义的修行和精神分析疗法。在他看来,所谓觉悟,即是修行者与全人类和整个宇宙一起得到心灵的复兴;所谓精神疾患其实就是无意识占据心灵的结果。他总结说:"……曼荼罗通常的出现与迷惑或恐慌的混乱心灵状态有关。然后,它们有目的来减少混乱至有次序,虽然它从来不是病人的自觉意识。在所有情况下,它们表达了次序、平衡和圆满。病人自己常常强调这些图片是有利的或者抚慰的。"[2]

女画家画出的曼荼罗画像和一系列画作,其实也是她自己内在精神分裂和危机的体现。在创作这组画作之间,她刚刚经历了失去爱人的痛楚。无休止地梦境和幻觉缠绕着她,使她无法从失爱的苦痛中挣脱出来。而这个精神创伤的最核心部分,是爱人的突然离去,生死之间,他似乎自己主动做出了决断,抛弃了爱人和尘世,选择了死亡。这是令活着的女画家最不能释怀的。在这里她触摸到了生死之谜这个巨大的黑洞,她无法整理好自己,在这个失去爱人的人世继续坚强地活下去。虽然她努力这样去做,但是偏偏情感受挫之后,生存也成了问题,她的画作,那些美妙的曼荼罗艺术神作,无人问津。她刚刚经历了一场绝望的爱情,又陷入了绝望的生存。

就此而言,曼荼罗画作是她精神无意识的显现,是她自我疗伤的潜意识之作,"曼荼罗不仅仅是一种外在的形式,它还隐含着关系的确立,既表

〔1〕 张庆有:《藏密曼荼罗艺术新释》,《西藏艺术研究》2002 年第 2 期。

〔2〕 Carl Gustav Jung, "The Spirit of Psychology", *This is My Philosophy*, Whit Burnett, ed., Harper & Bros., 1957. 156—157; 77.

现了外部形象化的世界，也展现了创造者的内心状态，它相当于一种沟通的工具，将存在于人类潜意识内部的意象投射到外部世界上，并为转变创造契机”[1]。虽然这些画作闪耀着神性的光芒，然而它们躺在世俗的人间，却屡屡遭到冷遇。直到洛桑喇嘛出现在这个充满绝望气息的画室，仿佛一道佛光射入深渊。年轻的女画家刚从失去爱人的噩梦中惊醒，这一切显得那样的不真实。

佛经云，释迦牟尼成佛之时，大地震动，诸天神齐赞，地狱人间的许多苦厄，一时休息，天鼓齐鸣，发出妙音，天雨曼荼罗花，曼殊沙花，金花、银花、琉璃花、宝花、七宝莲花等，不论昼夜没有间断地从天上落下，满地缤纷。至此，释迦牟尼已成就菩提道果，遂开始收徒，传授他所证悟的宇宙真谛。曼荼罗花是光明与暗界共有花种，是一种极芬芳美丽的花，仅生长于阴寒之地。人们用黑色曼荼罗象征不可预知的黑暗、死亡和颠沛流离的爱。在年轻女画家遇到洛桑喇嘛的那一刻之前，她的整个生命正在承受人世最深的苦痛，一个人在异乡漂泊，居无定所，爱人新逝，生活无望。凡间的无爱与无仇，被伤害的坚韧疮痍的心灵，生的不归之路。陪伴她的只有无人问津的曼荼罗画作。如果忙碌而残酷的人世生存是漫漫长夜，女画家就是黑夜里的曼荼罗花。天心仁波切的灵魂转世为世间一株黑色的花朵，漂洋过海，历尽磨难。它是曼荼罗当中最高贵的品种，是典雅而神秘的花儿。花朵像百合，花香清幽。据说用心培育的黑色曼荼罗能够通灵，因此它的花语是不可预知的死亡和绝望的爱。

## 三、我是谁——自我治愈之路上的曼荼罗

为了打消女画家的敌意和顾虑，促成她的西藏之行，洛桑喇嘛不得不

〔1〕 王新生、苑冀：《曼荼罗的象征意义初探》，《湘潮》2007 年第 10 期。

顺从世俗商业社会的规则，提出如果她肯随自己入藏参加一个神圣的仪式，设若这个仪式不成功，作为补偿，他将代表寺庙买下女画家所有的画作。这样才有了女画家不同寻常的西藏之旅。在那一望无际的高原之上，在蓝天白云的衬托下，她的旅途充满了艰辛，也打开了心胸，她看到了牛羊深情的眼睛，看到经幡飘扬的热烈神圣。离开现代化的大都市，来到不是故乡的故乡，与自己前世的灵魂相遇，这一切亲切而又陌生，让处于失去爱人创伤中的女画家仿佛获得了一次重生。尽管如此，女画家每每陷入噩梦与幻觉中，仍然有逝去的亲密爱人在梦中出现又消逝，有神鹰时而高翔时而俯冲，将她惊醒。尤其是随洛桑喇嘛来到西藏之后，面对一个近乎难以置信的"转世神话"，面对天心仁波切曾经住过的房间，曾经用过的一切，她可能不止一次地发问：我是谁？我来自何方，我难道真的是那位得道高僧的灵魂转世吗？这一切让她感到既新奇又恐慌。一定意义上说，她的追问也是所有失去信仰的现代人的困惑，人们每天汲汲于功利，不知自己来自何方，生活去向何处，正如电影片尾曲昭示的那样，人们想要寻找自己精神上的父亲、生活上的爱人而不得，反倒在找寻的过程中迷失了自己。

现代人的迷惘来自过于强烈的生命冲动和自我意识。荣格认为，在曼荼罗绘画中，修行者认识到过去自我中心导向的错误，因而能够摒弃意识的自我和性本能的无意识。他认为，不管是他的病人画的曼荼罗，还是佛教与印度教的曼荼罗，万变不离其宗，就是"中心"(central)〔1〕。这个中心，正是转型过程中的高潮体验与之充溢心灵的那个精神极。所以对于荣格来说，在治疗步骤中最关键的一步是"定中心"〔2〕。女画家远离万

〔1〕 Carl Gustav Jung, "The Spirit of Psychology", *This is My Philosophy*, Whit Burnett, ed., Harper & Bros., 1957. 156—157; 77.

〔2〕 意娜：《曼荼罗(坛城)的现代宗教哲学与心理学阐释》，《青海师范大学学报》(哲社版)，2015年3月。

丈红尘,远离世界的中心纽约,来到世界的边缘——遥远的青藏高原,重新确立了她生活的中心,仿佛一次厌倦红尘的出走,她的西藏之行,既是一次被动的验证与皈依之旅,也是一场主动的自我疗伤之旅。

面对高原上淳朴的藏民,她们高原红的脸庞,面对他们苦难而又圣洁的生活,女画家的心灵一定经历了一次洗礼。当她在通灵幻觉的指引下,选出仁波切生前用的念珠和僧袍时,她再也不愿去选第三样——僧帽,因为她是有自主意识的现代人,宁愿成为她自己,而不愿成为一个圣灵的躯壳。她于是失魂落魄地逃离开去。

在无垠旷野中,她又看到了爱人的眼睛,是爱让她重新回来。而洛桑喇嘛告诉她这个验证仪式已经成功了,他那样如释重负地望着她,热诚地欢迎仁波切的灵魂回家。而在此刻,女画家心里是如释重负还是莫名失落呢?总之,她并不像洛桑喇嘛那样高兴,因为她有自己的灵魂,她感到无法和仁波切高贵的圣灵融为一体。直到听到那个小女孩的哀求哭诉,知道她的母亲为了迎接仁波切归来,已经守候了二十三年,熬瞎了双眼。她愿意接着扮演这个她一时无法认同的角色,是因为人世的情,而非为圣灵的爱。

她走到那个老妇人的住处,看到周围熟悉又陌生的一切;她走到老妇人跟前,抚摸着她粗糙、布满褶皱的手背;她久久凝视着墙上仁波切的生前画作,那和自己几乎一模一样的画作。画像中曼荼罗逼真的人物表情,既让她惊奇,又让她感动。那么宁静、圣洁、庄严,让人可以放下一切,感受和画像的交融,以及隐藏其后的内在神性之光芒。她在想象中融入曼荼罗,去感受无意识的力量,逐渐接近自己的内在核心,通过调和对立面而归于统一。

她通过曼荼罗与自身认同,使个体的心灵与宇宙的实在性交互融为一体:她感受到了老妇人手的抚摸,她感受到了爱人的手从另一侧亲切地抚摸她。站在这幅神圣的画作前,她体验到了内心的和谐,作为仁波切和作为她自己,此生与前世,跨越生死的、双重的温暖和爱意,包围着她。长时间以来一直纠结她的感情问题豁然开释:也许来生我们不会再遇见相爱的人,也许来世相爱的人会以另一种方式和我们相遇,然而万事万物皆有因果,生与死都不再可怕,只要心中有永恒的爱意,我们就能得到永恒的慰藉。

荣格深刻认识到曼荼罗所具有的"成形、变形、永恒心灵的永恒创造"[1]的意义,即是人格完整性的体现。他发现曼荼罗意象经常出现在个体心灵失去平衡后,可作为一种补偿因素来恢复心理秩序,它体现了个体一种自我治愈的倾向。因此,曼荼罗本质上表现了一种秩序的原型,是心理完整性的象征。曼荼罗就是连接个人和佛祖之间的通道,它让更多迷惘的现代人,来到佛的身边,聆听佛祖的教诲,经历佛光的指引,从而达到个人心灵与佛性的沟通。在这个过程中,观想者在想象中感受无意识力量的同时,认识自己的内心,使个体的存在融入人类的集体无意识中[2]。观想者的世俗之念得以转移,负面情绪得以开释,心理负荷自然减轻,从而进入一种宁静、舒缓、自由的心境。影片的结尾,年轻女画家站在一望无垠的碧水蓝天下,一袭红裙,仰望苍天,闭上了眼睛,她仿佛沉醉,仿佛出世,总之,她彻底得到了心灵的平和。于宗教而言,这是一种修行;对现代心理学来说,这是一种自我治愈的精神疗救。

（本文写作于 2015 年 8 月）

---

〔1〕 荣格:《荣格自传》,刘国彬、杨德友译,国际文化出版社 2005 年版,第 188 页。

〔2〕 鲁珊:《坛城:人与世界和谐的心理原型》,《文艺争鸣》2010 年第 10 期。

# 面对真实

## ——《楚门秀》观后

作为一个人，他走在幸与不幸的边缘。乍看，他是一个幸运儿，生活在一个叫“海景镇”的风景如画的海岛小城，周围是蓝天、碧海、白云，他有一所漂亮的房子，一份稳定的收入，一个美丽的妻子，他和邻人同事和睦相处，几乎每天都能看到友善的笑脸……然而，他又是不幸的，作为一个不受期待的生命，他从一出生就被电视网络公司收养，成为一部长篇纪实电视肥皂剧的主人公，他的全部生活一直处于巨型卫星拍摄设备的监视之下，他成长的一分一秒、一举一动都全天二十四小时向全球的电视观众直播。除了他在过自以为“真实”的生活之外，他周围的所有人，都是这部热播电视节目“truemen show”(即真人秀)中的职业演员，包括他的父母、好友，甚至他的妻子。当生性淳朴的他终于在有一天，发现这一切有些不对头时，三十年的时光已经过去，一去不返，他为这虚拟的生活所付出的真实的感情，也如覆水难收……

将存在的荒谬，人性的虚伪，现实的异化推演到一个极端的境地，我们就走进了楚门的世界。这个看似奇思妙想的黑色喜剧故事背后，隐藏着一个关于存在的寓言。知识、技术与权力融为一体,成为异己的力量,无情的拷打着人性的脆弱,楚门由影像中的被观赏的“他者”,走向实实在在的真人的生活,经历了一个浮士德似的“成人”的旅程。他拷问着我们每一个人面对真实、超越自我的勇气和意志。

## 一、存在的焦虑

关于存在的思考,是萨特一度悉心关注的命题。是他把这个问题从形而上学者玄思的天上带到了凡间,使人们能够基于日常生活不断地追问“存在是什么?”“人将如何自存?如何选择?”

每个人从一出生就关心自我的存在,漫长的人类童年向人们昭示一个足以自知的过程。然而,人真的自知吗?“我是谁”的问题一开始在楚门那里原本不能称其为问题,而此后,这个问题却像一个巨大而神秘的黑洞,把他的生活卷进猜测、探询继而抗争的激流漩涡。他不自知,无从了解自我。他处于“被制造”“被观看”的荒谬状态,是导演手中的玩偶,数亿观众心目中的“明星”。作为一个主体,他没有走进自我真实生活的权力。为了制造剧情的起伏,导演让他喜欢的女孩(苏薇亚)在他的生活里出现,然后又神秘地消失,是为“楚门的初恋”;又让他的父亲“溺水而死”,在他心灵中对水留下可怕的阴影,从而终生远离海水,也就远离了走出这个虚拟世界的唯一条路;后来,为了剧情的需要,又精心制造了他和父亲生离死别后的意外重逢……当楚门真挚的泪水涌出,紧紧拥抱他失而复得的“父亲”,引起世界各地直播现场火爆的笑声和欢呼时,怎不让人为他感到由衷地愤懑与悲哀?

然而经历了这样对楚门的“移情”之后,反观我们自身,楚门的遭遇可能也只是我们大多数人这种丧失主体性、被动生存的一种夸大和隐喻。

用楚门秀的哈哈镜恰能照出我们自身生存的“有待”(庄周语,“不自由”之意)。走在大街上的芸芸众生,没有楚门的离奇遭际,又在多大程度上是主宰自己命运的主人?我们会突然发现,人生如戏,作秀的不光是楚门,还有我们自己。我们从一出生就是父母亲人期待中的“角色”,我们长大后顺从社会对我们的“规定”,每一天,都要在别人的眼光里“确证”自我。《红楼梦》里那个集家人万千宠爱于一身的宝玉,可谓“天之骄子”,可是他还是要过别人要他过的生活,否则,一旦他要寻找自己的爱情,自己的生活,就会到处碰壁,最后也只有落得“白茫茫一片大地真干净”;封建社会是如此,《围城》里的方鸿渐称得上一位现代知识分子,纵然学贯中西,有我们以为的小“聪明”也有他父亲认为的大“智慧”,在家国沦丧的时代大潮裹挟中,也只好随波逐流,根本找不到属于自己的人生出口。人类生存的困窘跨越时空,向我们提示着一个永恒的斯芬第斯之谜:也许人生毋须历尽荣辱沉浮,便该参破存在之虚无,之茫然,之不可追寻;或者每一个人在一定程度上都如楚门一样,是笼中的鸟,玻璃罐里的蝴蝶,美丽和自由都是虚幻的,捉弄我们的不仅有神秘的命运,还有无孔不入的控制权力,就像楚门身后那上千万个摄像镜头!

## 二、知识——权力

自从弗兰西斯·培根喊出“知识就是力量”,无异于给人类的探求注射了一支强心剂。当然我们也不会忘记,“power”本身不仅有“力量”之意,还有“权力”的意思。更不要说,二十世纪,米歇尔·福柯直接对我们说“话语本身就是一种权力”。“权力”的本意指涉的是双方对峙时力量的不对等状态,其中一方处于明显的优势。拥有了话语权,你就可以任意“书写”他人,成为他人的主宰;没有话语权,就只有“被书写”,听命于他人。就像十五、十六世纪发现新大陆的欧洲人之于美洲土著居民，就像十九、二十世纪上半叶的中国在世界政治舞台上失去自己的声音，都是这样的例子。人们常常不自觉地认为“认识世界”，为的是“改造世界”，从一定意义上说，占有了对他人的知识也就相应占有了对他人的权力。

影片中的电视网络公司正是在此意义上有着对楚门的双重的权力：首先，他是这个真人秀节目的投资者，他拥有这个知识经济时代全部知识最有力的物质转化形式——雄厚的资本和先进的技术，由此使监视与控制遍布楚门生活的每一个角落而他却无法自知；其次，作为这个节目的策划人，他们掌握着关于楚门身世的全部知识，并将其最有效利用，出卖给全世界的观众，将其打造成一个不乏反讽意味的“真人秀”明星。也就是说，他们同时掌握着塑造楚门全部生活的话语权。有技术资本的物质知识权力作后盾，有“形象生产”的话语霸权客串前台，楚门，这个有血有肉的现实中人的符号所指被架空了，只有由对方“生产”出来的巨大的“形象”能指向全世界播撒。被撕裂的二重身份是楚门的痛苦，却从另一个方面透视出知识与权力相结合的无所不能！知识—技术—金钱的运作方式导致电视传媒一方绝对的话语霸权：用金钱他可以买下一个孩子全部成长历程的版权；用金钱和技术可以筑造出一座连天空和日光都是虚拟的海滨小城；并且可以肆无忌惮地偷拍一个人的私生活，使之曝光于大庭广众之下，成为他人茶余饭后的谈资，满足无聊的现代人在看够了矫情做作的表演之后，偷窥别人真实情感悲欢离合的低劣欲望。影片中，唯一不被权力污染，代表着人类没有泯灭良心的姑娘苏薇亚对导演克里斯托的控诉是令人心惊的：“你有什么权力让一个人从婴儿开始就变成一种商品？你这样做不觉得有罪恶感吗？”

然而，知识与金钱技术的结合促成了这样异化的权力，工具理性的触角已经无所不在，并无所顾忌地伸展向每个人的个人生活。在一个号称知识爆炸的时代，权力弥散的势力范围，又岂止海景镇“超现实”的生活世界，它何尝无时无刻不在污染着现实生活本身。然而，类似克里斯托导演似的集技术时代之大权于一身的人物，真能成为人类命运的全能的主宰吗？

## 三、选择与成人

答案是否定的。事实证明，在真正的人类勇气与意志面前，他至多只能充当歌德《浮士德》中魔鬼糜菲斯特的角色。尽管如此，楚门为了走出“镜像”中的自我，也经历了艰难的旅程。

萨特的主人公曾不止一次地告诉我们，无论存在多么荒诞，要拿出生之为人的尊严和勇气，正视现实，自我选择。能否完成这样的选择，成为现代两种哲学——“软骨头”哲学和“硬骨头”哲学〔1〕的分野。前者如卡夫卡《变形记》中的葛里高利，面对现实的挤压，变成了甲虫，清醒而又无奈地等待死去；或者如陀斯妥耶夫斯基《白痴》梅思金公爵以隐忍、博爱的基督情怀愿意牺牲自己，实现对这个堕落人世的救赎；后者如鲁迅，面对现实的隔膜，敢于“直面惨淡的人生”，发出了挣破“铁屋子”的呐喊。楚门的回答正是鲁迅这样强有力的声音，他要寻找自己该过的生活，哪怕“一个人朝着地平线走，留给世界的只是背影”〔2〕。

一旦作出这样的选择，他首先要面对的是周围熟悉的人们。这时三十年的“和睦”相处，不管是亲人、友人还是妻子，都不再“相濡以沫”，而是变成这个骗局可耻的合谋，开始对楚门无情的背叛。萨特曾经有言“他人是地狱”，正是这些人共同的假面具构成了楚门以往生活的地狱。为了阻

〔1〕 参见刘小枫：《拯救与逍遥》，华东师范大学出版社2007年版。
〔2〕 参见汪国真：《热爱生命》，北方妇女儿童出版社2012年版。

止楚门向着自由的飞翔,他们在剧组的统一指挥下,个个戴上防毒面具,行动起来,甚至不惜动用全城的警察暴力,展开大搜捕。于是不管楚门走到哪里,不是堵车就是路塞,总是死路一条;他就像一只试图挣脱蛛网的飞蛾,发现自己的努力总是徒劳。然而,这更使他看到了自己以往生活的可怕,也使他更加坚信逃离这个骗局是一个正确选择。如同浮士德为追求理想,将自己的生命交给魔鬼作赌注,楚门也要背水一战,为了新生,他把自己的命运交给伸向远方的大海……

此时,关键人物终于出现了。他,就是集这部"真人秀"长篇纪实剧投资人、策划者、制片人于一身的世界著名导演克里斯托。是他"天才"的创意使这个节目数十年来一直引领着全球关注的焦点,也为他的公司创下了天文数字的广告收入。他是技术产业时代的弄潮儿,"制造"他人生活的话语权力的代表。在楚门的故事里,他既担当着社会工具理性进犯人性的负面,同时也是洞察这一负面、并赤裸裸地向人们揭示这一残酷现实的智者。简而言之,犹如歌德《浮士德》中浮士德要面对的魔鬼糜菲斯特,巴尔扎克《高老头》中拉斯第涅的人生路上一定要遇上伏脱冷,克里斯托是楚门由"镜像"中人走向真正的人的成长历程中必不可少的反题。"海上暴风雨"一节首先让我们看到他冷酷、阴沉甚至是邪恶的一面。作为"海景镇"超现实世界的"造物主",他不能容忍他花费巨资营造的这个"海上天堂"一下子失去主角,他自己一手看着长大的主人公,竟然挑战他所安排好的生活秩序,试图逃离他的轨道。

这不仅直接威胁到他的商业利益,也在很大程度上冲撞了他的自尊。因此,他不惜一切代价,利用高科技手段,在海上制造暴风雨,他要拦住楚门。"拦住他！哪怕要他死!"这是他又俨然成为人类历史上一切践踏人的生命彰显权力意志的专制独裁者。他制造一浪高过一浪的暴风骤雨,看着楚门的小船在巨浪和暴雨中颠簸而不动声色。可是楚门没有屈服。他奋力在风浪中抗争,当一阵猛烈似一阵的海浪眼看将他打昏时,他解开了缆绳,把自己缚在船上,顺海漂流……楚门顽强的意志终于使克里斯托无可奈何。然而,当楚门就要走出他的虚拟世界时,他又换上一副语重心长的口吻,对楚门谆谆诱导,他语调平和,俨然一位洞穿世事的慈祥睿智长者,或者像上帝一样的存在,他告诉楚门:海景镇诚然是假的,可是外面的世界充满纷争倾轧,比这里还要糟糕。三十年的努力,他和楚门都已成为全球的电视名人,他希望楚门留下来,同他继续合作,把这部好戏演下去。楚门的回答是一个优雅的谢幕动作,他以自己独有的幽默向他的导演、观众告别。他要寻找自己真实的生活,他“前脚跨出大门,后脚就不准备再跨进大门”[1]。

曾几何时,浮士德为了发现知识,运用知识,不惜自身愿做为人类盗取火种的普罗米修斯,他追溯古今,上下求索,他要救助苍生,用知识使人类走出人文的贫困;而今,在这个知识过剩的年代,作为人类知识的副产品,异化的权力无孔不入,扭曲了生活的本真,楚门的历经狂风骇浪,矢志不渝,也许他要一心救赎的,不仅是他自己,正是人类本身!王国维先生在谈及中国古典小说时,曾谈到好的小说不外两种类型,一曰《桃花扇》型,一曰《红楼梦》型。《桃花扇》者,国家的也,政治的也,历史的也;《红楼梦》者,宇宙的也,人类的也,哲学的也[2]。由是观之,《楚门秀》无疑属于后者。楚门所面对的,也许是我们每个人都无法释怀的真实境遇,在这个哲学贫困的年代,它留给我们的思考还很多……

(原载《电影评介》2009 年第 2 期)

---

〔1〕 参见闻一多:《最后一次演讲》,《学生报》1946 年 7 月 21 日。
〔2〕 参见王国维:《〈红楼梦〉评论》,上海古籍出版社 2005 年版。

# 理想主义的末路狂歌
## ——浅谈韩寒和他的《后会无期》

很多人把韩寒和郭敬明作为了解时代精神的样本，按当下世俗的成功标准，这两个青年都是励志的典型。一样少年得志，从“新概念”作文崛起；一样鄙视学院教育，很早地踏上社会，和这个时代一起成长。但是这两个人的性格却大相径庭。今年暑假，郭敬明的《小时代 3》和韩寒导演处女作《后会无期》同期上映，大有一决雌雄的味道，这让两人数以千万计的粉丝拥趸都激动不已，也给全中国的网民看客们一次围观的机会。

在这之前，郭敬明的《小时代 1》和《小时代 2》一度引起热议，它创造了居高不下的票房，得到大量 80 后、90 后年轻人的喜爱，同时也受到知识分子学者们的严厉批评。很多人认为《小时代》是散发着铜臭气的电影，对郭敬明在电影和文本中插播广告的做法不以为然，尤其对郭敬明媚俗媚金的价值观颇多苛责。而人们对《后会无期》却寄予厚望。在这些知识分子精英们眼中，80 年、90 后一代年轻人大多数是没有历史感的，是抱着奶嘴看着动画片在消费文化中长大的一代，他们脑海中只有功利，没有公益，这一代人没有人关心历史，也没有人再关心中国的未来。他们认为，当下中国是一个只有粉丝和偶像、娱乐和消费的时代，对比五四时期和八十年代，只有娱乐至死的青春文化，而稀缺以天下为己任的青年文化[1]。韩寒是这一代人之中少有的另类。

虽然韩寒去年也曾面临科学狂人方舟子关于“代笔门”的指控，在网上闹得沸沸扬扬，但最终也是不了了之。不喜欢韩寒的人，更加不喜欢他，因了方舟子的指控，似乎更加坐实韩寒出道的不名誉，把他看成没有文化的“空心人”，是个只会玩车的“韩少”；但喜欢韩寒的人一如既往地喜欢他，这些人中除了那些“颜控”和热情粉丝，还有为数不少比韩寒年长、资历也深的知识分子，他们认同韩寒那些脍炙人口的杂文《太平洋的风》《我所理解的生活》等流露的基本价值观。在削平深度模式的后现代生存中，韩寒的思考和表达总能独树一帜，他是属于那种不用看懂张艺谋的《归来》，也能从生存本能的角度看出现存体制的问题，对现实持批判视角的年轻人。他的特立独行，他的幽默反讽，总给人留下反叛的形象。他的文风，带着戏谑的嘲讽和批判的锋芒，给人清新的感受，就像太平洋的风。尤其是2010年他和同仁于艰难中创办《独唱团》，在发刊词中他写道，“世界是这样的现实，但我们都拥有处置自己的权利，愿这个东西化为蛀纸的时候，你还能回忆起自己当年冒险的旅程。”那些年青的背叛，那些善良，以及心底的温柔，那种哪怕走上冒险的旅程，也让生命见证改变的青春意气。虽然由于种种原因该杂志流产，但是韩寒式的理想主义的“破旗”总在人们心头飘扬过。

由此这些年长的知识人爱惜这个青年，认为方舟子并没有真凭实据的指控，无法撼动韩寒在80后青年中的偶像地位。也有更坚定的拥护者认为，即使韩寒真的有过错误，也不妨碍他性格的真实。韩寒是个率真的年轻人，当然也有年轻人的虚荣、脆弱和短板，韩寒也从未在大众面前刻

---

〔1〕 周志强：《青春文化高开，青年文化低走》，《东方早报》2009年5月4日。

意掩饰曾经有过的困惑和迷茫。但是这些都无伤大碍，他在公共领域的不断发言，他本人独辟蹊径的人生之路，他对生活的桀骜不驯的态度、他对体制举重若轻的批判姿态，已经使他成为我们这个时代的精神标杆。他们认为，有这样的年轻人存在，中国的未来就还有希望。这次亲自执导电影，人们期望韩寒能为这个没有理想的“小时代”带来“大情怀”，带来不一样的感动。

至于韩寒为什么转而做电影，坊间也流传不同说法和猜测。有人说，韩寒这是受到方舟子围攻后公共信任度受到打击，想通过拍电影的方式重新向世人证明自己；也有人认为，韩寒与郭敬明总有“卿何如我”[1]的暗比之心，所以跟在郭敬明身后亦步亦趋，看到《小时代》风风火火心有不甘，想拍出自己对电影的理解好一决高下。也有人认为，韩寒倒不见得特别在意方舟子和郭敬明，所有擅长玩弄文字的人都长于画面联想，拍电影就像办杂志一样，也许是韩寒一直以来的一个梦。韩寒一向非常自我，长于形象思维和语言，而电影就是这样一种很自我的表达方式。何况，电影一直是当下最流行的大众文化，作为时代的弄潮儿，韩寒的自负和自信让他无论成败都想在这一领域一试身手。并且从《后会无期》这个电影的拍摄思路来看，韩寒并不锁定票房盈利，而一心要有与众不同的表达。作为他的导演处女作，《后会无期》试图以电影的方式“和这个世界谈谈”，是一个电影版的《1988》[2]，它和小说杂文里的韩寒独立不羁的生命姿态是一脉相承的。《后会无期》在以影像的方式传达“我所理解的生活”[3]，表达韩寒的世界感受和人生思考；它告诉我们同时代中另一些年轻人的生存，让我们看到一些完全有别于《小时代》的另类青春。当然，这部电影见证

---

〔1〕“卿何如我”出自《世说新语》：“桓公少与殷侯齐名，常有竞心。桓问殷：‘卿何如我。’殷云：‘我与我周旋久，宁作我。’”

〔2〕韩寒：《1988：我想和这个世界谈谈》，天津人民出版社 2010 年版。

〔3〕韩寒：《我所理解的生活》，浙江文艺出版社 2013 年版。

了韩寒式青春的冷眼和热情,反叛和赤诚,同时也未能全免大众文化时代青春偶像剧的浅薄和幼稚。

## 一、大众 or 小众

首先,这不是一部商业片,而毋宁说是一部文艺片。电影是大众文化,而《后会无期》是小众电影,它所锁定的观众群是文艺青年和知识精英。就像贾樟柯的《hello,树先生》在国外获奖,在国内公映一直应者寥寥一样,文艺电影拿到电影院,总是要为文艺付出代价的。当然,也不是所有的文艺电影就不受大众待见,比如李安的《少年派的奇幻漂流》、贾樟柯的《三峡好人》就既有故事,又有幽默,能得到大众群体的认同,起码电影院里有笑声。人们看电影是为了追求轻松和享受的,《三峡好人》一开头"人在江湖飘,就要靠美钞"那段戏法,既让普通大众三六九等破衣烂衫的人民出现在电影的视野,更新了电影可观性的概念,也拉近了和观影者的心理距离,让他们可以笑得心无城府。但是韩寒的主角不是平民底层,而是精神贵族。其实也是俊男靓女,只不过不像郭敬明的俊男靓女按照世俗时尚刻意打扮,但是骨子里的自命不凡还是一样的。他们互相插科打诨的韩寒式语言有时机智俏皮,于不经意间说出了真理;有时却不免流于贫嘴油滑,那种智力上的优越感让人无法产生亲和力。三个主人公,同气相投,一意孤行走上理想之路,但是开始的时候长镜头,海天、山石,歌词,还是足够美的,引得观众对三人的行程充满了期待。

韩寒想把这个电影当成理想主义者的悲歌和青春成长的寓言来拍,拍得有诗意,够文艺。开头起笔很壮阔,《东极岛之歌》像任何一个走向末路的乌托邦之歌,足够引起怀旧的思念和守护没落的悲情。电影开始时马浩汉在高台上向群众讲话,而他的邻居乡亲们却转身离去。我想这个镜头传达的恰恰就是韩寒的时代感受:多年的博客发言,韩寒也曾经反思自己被一种类似英雄的情绪绑架,每有公共事件发生,总觉得有责任第一时间顺着民意去发言,快意恩仇博人喝彩,在马浩汉的孤独中,他可能照出了自己的尴尬处境。孤独的启蒙者,冷漠的大众,以及鲁迅先生曾经反复说过的那句话“我不是一个振臂一呼应者云集的英雄”[1]同东极岛大多数卑微的群众背道而行。理想主义的孤绝,英雄主义的末路一开始就等待着它的结局。

三个人一把火烧了老宅,带着惺惺相惜的友谊,离开东极岛的时候,给观众的感觉是从此亡命天涯,漂泊异乡,义无反顾。但是实际上这样的决绝却让人感到做作。大多数人离开故乡,正是对故乡田园老宅的牵挂和不舍,铸就了他们生命的厚度和深度。像沈从文的湘西,张爱玲的老上海,是他们一生魂牵梦萦的地方。烧老宅让我想起余华的《鲜血梅花》,男主人公阮海阔的老娘为了让儿子义无反顾去为父复仇,在儿子临行前将自己和老宅一并烧毁[2]。这在余华的先锋小说里只是凸显了理想主义的偏执;而在韩寒的电影里,看到这个镜头的时候,我只想到了青春力比多的盲目冲动和无政府主义的破坏激情。

## 二、理想 VS.现实

与郭敬明围绕“富二代”的生活圈子展开商战言情的电影叙事不同,韩寒的男女主人公都是文艺青年,顾里、南湘们这些小姐妹同仁团体,也许更注重精打细算的商场机心、功利主义的人生成败;而浩汉和江河们这

---

〔1〕 鲁迅:《〈呐喊〉自序》,译林出版社 2013 年版。
〔2〕 余华:《鲜血梅花》,作家出版社 2012 年版。

些男子汉的阳刚组合,更注重生命的创造和激情,体验与众不同的生命过程。“既然朝着地平线走,就不怕留给世界的是背影”〔1〕。韩寒的主人公物质上也许不富有,唯独不稀缺的就是理想和精神。“浩汉”和“江河”,这两个名字,就像天生为成就大事而来的,又大又空的理想主义者,正如男一号马浩汉所说“每一个人,有自己想去的未来,那就上路,过程或许迷茫,结局依然精彩”〔2〕。

青春就是一场远行,这是韩寒2012年在湖南卫视一篇演讲的题目,《后会无期》各位主人公,都是这样怀揣着梦想上路的“旅行者”。周沫是一个早熟的女孩,一个人走出小岛去大城市闯荡天下,她领悟到“小城市靠关系,大城市多少公平点”,因此她认同人生的逻辑就是“不停的向上爬”,并相信自己的努力。浩汉在干过种种行当积累了人生经验之后,也希望对自己生活的小岛有所贡献,找到自己的人生支点;而江河则始终怀着美好的理想,按部就班地诚实生活。他们并不来自显赫的家庭,共同的特点就是怀抱梦想积极生活。他们的见解不同流俗,都不乏聪明,却不屑世人“天下熙熙,皆为利来;天下攘攘,皆为利往”的勤奋。他们在生活中处处碰壁,却依然眼高手低,不肯俯就凡庸的日子。“我从来都是优,你让我怎么从良啊?”他(她)们的语言带着特有的灵性和颓废、愤世嫉俗也玩世不恭,就像苏米所说“我们听过无数的道理,却仍旧过不好这一生”。在中国的任何地方,都有这样的青年。他们不屑于老师和家长的谆谆教诲,而很有主见很有个性梦想走出属于自己的人生。就像高中的班里总有学习尖子冲着高考努力,也总有艺术生托腮望着窗外想着自己的事情一样,在这个世俗的社会里,郭敬明和他的主人公,就像那些一心一意小心翼翼经营成功的优等生;而韩寒和他的主人公,就是那些非

〔1〕 汪国真:《热爱生命》,北方妇女儿童出版社2012年版。
〔2〕 韩寒:《后会无期》剧本台词。

主流的文艺生，那些有点问题又有点特别的人生道路上的出神（发呆）者。

也许韩寒这个电影就是在致自己已经逝去的青春，为自己的青春圆梦。导演本人作为一个职业赛车手，人生大部分时间在路上度过。所以这个电影充满了在路上的豪迈和艰辛，孤独和抒情。青春既然是一场率性而发的远行，就不要问道路在何方，明天到何处。韩寒想用自己的电影表现自己心头的抒情和诗意，自己对成长和青春的独特理解。于是在路上的漂泊开始了，不从流俗的理想主义者除了相信理想，相信友谊，还相信爱情。他们出发的时候，为了理想也为了爱情，为了前途也为了女人。“我们”要去看望从小青梅竹马一起长大的周沫姐，她是“我们”共同的女神；要去寻找和浩汉哥通信十八年的刘莺莺，这使得“我们”的旅途充满了莫名的兴奋和期冀；“我们”也在路上的小旅馆邂逅了让江河一见倾心的苏米，这使得“我们”的旅途充满了骑士般的浪漫和冒险。但是女人同理想一样，最终带来的也是挫败和感伤，这让把爱情看成生活全部，至少是很重要一部分的雄性动物们足够失落，感慨自己英雄气短，儿女情长。

旅行者的女神们，那些没有出发地永远在漂泊和寻找的女文青们，最后把自己的归宿锁定在陌生的国度。这和余华在《第七天》里宣布善良的好人们在这块国土上“死无葬身之地”是一样的效果，六六《蜗居》中的女主人公海藻，韩寒的女主人公周沫和苏米，一身仙气超凡脱俗的女文艺青年们，开口闭口把去国作为理想的归宿，不知是否在隐含说明这块土地在沦陷，他们脚下的土地虽然一片欣欣向荣却不再适合人居。去国与超离，饱含着对现实的不满和否定。这可以看做是韩寒杂文对现实的批判在电影里的延伸。《后会无期》试图以语言的机智俏皮、人生态度的特立独行和电影画面的唯美，以及电影音乐的沉痛悠扬，营造一种感伤的氛围，让影片变成一场青春的祭歌。

## 三、真实的破碎还是虚幻的唯美

公路片往往长镜头,苍茫粗犷,一路高歌一路坎坷,向天涯进发,充满了崇高的悲情。三个主人公出发的时候是孤独的,能够彼此慰藉的只有青春的兄弟情谊。而当这个路程走到终点的时候,那情义已经大打了折扣。“路遥知马力不足,日久见人心不古。”满嘴豪言壮语单骑横穿中国的独行侠阿吕,却是一个在荒郊野岭把朋友扔下,把朋友的车开走连头也不回的骗子。马浩汉对江河说“老子不怕被骗,老子就怕刚刚相信一个人就被骗”,“人世间所有的东西都比情义值钱!”在《小时代》这样的成人童话里,所有的俊男美女总会都会聚集在一个屋檐下,以爱情友情战胜一切骄傲、嫉恨和人间孤独,拼尽集体的力量占尽人生靓丽的风景。而韩寒的电影没有华服,也没有华丽的人生,却只有真实到残酷的人与人的关系,这就是韩寒理解的青春,以及他认为必须为成长付出的代价。就此而言,郭敬明一团和气、集体主义的大团圆结局是不诚实的,只是勾画出一个虚幻唯美的梦境,而韩寒则以他的坦诚面对了人生的缺憾和人性的真实。

青春有信任就会有欺骗,古往今来好的文艺作品,都会正视人生的破败与荒凉,不给青少年带来虚假的蛊惑。就像张爱玲所说“人生是一袭华美的袍子,上面里爬满了虱子”。或者如王朔所说,“青春是一条河,流着流着就流成了泥汤子。”友谊里掺杂了沙子,甄别友谊要学会披沙砾金。即便阿吕这样一个人,也用他构筑的人生教会了我们一些东西。阿吕之于浩汉和江河是含金的沙子,浩汉和江河之于胡生又何尝不是这样?友谊里充满了豪情和陷阱,也有许多不得已和随缘。韩寒试图告诉我们,友谊是复杂的。当浩汉满腔怒火地斥责江河用迂腐的善良随意相信他人,造成他们丢人丢车旅途不断受挫时,我们看到,这两个最好的朋友,也要面临分手的结局,也许最后真的“后会无期”。每个人,在追寻理想的路上,注定只能孤独地走向天涯。而那只意外拣来的小狗,在荒郊野外陪着江河一步一步向夕阳走去,不过是在证明两位硬汉子心中最后的柔情,因为小狗没有怨艾,也不会背叛,它始终如影随形,不离不弃。狗的忠诚反照出的是人类关系中的破碎和孤独。

友情是这样,爱情又何尝不是如此?纯情忧郁的苏米让人一见而生怜爱之心,她是江河心中那个刚刚学坏的邻家女孩,江河一厢情愿想用自己的善良温柔感化她迷途知返。他不愿意承认苏米是个妓女,而事实证明不是妓女的苏米,却是一个骗子,这就使得整个救风尘、亡命天涯的过程充满了反讽。在这个弱肉强食的丛林社会中,韩寒能够同情骗子也是因为混得不好,毕竟他们也良心未泯,正如三叔(贾樟柯饰)出场时的台词一样:“既然大家都没本事,各走各路,这才是现实。”然而混得不好却无法成为骗钱的理由。电影试图实现每一处剧情超出人们常规预期之外的翻转,那是韩寒心中对世界和现实的理解。当江河乐观地认为,“动物都会依照环境做出改变的,一切都会自然过去,青蛙不会把自己困住,它会跳出来,这就是现实。”时,马浩汉用锅盖捂住沸水中奋力跳出的青蛙,答道:“这才是现实!”他这一举动的意义在于,世界很复杂,现实很无奈,有时人就是那温水里被煮的青蛙,现实像铁一样的锅盖紧紧罩在人们的头顶,使得一切人为的挣扎和努力变得徒劳,即便如此,人还必须寻找活路,尽量认真地去生活。在这样日渐丛林化和荒漠化的现实中,人们都学会了藏起内心最后的温柔,以免被人利用。苏米哑巴哥哥临别时一脸忠厚和苏米弟弟临走时的恶语相向,就是这样一体两面的人性和人生。现代人把自己包裹起来,然而内心的感伤和外在的彪悍不仅是骗子家族团伙的本色流露,也是每个于夹缝中求生存的现代人存在的荒谬和真实。

在青春这场浩大的远行中,从小青梅竹马,长大各奔前程;尽管一见钟情,却要不舍分离,这都是爱情的伤痛。当然,最无奈和滑稽的是,浩汉一心寻找的神交十八年的笔友和互帮对象,他心中的远方的女神刘莺莺却是他的同父异母的姐姐。他心中奉若英雄神明、在他童年就已经出海遇难的父亲,其实后半生一直和刘莺莺母女生活在一起。这让他的爱情和亲情经历了双重的撕裂。然而在这一切谜底般的真相揭穿之后,亲情并非完全失陷,因为浩汉的父亲一直到死,都在通过笔友刘莺莺的方式默默关怀着“我”的成长;而爱情也并非完全落空,在父亲死后,一个月之后,这个远方的姐姐——她还是重又接上了和“我”的日常通信,继续告诉“我”所有真实的联系方式。“喜欢就会放肆,但爱就是克制”,这个故事的翻转让我们看到,亲情经历了考验,虽然伤痕累累,依然藕断丝连,带着缕缕温暖;而爱情一直充满了浪漫和憧憬,虽然看似有始无终,却留下来回味无穷,这种暧昧的情谊恰恰丰富了男主人公对于爱的理解。

青春既然是一场远行,作为旅行者,我们就一路高歌,不再回头,然后在路上学会生存,慢慢长大。萨特说,他人是地狱。“我们”这一路经历了爱情、亲情、友情的破碎,这些人们赖以安身立命的东西,都在陷落,一切关系中都充满了陷阱。然而当这一切都变得饱经风霜千疮百孔之后,满心创痛、孑然一身的现代人,却依然还要前行。孤独的旅途没有陪伴,最后走到终点不是靠了兄弟豪饮,对酒当歌,而是靠埋头苦干,默默耕耘。毕竟我们生活在一个没有理想的“小时代”里,这个时代适合精致的利己主义者,也适合埋头苦干的人,唯独不适合旅行者,不适合孤独的野兽,也最终出不了英雄。

《后会无期》只是一场青春的末路狂歌,寻找理想,往往会在现实面前碰得头破血流。“后会无期”实际上是“后会有期”,电影结尾江河不可置信的奇迹般成功,给人柳暗花明的感觉,导演安排了江河和浩汉的重逢,也安排了江河和苏米多年之后重新坐在一起,这个结尾一方面表达了韩寒对男主人公的善良祝福,因为江河是一个历经生命挫折、内心依然温暖的好人,韩寒想在这个人物身上寄托人生旅途峰回路转的希望;同时也该看到，其实这种“好人好报”的结局也是韩寒式青春偶像剧对大众文化的媚俗。让“旅行者”最后以“旅游者”的身份再次回到东极岛，终点又回到了起点，这是理想原则对现实原则的妥协，本身就体现了这个“旅游者”主导的世界对“旅行者”的规训和改变。江河最终追寻世俗的成功，回到了功利主义的怀抱，昭示了导演内心理想和现实的悖论。韩寒是一个真诚的理想主义者，但是从不拒绝世俗意义上的成功。然而对于精神的漂泊者来说，最高的幸福就是永远走在漂泊的路上。“旅行者”永远没有停顿，没有终点，这才是彻底的理想主义。对于理想主义者来说，功成名就不是目标，旅行本身才有意义；当然没入人流也不是平庸，并不可怕，只要坚持了自我，正如朴树歌中所唱到的那样，就是依然走在了《平凡之路》上。

（本文写作于2014年8月）

# 现实主义的苦难书写与精神救赎

## ——电视剧《平凡的世界》观后

没有哪一部当代文学作品像《平凡的世界》一样，以朴素的文笔、深厚的感情，用心血凝结成这块土地上普通劳动者的生活史诗，经历了三十年的时光洗礼，在信息海洋时代仍然是深入人心的阅读经典；也没有哪一部小说像《平凡的世界》一样，在诞生之初就受到评论家的冷遇乃至严肃的批评，被看作是《人生》之后作者的倒退之作，迄今仍是一部饱受争议的作品，不断面对来自现代主义者、新左派和女权主义者的质疑。它到底是一部刻写普通人苦难人生的圣经还是一锅用纯文学包装好的"心灵鸡汤"〔1〕？最近，由著名作家温豪军、葛水平等编剧，王雷、佟丽娅等青年新秀主演，刘威、尤勇等老戏骨倾情配戏的电视连续剧《平凡的世界》在上海东方卫视火热播放，再一次引来全国观众观看和评论的高潮。电视剧总体上继承了小说的现实主义精神，以史诗般的长调，抒写

---

〔1〕 上土下木：《论〈平凡的世界〉里的三种道德困境》，http://review.youngchina.org/archives/10325。

了黄土地上人们的命运悲歌。无疑任何作品都是创作家的心灵自叙传,路遥苦难磨砺的人生为《平凡的世界》做出了意味深长的注脚。本文主要从路遥及其主人公经历的人生苦难入手,探究《平凡的世界》个人奋斗主题和经典现实主义写法带给我们的持久精神影响,也正视其与八十年代新启蒙历史话语的同构关系,以及在爱情叙事中的某些乌托邦色彩。

## 一、苦难书写与励志之书

从空间维度来说,陕北高原一望无垠的黄土地,在解放前就是革命老区,从来不是一个富庶的地方;从时间维度上来看,路遥的主人公出生在共和国之初的贫苦农家,然而他们没有被贫瘠的生活现实压垮,而是刻苦坚忍,真诚善良,凭借个人奋斗对抗身边困窘的环境,他们坚韧美好的品格就像荒芜高原上迎风盛开的山桃花,那对远方的向往、对春天的呼唤、和蓝天融为一体的生命颜色,让所有读者都为之感奋。中国人大多没有宗教感,是这些朴素的小说给了许多生活在困境中的孩子,内心的信仰,一种温暖而真诚的力量,让他们求真、向善、爱美,对生活的苦难没有怨艾也没有愤恨,有足够的生活信念克服物质条件的先天束缚,心灵始终向着阳光生长。

阿诺德(Matthew Ai-nold, 1822—1888)认为,好的文学能给我们带来内心宁静和满足,促进道德完善,能使我们变成更好的人〔1〕。这种古老的道德主义文学观一向遭人诟病,但在没有宗教信仰的国度,文学是否

〔1〕 马修·阿诺德:《文化与无政府状态》,韩敏中译,生活·读书·新知三联书店 2002 年版,第 16、17 页。

有对真善美的追求，能够给迷惘中的人提供精神动力，该是判断一切好文学的必备条件。可叹新时期以来的先锋文学一味标榜现代意识，凸显人性之恶和历史幽暗，如《妻妾成群》《檀香刑》《废都》《长恨歌》《兄弟》等名家名作中，都充满了血腥、暴力、色情、变态与复仇，这些作品失去了给人精神向上的力量，成为“阳光和玫瑰花的敌人”〔1〕。在当代文学景观中，《平凡的世界》像一个健康俊朗的少年，是一部不折不扣的励志之书。它的思想像黄土地一样朴实深厚，文本语言也充满着黄土地热气腾腾的气息。在中国社会一波又一波的社会转型大潮中，它忠实地记录了改革的阵痛、生活的苦难和精神的求索，带着史诗的壮阔豪迈和陕北民歌的高亢热情，哺育了一代又一代中国青年的精神成长，给那些从农村走向城市的少年，生活在底层的大学生，工作在窝棚区的青年农民工，以战胜苦难，从精神困境中突围的勇气和力量。

这是一部不折不扣的励志之书。然而小说成书后并未得到主流批评家的足够重视，几度当代文学史重写它都被有意无意忽略了，但是它在民间一直被阅读，从来不乏读者粉丝存在。据学者邵燕君等人在当代大学生、街头群众、图书馆等场所的调查取证分析，《平凡的世界》是当代文学经典中唯一一部始终被阅读的畅销书，且这本书大多由于亲友父兄同学之间的口耳相传的方式而被阅读〔2〕，这无疑是一本书最令人感动的存在方式。赵毅衡谈到经典更新形成主要有两种方式，一种是在纵向聚合轴上精英知识分子以及学术机构内部的评选，一种是横向组合轴上读者大众群选经典〔3〕。《平凡的世界》无疑一直是以草根读者群选经典的方式存在着，它历经三十多年时代的大浪淘沙，成为当代文学阅读中罕见的风景。

---

〔1〕 参见苍狼：《阳光和玫瑰花的敌人——论评王安忆小说创作的误区》，选自《与魔鬼下棋：五作家批判书》，中国工人出版社 2004 年版。

〔2〕 邵燕君：《〈平凡的世界〉不平凡》，《小说评论》2003 年第 1 期。

〔3〕 赵毅衡：《两种经典更新与符号双轴位移》，《文艺研究》2007 年第 12 期。

## 二、经典现实主义的永恒魅力

在八十年代传统现实主义写法被弃之如弊履，作家们争相学习西方现代主义手法，正是意识流、魔幻现实主义、先锋文学大行其道的时候，路遥敢于孤独地背水而战，坚持以巴尔扎克为代表的西方十九世纪批判现实主义和以柳青为代表的来自俄苏社会主义现实主义传统，并把这两种现实主义理论的精华融为一体，扎扎实实地塑造“典型环境中的典型人物”，他恢复了经典现实主义在人们心中的地位。《平凡的世界》从准备到写成历时十三年，为了体验生活，他亲自去钻那些最破的窑洞，去煤矿下井考察，去贫瘠的乡村调查采访，把笔“磨秃子了写”，老老实实的写，“像牛一样劳动，像土地一样奉献”〔1〕。为了做好“历史的书记官”，写出时代的整体风貌，他阅读了 1975—1985 年间延川的所有报纸。对比当代那些动辄一个月写出几十万字的“高产”作家，路遥愿意下“笨”功夫的努力值得尊敬。《平凡的世界》没有叙事的圈套，也不讲人性的迷宫，每个人物都如父兄般熟悉；它是接地气的写作，细节涨满生活的汁液，能加深人们对生活的理解。

柳青是路遥的精神教父，现实主义作为一种情怀，从柳青一直传下来。柳青曾深深遗憾自己没能写出一部关于陕北的大书，嘱托路遥一定要给历史一个交代。正是带着这样的使命感和责任感，路遥开始了自己的写作。他带着一腔热情描摹每一处人文风景，让环境描写和人物性格、情节推进相得益彰。也许是摄影录像技术的发展让当代文学对风景描写

---

〔1〕 参见路遥：《作家的劳动》，非常道传媒 2015 年 3 月 26 日，http://www.kanunu8.com/book3/8356/185665.html。

丧失了信心，很多小说放弃了风景描写，写得越来越像剧本，只有简单的对话，没有浪漫的诗意和内在的抒情，还美其名去“零度写作”；路遥却通过对风景的发现让陕北高原的双水村、流淌的东拉河和沉默的仙女山变成人们心中的原乡。他精心地观察每一根柳条如何抽芽，每一条溪流何时开始喧哗。如小说开头的第一段：“1975 年二三月间，一个平平常常的日子，细蒙蒙的雨丝夹着一星半点的雪花，正纷纷淋淋地向大地飘洒着。时令已快到惊蛰，雪当然再不会存留，往往还没等落地，就已经消失得无踪无影了。黄土高原严寒而漫长的冬天看来就要过去，但那真正温暖的春天还远远地没有到来。”〔1〕中国当代历史进程中 1975 年这个特殊年份，残雪渐去春天未来，一切阴晴未定而又蠢蠢欲动，当春乃发生的不仅有自然风物，还有懵懂的少年情怀，这注定是一个不平常的春天。

随着文学和影视的互动加剧，很多作家不屑巴尔扎克时代丝丝入扣的细节描写，人物故事天马行空，从不遵从事实逻辑。正如塞西尔勋爵在论及乔治·艾略特时所言“生活纷繁混乱，而艺术则井井有条。小说家的难处就在于要勾勒出一部条理分明的作品，同时却也是一副令人信服的生活画面”〔2〕。路遥就是这样带着对土地和人民的热爱，写出了源于人物内心、体现在普通人生活风景中的种种辛酸和美好。如写到孙兰花和王满银相爱时，漫山遍野的春天景物，以及蓝空中回荡的信天游歌声，打动了农家少女纯朴的情怀，兰花一辈子宿命般的爱着这个“浪荡子”男人，无怨无悔。这在很多现代人看来是乡村的道德价值观，但是却写出了我国民间存在的普通人性人情的美好。兰花为王满银带回城里女人而喝下老鼠药的情节，更让人啼笑皆非，充满了喜剧色彩，“老鼠药——假老鼠药”的情节是路遥的妙手偶得，却很好地再现了生活原貌。还有对孙玉亭

〔1〕 路遥：《平凡的世界》，人民文学出版社 2005 年版，第 1 页。

〔2〕 转引自 F.R.利维斯：《伟大的传统》，袁伟译，读书·生活·新知三联书店 2002 年版，第 11 页。

夫妇的描写，对村里一代强人田福堂复杂内心的刻画，都重重叠叠峰回路转，坚持了生活原生态的真实。作者在对人物的塑造里渗透了自己的生命体验和感情，以真诚的笔触为这些普通人树碑立传，像刻画浮雕一样每一笔都精雕细刻，用尽心血。

不管是对风景的发现，还是对细节的描写，《平凡的世界》都没有绕开创业的艰难，它不是像《小时代》一样的时尚秀作，在漂浮的层面虚构繁华故事，给人虚假的安慰和满足；它是当代文学中少有的朝向心灵之作。它的所有故事情节不是串联在一起的若干个空空的梦想，而是每一章节都扎根大地，朝向天空，像一棵巨树一样有血有肉自然生长出来。小说的故事构架和人物塑造，既有巴尔扎克的雄心和笔力，又有托尔斯泰的道德热情，可以说集中体现了经典现实主义的永恒魅力。

## 三、个人奋斗与“新启蒙”叙事

孙少安突破生存困境的自我救赎是通过个人奋斗来实现的，其精神成长过程染上了启蒙年代特有的理想主义色彩。八十年代中国的大地上有着万物复苏前的暗流涌动，也不乏刚刚解放出来的浮躁和激情，社会上普遍洋溢着一种简单乐观的氛围。孙少安在 1975 年前后因在生产队私分猪饲料地而被公开批斗，便是一个典型的例子，受到官方批判的孙少安反倒在民众中增长了威信，说明极“左”思想在当时已经非常不得人心。这更坚定了他要带领全村人走出一条致富路的决心，在这里集体主义的生活理想和个体实现的生命尊严融为一体。

“双水村”发生的故事是和改革开放的“新启蒙”叙事紧密联系在一起的，甚至可以将其看作是农村发生的改革文学。像二十世纪八十年代张洁《沉重的翅膀》、蒋子龙的《乔厂长上任记》一样，改革文学着力塑造在各行各业中涌现出来的改革英雄,这些新时代的"生产偶像"身上既有巴金的《激流三部曲》中新人改造旧世界的激情,也有《创业史》中梁生宝大公无私的集体主义精神。柳青讴歌的是从单干户—互助组—合作社农村集体化运动中涌现出来的人物,是集体主义的英雄;而孙少安却是从合作社—互助组—包产到户土地个人化运动时代的人物,是个人主义的英雄。他和梁生宝献身截然相反的事业,但是社会主义精神却一脉相承。少安、少平都以劳动为最光荣,将勤奋诚实的劳动作为自我救赎的利器。如少安在拒绝润叶的爱情后顶着烈日到村外田野去劳动,在艰辛而繁重的劳动中,他像《安娜·卡列尼娜》中的列文一样,暂时忘掉精神痛苦,将痛苦升华为扎实于脚下道路的生活热情。

以诚实劳动为中心的自我救赎不仅是社会主义英雄谱系的延续,也正面应和了改革开放以来"新启蒙"历史话语中的资本主义精神。作为未来的农民企业家,孙少安像鲁滨逊一样筚路蓝缕,通过到城里去拉砖赚取事业的"第一桶金";他也像浮士德在海边围海造田一样,在双水村赤手空拳建造起砖厂。马克斯·韦伯认为资本主义精神受新教伦理影响,是一种禁欲、勤奋、创新、耐劳的奋斗精神〔1〕;在孙少安和孙少平身上,人们能够充分体会到改革时代资本主义精神带来的正能量。更为可贵的是,作为"自我奋斗"的典型,他们并非像《红与黑》中的主人公索雷尔·于连一样,一心只顾自己沿着社会扶梯向上爬,孙少安是"发家不忘村里人"的农民企业家代表。他还深受传统儒家美德影响,有"众爱亲仁"的家庭责任感和"达则兼济"的主人翁意识,他们是那一代青年理想主义精神的代表,以自己的形象汇聚到时代精神的洪流中。

为了自觉成为时代的鼓手,塑造时代弄潮儿,作者让孙氏兄弟逢凶化吉,遇难成祥,不断得到上天之手——那些好干部的眷顾和帮助,这也部

〔1〕 马克斯·韦伯:《新教伦理与资本主义精神》,四川人民出版社1986年版,第26页。

分迎合了普通读者希望"好人好报"的朴素愿望。和现实主义小说茅盾的《子夜》和巴金的《家》有异曲同工之处，路遥的写作也是概念先行的，因此他的主导叙事也有谢晋电影中常见的问题，那就是"泛道德化"——在行文中不自觉地化约了生活中更为复杂的矛盾，把很多制度深层的冲突归结为领导人道德、情怀和工作作风问题。于是许多领导人物的塑造难免有理想化和脸谱化之嫌，比如乔省长坐公交车体察民情、田福军多次下乡等。像那个年代的改革文学、伤痕文学和反思文学一样，该作也不可避免地染上了时代政治的浪漫主义乌托邦色彩。

## 四、爱情救赎的理想主义色彩

路遥的主人公一部分心灵磨难来自爱情。在男主人公和他的恋人之间，总是隔着厚厚的现实障壁，他们心灵相通，在生活身份地位上却相差悬殊，比如孙少安和田润叶、孙少平和田晓霞。少安、少平贫瘠艰难的人生，唯有这些美丽可爱女子忠贞的爱情，才给予他们困苦中的激励，让他们敢于同命运去抗争。孙少平在工地上过着城市揽工汉的沉重生活，田晓霞的几次来访让他的虚荣心得到莫大满足，即使他无法看到他们爱情的最终归宿。同样，孙少安虽没能接受田润叶的爱情，却被这种美好感情深深鼓舞，更坚定了他通过努力脱贫致富的决心。孙氏兄弟对待爱情的态度是严肃的、负责任的，为了成为恋人眼中的那个自己，他们百折不挠。"爱情救赎"成为主人公突破生存困境的重要精神源泉，这些美丽可爱的女性在固定的爱情模式里充当了苦难"拯救者"的角色。

她们像下凡的仙女一样没有自私，也不会怨艾，心甘情愿为心中的恋人作出牺牲。不管小说还是电视剧，《平凡的世界》总体爱情模式是以孙氏兄弟为中心的，非常老套的"才子佳人模式"。路遥没有正视爱情中的艰难,写出爱情中心的风暴;它塑造了理想的爱人,而非现实的爱人;写出的是完美的女神,而非真实的女人。没有男女主人公的内心冲突,一旦相爱,忠贞不渝,从不会有背叛和不忠。作者倾心于中国传统伦理道德,看不惯文艺青年杜丽丽的那种现代女性生活方式。故事安排田润叶一直到婚后还在固执地为孙少安守贞,以至于让自己的家庭从一开始就蒙上了不幸的阴影。并且男女主人公往往只可以同患难,很难共享福。除了兰香的爱情之路比较顺畅外,孙家兄妹几个人的恋爱或多或少都带有自虐或受虐色彩(如润叶在丈夫车祸瘫痪后才爱上了他)。小说中爱情好像只有"恩主"与"拯救"的关系,如孙少平和田晓霞,田润生和郝红梅等,而没有现代爱情的独立和平等意识。

少安和润叶相爱多年,却很容易地和秀莲结了婚。他拒绝润叶的理由,看似因为家累,实则掩盖了他内心想为家人找个健壮媳妇来干活的男权心理。秀莲有丰满的身材,健壮的体魄、能干而充满热情,妻子的实用性在这里超过了一切,他在心里很快放下了润叶,而润叶却为此背上沉重的感情十字架终身痛苦。在少安和秀莲的感情天平上,也是以秀莲的付出为主。没有秀莲娘家的一次次帮衬,就没有少安事业的绝地重生,然而他为了秀莲的一点小私心,竟忍心拳头相向,这些叙事都或多或少带有男权中心的影子。在孙少安的内心,"兄弟如手足,妻子如衣服"。作者无法想象中年富贵之后这对患难夫妻将如何走下去,于是只好安排秀莲得了绝症。

孙少平的爱情也有类似自恋模式,充满了理想主义的乌托邦色彩。从对郝红梅的苦涩初恋,到拒绝跛女子侯月英的大胆追求,以及和田晓霞从情投意合到倾心相许,最后安排晓霞在洪水中救人牺牲。这个忍痛割爱的结局暗示了超离现实土壤的爱情是无法存活下去的,之后金秀的暗恋表白似乎只为填补空缺而来,生硬而显得突兀。《平凡的世界》中的爱情叙事最有光彩之笔,在于少平接受了失去丈夫的惠英嫂,而润生接受了成为寡妇的郝红梅，虽然仍有恩主和拯救色彩，但作者通过这样的结合揭示了命运的反转无情，弘扬普通人身上患难相守的情义和力量。两位男主人公的选择，也实现了从“女神拯救”爱情模式中的突围。他们坚强地接受命运的挑战，收获苦难平凡中丰实的人生。《平凡的世界》结尾孙少平离开繁华的城市，走向艰苦的矿山，去和惠英嫂、小明明团聚。这个结尾看似平淡却意味深长，其间或许融入了作者自身苦涩的婚恋体验，也饱含了他对普通人生的美好祝福。

正如路遥自己所说，他尽心尽力完成了这部泣血之作。“我的确是放开了胸魄，一丝不苟完成这部作品的；它的不足即是我的不足，也是中国现实主义的不足。”[1]路遥的写作既彰显了现实主义的恒久魅力，也展示了其自身的局限，它永远激励着逆境中的人们，用昂扬不屈的意志超越苦难，通过个人奋斗获得精神救赎，在平凡中铸就伟大的人生。

（原载《新世纪剧坛》2015 年第 4 期）

〔1〕 厚夫：《路遥传》，人民文学出版社 2015 年版，第 295 页。

# 梦想的延伸与背叛

## ——新媒介时代网络游戏与文学的关系

### 一、游戏天性:网络游戏和文学都是梦想的旅行

游戏是人的天性,西方很多文艺家和思想家认为文学和游戏密切相关,从康德、席勒到伽达默尔,“如果我们就与艺术经验的关系而谈论游戏,那么游戏并不指态度,甚而不指创造活动或鉴赏活动的情绪状况,更不是指在游戏活动中所实现的某种主体性的自由,而是指艺术作品本身的存在方式”〔1〕。在伽达默尔(Hans-Georg Gadamer)那里,游戏里的自由精神和参与状态与文学相通,游戏就是艺术作品的存在方式。就此而言,文学就是一种古老的游戏,而网络游戏则是 web2.0 时代一种新兴的游戏。网络游戏像文学一样,为人们提供了一个驰骋梦想的空间。在文学中,读者比德、畅神,思接千载,视通万里,进入一个沉思冥想的世界。

---

〔1〕 伽达默尔:《真理与方法——哲学诠释学的基本特征》,洪汉鼎译,上海译文出版社 1999 年版,第 130 页。

这种审美的出神状态，恰恰和网络游戏的沉迷状态异曲同工。在一定程度上，网络游戏在互联网时代承续了文学的梦想，它成功地吸收了文学中的叙事元素，塑造类型化的人物，利用服装、道具、情节等元素，吸引玩家投入时间、金钱和精力，通过传统文学无法企及的互动方式，让那些沉浸在平庸日常生活中的人们，有了一个自由变身、扮演角色的机会，为沉闷压抑、行色匆匆的现代都市人，提供了一个更为可感的梦想空间。

不仅文学休闲、娱乐、体验性本身具有游戏的性质，网络游戏也在一定程度上延续了文学的梦想品质。弗洛伊德认为，文学是创作家的白日梦。超越平凡的现实，满足潜意识的愿望，所有文学都有一种乌托邦的性质。阿多诺(Theodor Wiesengrund Adorno)也极为强调艺术的批判性中所蕴含的救赎功能。他认为现代工业社会的人性分裂，人格丧失，世界裂成碎片的现实，只有通过艺术这种精神补偿才能得以拯救，艺术能把人们在现实中所丧失的理想和梦幻、所异化了的人性，重新展现在人们面前，“艺术就是对被挤掉了的幸福的展示”〔1〕。游戏也是一种梦想的乌托邦尝试，它为玩家提供了一个被架空的现实或者超现实的空间，让你尽情的驰骋梦想，实现自我。在网络游戏中，玩家仿佛走入一个异度空间，成为侠客、英雄、公主或国王，巫师、美女、神仙、精灵，打破现实的一切束缚，穿越身份、年龄、地位和等级，重组自我和人生。作为一个游戏玩家，你可以行侠仗义、仗剑远游，或者出生入死、快意恩仇，在梦幻的《征途》或者《传奇》故事里，游戏玩家也和二十一世纪以前的文学青年一样，找到了一种久违的代入感，或曰主体性。那些学习成绩不突出、在单位业绩平平的小青年，在这个虚拟的网络空间中，找到了一种久违的身份认同。一个被游戏玩家广为流传的段子这样描述玩家：“他天空加身，他魔剑在手。他权倾一方，他点草全服。他强打红字，他挥金如土。他装备牛逼，他瞎人狗

〔1〕 参见阿多诺：《美学理论》，王柯平译，四川人民出版社 1998 年版。

眼。他独自存活,他引领全球。他风流潇洒,他妻妾成林。他言必黄字,他万众瞩目。他三教九流,他领嗨全场。他双刀不是无色,他戮尽不服之人。他决断世间不平。(不服上黄子)他下线了,离开了网吧。他吃了一碗泡面,要开始搬砖去了。”这里凸显了游戏与现实之间的巨大反差,也很好地揭示了游戏的魅力所在。

游戏的魅力首先在于玩本身,在原本无聊闲散的时光中体验了一段梦想的旅行。然而,当今的网络游戏比古老的文学更有诱惑力,就在于它的互动性和合作性。从叙事学的角度看,在文学作品中,读者只是故事事件的一个旁观者,而游戏里的人物角色功能的实现,却需要玩家亲自选取,苦心经营。你必须投入金钱购买服饰装备,投入时间过关斩将,投入智慧和爱心联合同伴,你才能成为那个人人瞩目的“王者”。网络在线即时互动给了游戏玩家更大的主动参与能量,于是文学阅读中孤独个体的沉思冥想,如今变成游戏中同仇敌忾的通力合作。

其次,比之于古老的文学,网络游戏魅力也在于的共同作战中培养出的伙伴感情。当前社会中竞争激烈,城乡两极化发展,社会流动加大,资源重组、贫富分化加剧,在新旧交替的社会大变动中,很多青年感受不到理想的召唤和来自现实人群的温暖,然而却在这个虚拟的、业余的网络空间遇到了不计回报的伙伴情谊。比如,一个游戏公会是一个相对松散的组织,会长要想做到拿“鸡毛”当“令箭”号令部众协同作战,必须有足够的领导艺术和牺牲精神,赢得会员发自内心的尊敬。《魔兽世界》公会会长坦陈:“在公会里,我永远是最后一个拿装备的人,只要有人要,绝对就有他的没我的。公会会员喊不到人,不管他是主力,替补还是新人,只要我有时间,一定是第一个报名的。”〔1〕每一款游戏很容易围绕这样的卡里斯玛(韦伯语)魅力人物,形成一个同仁团体。哈罗德·布鲁姆(Harold

〔1〕 来源:“魔兽世界论坛”,http://nga.178.com/read.php?tid=4038012。

Bloom)曾经说过,文学的意义就在于它能使人善待自己的孤独[1],与文学充分享受独处的时光不同,在游戏的风云世界中,一个单打独斗的勇士即使装备再好,也难以走得更远。如果说文学是孤独的事业,那么网络游戏则是合作的战场;如果是文学鼓励静观与沉思,网络游戏则鼓励勇敢与行动。一个游戏玩家要比文学读者更需要勇敢和热情,这也可以理解,为什么喜爱阅读文学的多是女性,而热衷打网络游戏的多是男性。

## 二、第九艺术:网络游戏和文学交融互渗

网络游戏从媒介融合意义上来说是一种新兴的艺术形式。在中西方艺术发展史上,绘画、雕刻、建筑、音乐、文学、舞蹈、戏剧、影视号称八大艺术,网络游戏本身就是艺术与科技的结合。它打破了各个艺术门类之间的隔阂,体现了各门艺术的交融互渗,又有自己独特的发展形式,所以被称做"第九艺术"。互动性切入艺术欣赏与创作过程,成为网络游戏的审美生成方式。著名导演陈可辛曾对网络游戏给出见解,"一百年前刚刚出来的胶片,没有人把它当成一种艺术,好像是游乐场里玩的东西,结果电影变成了第八艺术。现在大家看待网游也是一样,觉得是小孩玩的,可能最后网游也会变成另一种电影艺术"[2]。他认为网游很有希望成为电影的未来,因为它能够使得每一个观众都可以投入其中成为创作者。

网络游戏与文学的互相融合更为明显。游戏内容具有文学中的叙事要素,每一个游戏的设计都要求有一定的故事性,每一个角色都有设定的人物形象,人们可以在游戏经历中认识名山大川、奇花异草。网络游戏采

---

〔1〕 参见哈罗德·布鲁姆:《西方正典》,江宁康译,译林出版社2011年版。

〔2〕 来源:"《电影帝国》诠释网游第九艺术　创新电影题材受捧",中国新闻网2013年12月4日,http://finance.chinanews.com/it/2013/12-04/5579539.shtml。

用传统文化的武侠或者历史题材，里面很多唐诗宋词，比如《仙剑奇侠传》系列游戏中，涉及《如梦令》《浪淘沙》《一剪梅》等各种体裁的诗词一百多首[1]。绘画设计也包括水墨、油画、卡通、写实等多种风格。游戏也像电影一样需要主题音乐，游戏音乐经由玩家的推广，迅速成为流行文化的一部分。游戏中的网络语言诸如菜鸟、副本等，也深入到人们的日常生活。文学的认识与审美功能，网络游戏也都具备。《古墓丽影》《生化危机》《黑客帝国》等单机游戏已经成功地改编成电影，充分说明网络游戏的叙事性程度很高。

网络文学作为网络游戏和传统文学接壤的中间地带，其内容原创性使得它处于整个娱乐文化产业的上游。好的网络文学已经积累了足够的人气和口碑，于是同名的网络游戏和影视改编便成为它的衍生品。在以版权为中心的全媒体娱乐传播时代，影视、动漫、文学、游戏等各种艺术方式的传播和营销都是以内容为王，一个好的网络游戏必须有一个好的故事吸引人，网络文学中的玄幻、盗墓、武侠、历史等题材，先天具有网络游戏改编的亲和力。以作者 IP 为中心的全媒体传播模式，更有助于网络游戏和文学要素的互动。

应该看到，网络游戏和文学小说也有很大的不同。前者是动态的文本，而后者相对来说是静态的文本。网络游戏是罗兰・巴尔特(Roland Barthes)所说的“可写的文本”，它是敞开的，由于增加了玩家的参与和互动，更加具有偶然性和不可控性，也增加了新奇的魅力。毕竟想象一个故事和亲身去参与构建一个故事的体验是完全不同的。文学鉴赏中文本的空白点需要读者用想象去填充；在网络游戏中，手中的旗子、脚下的路、前面的坎儿需要玩家智勇双全通过技巧合作和去实现与跨越，因此也更增加了挑战性和冒险意味。对于文学读者而言，一千个读者心目中就有一

〔1〕 参见刘胜枝：《网络游戏的文化研究》，北京邮电大学出版社 2014 年版。

千个哈姆雷特;对于游戏玩家来说,一个哈姆雷特可以死一千次,仍然可以死而复活。正如游戏(爱玩)是人的天性,也许好斗也是人的本性,就在不死的渴望与无穷的斗争中,玩家体现到了自身的存在感。

麦克卢汉(Marshall Mcluhan)曾经有言,媒介是人的延伸[1],依此观点来看火车是脚的延伸,电话是耳的延伸,电视是眼睛功能的延伸。网络游戏作为一场虚拟的旅行,是人类梦想的延伸。他像现实的旅行一样,注重感受和体验本身,不要问我从哪里来到哪里去,我的梦想在远方,在这个过程中有足够的浪漫、传奇甚至艳遇,带领你超越现实的平庸,它是脚、耳、手、心、眼多种感官功能的延伸。如果说文学让你读万卷书,旅行让你走万里路,那网络游戏则是让你在如万卷书般展开的画卷中走过了千山万水的旅程。从这个意义上说,“网络游戏实际上是一种行为艺术”[2]。

## 三、青年群体:网络游戏和文学争夺受众

网络游戏和文学阅读都是一种娱乐休闲的方式,他的主要受众群体是青少年。青少年时代需要读书,只有青年时期世界才在人们面前一览无余地展开,你可以想象前程似锦或者前途未卜。青年人拥有足够的梦想,在文学书籍里恰好提前领略人生,书籍可以安慰青春孤寂的心灵,找到精神的伴侣,或者学习的偶像。从原来的文学书籍、报纸,到今天如雨后春笋一般冒出来的新媒体文学(这里主要指的是在微博微信等社交媒体上出现的文学类期刊公众号),互联网时代是嗜好阅读的人的黄金时代,不用再去报亭蹲守,也不用再去图书馆查阅,不管宅在家里,还是走在

---

〔1〕 参见麦克卢汉:《理解媒介》,何道宽译,商务印书馆 2001 年版。

〔2〕 欧阳友权:《多维视野中的网络游戏》,《文艺理论与批评》2012 年第 1 期。

路上,手机 APP,各种报纸杂志的客户端都铺天盖地涌入你的视野,带给你第一时间的阅读体验。

大型的文学期刊公众号如楚尘文化、黑蓝文学、腾讯思享会、上海书评、新京报书评周刊、凤凰读书等,带给文学阅读者前所未有的开放而又自由的阅读空间。哈贝马斯(Jurgen Habermas)认为,英法等国的公共领域是一个介于国家与家庭之间的市民社会组织,是一个自发形成的自由交往的理性空间,最初咖啡馆、酒吧和沙龙是这些公共论坛集散地,那些来自家庭或者亲友聚会沙龙里的文学阅读,为政治讨论提供了固定人群和主要议题。在公共领域的形成过程中,文学阅读的公众逐渐变成政治参与的主体,也就是说,最初的文学阅读正是孕育政治启蒙的子宫[1]。而今这样的公共领域正在社交媒体的朋友圈中形成,朋友圈是一个以阅读同好为基础的网络虚拟的公共空间,它使得忙碌在不同时空的现代国人关注共同的热点话题和公共事件,孜孜不倦进行新媒介文学阅读的读者常常是最早的思想启蒙者或者被启蒙者,在康德"何为启蒙"的意义上,孤独的心灵最容易自立,在精神上成熟,因此他们有望成为未来社会进步可堪依靠的力量。

网络游戏的玩家大多也是青少年,却和文学阅读青年气质不同,尽管网络游戏中有文学因素,但他们却明显属于哈贝马斯所言文学消费的公众。如果说文学阅读属于五四以来的青年文化,那么网游则属于九十年代以来消费社会的青春文化。与文学阅读的公众好学深思、忧国忧民不同,游戏玩家并不渴望精神的成长,而是喜欢尽情休闲享乐、游戏人生。如果说文学阅读让孤独的时光闪闪发光,那么网络游戏则让沉迷的少年嗜网成瘾。前几年,好多地方的教育部门把网络游戏称作"电子海洛因",目前我国很多大城市除了有戒毒所,也有戒网瘾的强制机构。网游成瘾

〔1〕 参见哈贝马斯:《公共领域的结构转型》,曹卫东等译,学林出版社 1999 年版。

一直以来都是老师家长的心头之痛。你可以批评这些成年人不够开明，但也必须承认，在中国这种激烈竞争的生存环境中，一个少年如果把大量用于求学的时间沉迷网游，确实不是精神上自我成熟的表现。

网游分大型综合游戏和网络小游戏，前者比如《征途》《传奇》《魔兽世界》《笑傲江湖》等，而后者比如《偷菜》《斗地主》等。当然也有的专家指出，网络游戏有助于开发智力，甚至在有些案例中显示，很多学霸本身就是网游高手。一般青少年沉迷的是大型网络游戏，这些游戏靠道具和时间收费，往往都有线上线下公会组织，网游的魅力在于不断地联合盟友，打怪升级，游戏开发商吸金的原理在于，所有凡人都有称王称霸的梦想。文学文本诉诸的是精神救赎，而网络游戏投合的是生存欲望。在网游的世界里，俊男靓女、英雄神灵，其耀眼的成就往往要靠不断购买服装道具来实现，确实也有很多玩家不仅有钱，而且有闲，是货真价实的“人民币玩家”。文学阅读是在一段静谧的时光里陪伴人的精神成长，网络游戏则是让人在业余时间走进梦幻杀场，寻求痛快淋漓的快感享受。

## 四、文化价值：网络游戏和文学精神背道而驰

虽然同是以青年人为主，文学读者和游戏玩家这两个受众群体很难重合。在地铁里浏览微信公众号、随时阅读的人往往爱好阅读，偏重文科，更习惯从阅读中汲取知识营养。而游戏玩家智商尽管可能很高，往往大多出身理工科，从小对阅读不感兴趣；或由于本身学力所限，网游成瘾的人习惯通过游戏消磨业余时光，有的玩家以此逃避在现实工作学习中的失败体验；有的玩家可能刚刚出现情感空缺，以此作为补充；也有很多沉迷网络游戏的孩子出自问题家庭。沉迷网络游戏不仅是我们这个富足时代的文化表征，也是我们这个危机时代的精神症候。

在《征途》等大型网络游戏中,系统所做的一切就是不断激发玩家的斗志,挑拨起各小邦国之间的矛盾,让玩家屡败屡战,嗜血杀伐,一个曾经有钱有闲沉迷《征途》做到楚国国王的女玩家,最终毅然退出了游戏。因为她看到游戏中自己总是被动的,自己每一步行动都来源于"系统"的设计,自己和众多玩伴就像"系统"手中的牵线木偶。在她当了大国国王之后,因为厌倦战争,想要和周围大小邦国和平共处时,因为她联合那些小邦国不再购买道具、不再听从"系统"指挥,她被"系统"关了禁闭。她终于认出了这款游戏的真面目,无疑《征途》就是商家吸金的利器。里面鼓吹的胜者为王、暴力、仇恨都和现代价值观相去甚远。"在一款同时在线人数超过百万、全部玩家加起来可以组成一个超级城市的网络游戏中,它的游戏精神是指向乐趣,还是指向权力和金钱?它的社会规则是新世界的开放自由,还是率土之滨莫非王臣?这不只是对某一款游戏的追问,甚至也不只是对韩式网游的价值观的追问,而是对人与游戏、人与人的关系的追问。虚拟世界是现实世界的一部分,也有着人们必须捍卫的准则。"〔1〕

据《2014年中国游戏产业报告》数据显示,2014年中国游戏市场收入1 144.8亿元,用户数量突破5亿。在一个号称绿色GDP、新兴阳光产业、越来越多的国民投入的文化娱乐项目中,游戏设计者的价值观并非无足轻重。这也是欧美游戏《魔兽世界》因为鼓励团队合作而非暴力杀伐,一度吸引众多青少年玩家,在游戏人数上连年居高不下、超越《传奇》等韩国游戏的主要原因。暴力杀伐、弱肉强食、专制等级、金钱美女、胜者为王,网络世界是现实世界的投射,它虽然投合了人们潜意识的欲望,然而在这样的游戏时光里人们除了消磨时间、消耗精力和金钱,还能得到什么?网络游戏看上去在以新媒介的方式延续了文学的梦想,但是它和文学阅读

〔1〕 曹筠武、张春蔚、王轶庶:《"系统"》,《南方周末》2007年12月20日,http://blog.sina.com.cn/s/blog_488897810100oswu.html。

培养的自主意识和公共精神却背道而驰，它正在把哈贝马斯所说“文学阅读的公众”变成“文学消费的公众”。在这一点上，网络游戏具有某种沉沦的品质，恰是对文学启蒙梦想的背叛。在网络游戏的世界里，如果只相信实力和技巧，一味漠视价值和精神，那么我们离那娱乐至死的“美丽新世界”也就越来越近了。

（原载《名作欣赏》2015 年第 2 期）

# 后　记

理查德·沃林认为,"文化批评家的角色则在于精确地揭示'现实性'和'合理性'之间的差异,暴露事物的实然存在和应然存在之间两相对立的隔阂。"这本书作为广义上的一种"文化批评",也是我这十年来对周遭现实人事近距离思考的产物,不管是有形的现实还是观念的现实,网络为我们连接上了通向世界的翅膀,"在线"的生活方式让"宅生活"中的学者也无法做到"两耳不闻窗外事,一心只读圣贤书"。一个个热点事件的发生不期而至,如在目前,无法让书斋变得平静,于是书生的思考里也自然翻飞着这些前尘往事的身影。那些燃烧过的愤怒、澎湃过的感情或者不合时宜的思想,如今都已然黯淡下去,文字就像一场大火后残存的灰烬,或许尚留有能称作人文理想或现实关怀的些许余温。

本书是我过去约十年时间所写学术论文的合集,不是所有的论文,但是过去论文中自己还算满意的。我并不是那种才思敏捷型的写手,往往写一个东西要从头到尾认真阅读所有相关文献,让某一段知识在我心头敞亮起来,才能逐渐找到属于自己看问题的视角,动笔之后也是数次修改才能成文。可以说每一篇文章都是一段思考的结晶,里面曾经埋藏着我深深的困惑,或者逐渐看清问题之后的释然。现在整理这个文集,我还能回想起那些枕着巴赫金、莱辛或者海子入梦的日日夜夜,这些人俨然已经成为我生命的一部分。

其中“理论之争”大部分文章勾勒出我的理论阅读地图。从硕士时关注“古今之争”的问题,关注“现代与后现代”之间的传承与超越;到博士时继续在美与善的边缘求索,沿着文学的自主性与公共性问题进行思考。里面涉及的人物有巴赫金、莱辛、哈贝马斯、伯曼、伽达默尔、艾柯、荀子等,有的是学位论文选题,有的是读书会或者专业课上老师布置的阅读篇目,有的是我业余阅读所至,都曾经在我的学术记忆里留下浓墨重彩的一笔。我在构思这些文章的时候总是试图突破原有研究的瓶颈,在古今、中西、左右、现代与后现代等多种思想的汇聚争鸣中,勘察不同理论言说的背景与边界、意义与局限,以自己的问题意识来重新审视这些研究对象,这些文章是我和这些传主以及这些传主的前辈研究者进行“精神对话”的产物。

“文本之镜”中所选文本多是我的阅读兴趣所至,带着浓厚的探究愿望的阅读总能不断遇见惊喜,留下如电光石火一般的瞬间印象。我很享受这些感性批评文字的写作过程,那是一段属于自己的时光。可以暂时放下曲径通幽的学术探索,尽情沐浴在诗意故事的温润之光里。忘掉现实纷扰,摒心静气深度阅读每一行文字,带着将自己燃烧殆尽的热情投入到每一篇的写作。里面涉及的作家包括海子、莫言、刘震云、聂尔、帕蒂古丽、余秀华等,他们有的在文坛成名已久,有的刚刚崭露头角,有的至今还未大红大紫,但在我看来他们的文字都是独有个性、非常有质量的,他们带我理解周遭的存在,不断突破我的阅读期待视域,给我带来对人生的全新体验和认知。其中也涉及一些外国作家,他们都不是特别火的那种作者,有的至今还存在争议,但是他(她)们的写作能和我的关怀产生共鸣,是我愿意探究(比如亨利·米勒)或者愿意读下去(比如爱丽丝·门罗)的，阅读他们引领我穿越语言或言语的密林，去发现人性的幽微，探究存在的奥秘，获得诗意的救赎。

本书第三辑“光影之魅”的大部分电影文本，更是业余兴趣的产物。就像有些人喜欢业余健身，有些人喜欢业余搓麻将一样，我是个专业媒介文化研究者，也是一个业余影视爱好者。从少年时代的露天电影，到青年时代的影院电影，影碟电影，到成年以后家庭影院和网络在线观看。随着媒介的延伸，电影的观看方式在不断向前发展，作为资深影迷的我对电影的热忱一直没变。安德烈·巴赞曾经说过，电影的价值来自作者，信赖导演比信赖主演可靠得多。篇目论及的都是我喜欢的导演的电影，包括李安的《色戒》、张猛的《钢的琴》、贾樟柯的《三峡好人》、韩寒的《后会无期》等，他们大多介于文艺电影和商业电影之间，文本本身就是意犹未尽的，有很大的阐释空间，尤其电影中的现代性“怀旧”情绪，一直萦绕不去，我觉得一定程度上它们都可以归为“现代性反思”这一宏大的主题之下。其中也涉及几部外国电影，包括从存在主义和媒介权力的角度谈《楚门秀》，从现代性反思视角谈《阿凡达》，从后现代反本质主义的视角谈《花魁杜十娘》中的爱情观等。关于微电影《曼荼罗》(*Mandala*)那篇是应朋友之邀为一个新锐青年导演管曦写的，我并不认识这个女孩，但决定动笔之前看了她的一些作品，很有感觉，愿意细读分析并推荐给大家。管曦说自己拍的每一个短片“每个故事的元素都是我经历的碎片，都是我渴望和恐惧的集合。我无法讲述和自己毫无关系的故事”。这也是我和我的故事，和这些来自天南海北、古今中西的影片“相遇”的方式。文学和电影都是以“代入感”引领我们走进一种“他者”时光的，既然人生没有回头路，这些主人公替我们经历的千百种选择就尤其弥足珍贵。而电影同时是日常现实的一个缩影，它投射了我们身边这个巨大的、混杂的、变动的时代。在电影中，我们看到历史车轮滚滚向前，碾过了哪些肉身，哪些人，哪些品质，哪些事物,能经历浴火重生的考验沉淀了下来,最终留在我们身边。我们可以在电影中通过幻象聚焦现实,穿越文本的裂缝解析消费社会的文化密码。在电影中尽情徜徉于一段忘我的时光,并且以文化研究的方式反思电影叙事与人设,祛除光影的魅惑,触摸到存在的某些本质性的方面。

把这些零散的学术文章在现代性的关照视野下集成一本书,重新体验当初阅读的至乐,在不堪承受的生命之轻中超越存在的虚无,去发现新意义或者庆祝无意义。结集出书本身意味着对过去一段日子的总结、回望和告别,就像在凤凰花开的路口,告别那些曾经相伴的老朋友。他们曾经是我的精神伙伴,挥手作别之时身后云水苍茫乡关渐远,面前山重水复长路漫漫。学术之路是一个人的孤独求索,常常要带着问题与焦灼面对电脑、青灯与浩瀚长夜,过去曾经征服的高山险滩,让我有信心继续跋山涉水走下去,迷惘时有转向的决心,困顿时有从头再来的勇气。

感谢我的博士导师赵勇先生,本书中的很多文章,有赖于赵老师的信任和督促,才得以成文,有些文章是在老师指导下合作写成的。他教导我写作要注意起承转合一些“小词”,行文要凝练,注意语言的节奏和美感。赵老师带学生非常认真,曾逐字逐句批改剪裁过本书中好几篇文章,感念师恩是我一直以来勉为前行的动力。非常惭愧的是,个人天分有限,努力也还是不够,在学术上一直远未达到老师所期望的高度。

感谢我的硕士导师曹卫东先生,曹老师博学严谨,中西哲学美学几十本必读书引领我走进学术之门,并指导我在保守主义与现代性反思的视角下关注“莱辛与古今之争”这个问题,让我最早对中西哲学、美学、文学和社会学理论产生兴趣。也感谢在我读书期间给我布置作业、激发思考的各位北师大文艺学中心的老师们,童庆炳先生、程正民先生、李春青先生、王一川先生、陶东风先生、蒋原伦先生、方维规先生、季广茂先生、王柯平先生、陈太胜先生、陈雪虎先生、杨小滨先生等。

感谢读书会上的各位同门,尤其感谢杨玲、王沁、魏英等,本书中收录好几篇文章是在她们的启发下写成的，毕业后大家分散到天南海北，但精神上我们是永远的同路人；也感谢专业课上激烈讨论争鸣的各位同学，你们的专注和热情，一直是我学习的榜样。

感谢北京邮电大学数字媒体与设计艺术学院、民族教育学院我的各位领导同事们，他们一如既往给我无私的帮助和支持；感谢北京邮电大学人才培育项目的基金资助，也感谢为我这本书得以问世付出辛苦的上海人民出版社的屠毅力女士和顾雷先生，有赖于与你们的美丽相遇，读者才有了与这本书的相遇。

感谢我的家人，因为是家人，常常就忘了感谢。当我投入地阅读文本、享受阅读至乐的时候，他们常常正在体验各种生之“烦”闷，努力为我解决掉所有后顾之忧，让我虽然身在家庭，却可以毫无牵累地进行学术研究。我的爱人、父母、儿子以及所有亲人们的理解和支持，是我一直前行的坚强后盾。

最后还有悄悄话要告诉你，我的读者，与一本书相遇是一种缘分，何况是如此一本冷门的学术书，不知你为何走进这场阅读，但愿那些我曾经喜欢的你都喜欢，我曾经困惑过的能助你解开困惑；但愿因为这本书，我们能成为茫茫人海中从未谋面的知己。

刘　剑

2017 年 8 月 16 日于北京

**图书在版编目(CIP)数据**

在文本与虚无之上:现代性视野中的当代文化批评/刘剑著.—上海:上海人民出版社,2017
ISBN 978-7-208-14912-0

Ⅰ.①在… Ⅱ.①刘… Ⅲ.①文化研究-世界-现代
Ⅳ.①G11

中国版本图书馆CIP数据核字(2017)第291627号

责任编辑 屠毅力
封面设计 陈 酌

**在文本与虚无之上**
——现代性视野中的当代文化批评
刘 剑 著
世 纪 出 版 集 团
上海人民出版社出版
(200001 上海福建中路193号 www.ewen.co)
世纪出版集团发行中心发行 上海商务联西印刷有限公司印刷
开本 635×965 1/16 印张 20.25 插页 2 字数 255,000
2017年12月第1版 2017年12月第1次印刷
ISBN 978-7-208-14912-0/I·1684
定价 68.00元